基于语料库的日语周边性语言现象多维度实证研究

朱鹏霄 等 著

外语教学与研究出版社
北京

图书在版编目（CIP）数据

基于语料库的日语周边性语言现象多维度实证研究 / 朱鹏霄等著. -- 北京 ：外语教学与研究出版社，2019.5（2020.1 重印）
ISBN 978-7-5213-0912-6

Ⅰ. ①基… Ⅱ. ①朱… Ⅲ. ①日语－语言学－研究 Ⅳ. ①H36

中国版本图书馆 CIP 数据核字（2019）第 112512 号

出 版 人　徐建忠
项目策划　杜红坡
责任编辑　戚　新
责任校对　王晓晴
封面设计　彩奇风
出版发行　外语教学与研究出版社
社　　址　北京市西三环北路 19 号（100089）
网　　址　http://www.fltrp.com
印　　刷　北京盛通印刷股份有限公司
开　　本　650×980　1/16
印　　张　17
版　　次　2019 年 7 月第 1 版　2020 年 1 月第 2 次印刷
书　　号　ISBN 978-7-5213-0912-6
定　　价　65.00 元

购书咨询：（010）88819926　电子邮箱：club@fltrp.com
外研书店：https://waiyants.tmall.com
凡印刷、装订质量问题，请联系我社印制部
联系电话：（010）61207896　电子邮箱：zhijian@fltrp.com
凡侵权、盗版书籍线索，请联系我社法律事务部
举报电话：（010）88817519　电子邮箱：banquan@fltrp.com
物料号：309120001

目次

第1章 序章

1. 引言

现代日语语法研究始于山田孝雄[1]，迄今已有百年历史。百余年来，诸多学者从各个角度对日语语法开展了各种研究，也取得了丰硕的成果。但是，随着研究的深入和发展，问题也随之而至。研究的精细化不断挤压着研究的可能空间，语言的衍变又使得传统研究方法愈发步履维艰，沿循固有路线已很难在传统研究领域、尤其是在传统热点课题方面取得新的成果，现代日语语法研究逐渐进入到了一个瓶颈期。

为打破目前的瓶颈状态，不少学者进行了大胆的探索和尝试。在诸多的努力中，有三种研究动向值得关注。一是对传统研究领域中热点课题周边性用法的再发掘；二是对成果积淀尚不丰厚的周边性语言现象的新探索；三是在审视传统研究方法的基础上，积极进行大规模语料库的构建，并基于真实语料开展实证量化研究。

受此启发，本书将在结合前人学者成果的基础上，选取日语中特定的周边性现象和用法，借助语料库语言学方法，发现并描写隐藏其中的事实和规律，以期弥补相关研究规则体系之不足，同时结合研究成果对语料库方法和传统研究方法的融合等问题进行方法论上的思考。

2. 研究背景

百余年来，在众多学者的不懈努力下，日语语言研究取得了丰硕

1 关于日语研究史的梳理可参考加藤等(1990 : 323)、仁田(1991 : 18)。

的成果，但这些成果也挤压了今后研究发展空间。要打破目前的瓶颈状况，需要进行研究方向的调整，需要进行研究方法的更新。

2.1 主要语法范畴研究的成熟

野田（2005：17）指出，根据语言研究的焦点所在，现代日语语言研究可划分为“综合语法”、“理论语法”、“描写语法”三个时代。

综合语法时代始于1900年前后，止于1950年左右。这一时代的特点是，研究者力图以一人之力探究日语语法的全貌，在研究上既注重理论的建筑，亦重视语言事实的描写。这一时代具有代表性的成果为松下（1928）的《改撰標準日本文法》。

理论语法时代始于1950年前后，止于1970年左右。这一时代的特点是，研究者更侧重理论方面的探讨而非具体语法现象的描写。具体而言，研究者的兴趣主要集中在了对句子的构成及句子何以成立这一理论层面的探索，渡辺（1971）的《国語構文論》为这一时代的集大成之作。

描写语法时代始于上世纪70年代，止于上世纪末。这一时代的显著特点是，具体语法现象的描述较之抽象理论的思考得到了更多的关注，研究者的数量增加，语法描写更加详尽，研究者间出现了术业上的专攻，对具体语法范畴的探讨更为深化。

对于描写语法时代主要语法范畴研究焦点的演变，野田（2004）结合野村（1990）指出，上世纪70年代以格关系研究为主，80年代以体及时态研究为主，90年代以语气研究为主，2000年以后则进入多元化时代，研究热点出现了散在化倾向。

野田（2004：27）指出，随着语气描写研究和现代日语整体语法体系描写研究的成熟，尤其是现代日语描写研究溯源性评介研究的出现，日语主要语法范畴的研究进入到一个成熟期，如果沿袭固有路线难以取得新成果。

2.2 周边语言现象研究的拓展

野田（2004：28）指出，在迄今的日语研究中，关于格、时态、语态、语气的研究占据了主流，也积淀了丰富的成果，这些研究很难再取得新的突破。此外，关于品词、活用等形态论方面的研究、关于以系助词「は」为代表的主题研究、关于引用的研究和授受表达方式的研究等也难以再获得大的进展（野田 2005：19）。鉴于上述情况，在今后的研究中需要将研究范围拓展到周边性语言现象。关于周边性研究的拓展，野田（2004，2005）做了以下几点提示。

第一是有关品词、构词等周边性现象的研究（野田 2004：28）。关于品词研究，野田（2004）列出了村木（2002）所开展的“第三形容词”的研究[1]；关于构词，野田（2004）列出了石井（2002）所开展的既有复合动词和临时复合动词的对比研究[2]。

第二是关于否定和副词的研究。野田（2005：19）指出，否定和副词的研究尚有进一步研究的空间。关于否定，迄今的研究并不多，但最近有所增加。Yamada（2003）多角度分析了谈话中的否定功能，王（2003）则结合上下文语境和时态对比分析了日语和汉语的否定句。关于副词，受词汇特征明显且难以分类的影响，迄今尚没有体系性研究。仁田（2002）针对副词研究的不足，描写了命题中表示结果、样态、程度、时间、频度的五种副词成分，研究极具价值。

第三是关于名词和名词句的研究。野田（2004：29；2005：19）指出，日语名词范畴的研究进展迟滞。统观日语有关名词的研究可知，迄今的研究多以指示词为对象，对其他类型的名词开展的研究十分有限。另外，虽然西山（2003）以名词的饱和性和非饱和性为切入点结合句式开展了系列研究，但整体来看名词研究还有继续开拓的必要和可能。

第四是关于复句的描写性研究。句子是语言活动的基本单位。单句由于结构简单容易进入研究视野，所以迄今取得了很多成果。复句虽然在假定条件句和连体修饰句方面取得了一些成果（野田 2005：29），但由于结构的复杂性，整体研究比较滞后，今后还需要进一步

1　村木（2002）将「一流」「無人」等类型的词命名为第三形容词，其依据是，这些词在外形上有别于「イ形容詞」，又不能像「ナ形容詞」那样通过「ナ」修饰名词，还不能像名词那样后接格助词「が」「を」充当主语或宾语。

2　简而言之，既有复合动词是指已经固化作词条收入到词典中的复合动词，临时复合动词是指在特定语境下根据表达需要临时创造的复合动词。

加强研究。

2.3 传统性研究方法主要弊害

语料是语言研究的基础。没有语料，研究者无法进行语言事实的分析，也难以进行语言理论的建构。长期以来，研究者多借助内省法或诱导法来处理语料，本书将这些方法称为传统研究方法。传统研究方法在语法规则的抽取和语言理论的确立方面曾起到过巨大作用。但是，正如很多学者指出的那样，传统研究方法存在诸多弊害。下面结合国内外一些学者的论点，对这些弊害进行简单梳理。

首先看内省法。内省法是母语者依据自身语言知识对特定语言现象进行判断的方法。从理论上讲，语言知识存储在人的大脑中，操母语的研究者可以调用这些知识，对特定表达方式的语法正确度、使用条件、语义功能、使用效果等进行判断。客观而言，对于一些语言现象，母语者可以通过主观内省高效地做出正误判断，可以进行较为详尽的描写或解释，有时甚至可以检证或构筑较为复杂的语言理论。但是，随着研究的深入，内省法的不足也日渐显现。

欧美学者的一些学者如Prideaux（1984）指出，内省判断难以摆脱与生自来的主观性缺陷，内省所得数据结果往往可信度较低，因为研究者仅仅是个体存在，无法有效代表对象语言的使用者整体，而且研究者往往会在无意间作出有利于自己假设的判断。此外，研究者的内省和自身的语言使用也未必一致，事实上，研究者往往会在语言生活中使用一些自己判定为非自然的句子。中国学者梁（2010：91-92）阐述了内省法的理论基础后指出，语法学家并不具备超级内省能力，无法有效代表对象语言的使用群体，所以，语法学家把自己凌驾在普通语言使用者之上，让自己充当对象语言使用者代言人的做法靠不住。

日本学者田野村（1995：82-84）也对传统的内省法进行了批判并指出了四点不足。第一，个体语言使用者间的知识差异会导致判断上的分歧。同一语言的使用者，其语言知识并不等质，对具体知识的占有和使用会因人而异，这会导致语法判断结果上的分歧。第二，内省所得的语言事例和用法十分有限。一个人的知识占有量有限，在基于内省判断时，人们往往会被自己的日常生活和兴趣左右，难以做到没有偏颇。第三，一分为二的判断方法过于简单草率。语言现象具有连续性，很多情况下难以用非此即彼的二分法截然分开。第四，内省法对于语言中与频度分布和搭配习惯相关的问题束手无策。

下面看诱导法。诱导法是研究者收集受试者对特定语言现象的判断，或要求受试者提供相关信息和数据的方法，该方法常常在内省无法得到有效数据时使用。根据研究目的和用途的不同，诱导法可采用不同的方式，其中最常使用的是问卷调查和访谈调查。问卷调查可分为自由描述型和项目选择型，前者可确认受试者的意见，后者便于量化选择结果；访谈调查多用于语言习得和会话分析，能从受试者那里获取多样化的语言信息[1]。

客观而言，通过诱导法，研究者可以从较多的语言使用者那里得到更多语言信息，容易得出较为普遍性的结论。换而言之，诱导法在一定程度上规避了研究者的内省不能有效代替对象语言使用者整体的指责，克服了研究者同时充当语言使用者和语言研究者的身份重叠问题，可在一定程度上弥补语料库不易获得罕见语言现象的缺陷，减少了研究者个人主观偏向对结论的影响。

但是，不可否认的是，诱导法和内省法一样，研究者的主观色彩过于浓厚。在诱导调查的准备环节，研究者为实现研究目的往往要设定或限定语境，而这种限定难免会阻断自然数据的采集。在诱导调查的实施环节，研究实验者不可避免地会进行提示，而这些提示可能会对受试者产生暗示性引导。此外，受试者取样数量的偏差，受试者配合态度的差异、受试者社会属性的不同等其他因素，也会对调查结果的可信度和妥切性产生影响，有时甚至会导致调查本身的无效。

以上选介了对内省法和诱导法的一些批判。鉴于内省法和诱导法的上述主观片面性和非效率性，刘（2009：20）指出，传统研究方法所追求的以有限规则探寻无限语言事实的目标宛如一场美丽的误会，其研究的蜕变过程实际上是用无限的规则去把握有限的语言事实。

1　关于问卷调查和访谈调查的类型及各自的优缺点，可进一步参考朱（2012：14-15）的相关论述。

2.4 语料库研究方法主要优势

野田（2004，2005）指出，要打破目前的研究瓶颈状态，需要在传统研究方法的基础上，导入语义论、语用论、认知语言学、语料库语言学，进行研究方法的多样化尝试。鉴于语义论、语用论、认知语言学依旧充斥着研究者的主观判断色彩，本书认为语料库方法的导入更具深刻意义。

语料库原指资料的集合，随着电脑技术的发展和在语言分析中的运用，现在广义上泛指以电脑处理为前提的大规模电子文本资料，狭义上指为开展语言研究而设计的、能代表对象语言的均衡性大规模电子资料。尽管在理论层面和实践层面存在一些问题[1]，但随着语料库的广为人知和广泛应用，越来越多的语言研究者开始意识到仅靠传统研究方法已不能充分解释语言现象，开始体验到语料库是一种高效准确地描述并解读语言现象的手段。

语料库方法立足经验主义立场，重视语言运用，着重语言描写，长于量化统计。对于语料库语言学方法的优势，众多学者都曾结合自己的研究做出过阐述。这些优势，概而言之，主要有以下四个方面。

第一，高效性。高效性是指语料获取及处理的效率化。传统研究方法多靠手工采集加工语料，这种方法不仅枯燥无味，而且费时费力，学者们皓首穷经，所见也难免有限。与之相对的是，现代意义上的语料库和计算机技术有效结合在了一起，凭借工具软件等可自动或半自动地检索处理原始数据。

第二，网罗性[2]。网罗性是指语言材料取样的规模化。语言研究的目的是为了描写、解释语言。解释必须建立在正确描写的基础上。要准确把握语言事实，必须详尽地占有语言材料，否则解释不仅无从谈起，在此基础上的解释也只是空中楼阁，再漂亮也没有实际价

1 理论层面的问题是指语料库仅仅是某一对象语言总体的样本，无法代表对象语言的全部。实践层面的问题是指语料库只能提供数据，但不能自主阐释语言，语料检索工具不能自行理解语言只能在正确指令前提下工作等。详细内容可参考後藤（2003）。

2 此处“网罗性”这一说法借鉴自後藤（2003：11）。

值[1]。现代语料库动辄上亿，内中所含语言材料和事实十分丰富。可以说，语料库这种大规模性为语言研究者充分观察把握语言事实提供了可能性。

第三，客观性。客观性是指可逼近语言事实的实态。传统的研究方法效率低下，而且由于研究者主观片面性等原因，很难把握语言事实的全貌，有时甚至会得出与事实相悖的结论。语料库研究方法将数据收集和理论概括结合起来，"既有定量分析，又有定性解释功能，对语言的描写比较全面"（王 2007：5），所得结论也更加客观可信。此外，语料库具有样本再现性，研究者可通过语料文本的共享，随时检证研究结果的准确性。

第四，广泛性。广泛性是指语料库具有宽泛的用途。语料库最初只是运用在辞典的编撰，但随着技术的发展和研究的需要，语料库的应用范围不断扩大，目前已拓展运用到信息处理中的语音自动识别模型的构筑、语言教育中的教材开发、语言政策的制定，语料库在语言研究中的应用更是涵盖到了词汇、语法、话语、篇章、翻译、教育、测试等各个层面，可以说，语料库影响巨大，是语言学界的革命性的变化[2]。

此外，语料库研究方法还为非母语研究者开展外语研究提供了更好的手段。外语研究者尽管能熟练使用某种语言，但是，这种熟练度并不意味着非母语研究者可以像母语者那样进行自由的语法判断。大量的事实告诉我们，在使用传统研究方法时，非母语研究者大多需要借助母语者的内省判断才能开展研究或调查。但是，借助大规模语料库进行细致观察并让数据说话，可在相当程度上为非母语研究者提供帮助，从以往的局限和束缚中解脱出来。

3. 研究对象和方法

上节对研究背景进行了综述。从相关内容不难看出，回避成果积淀丰厚的主要语法范畴的研究，积极拓展对周边性语言现象的研究，

1 关于语言事实和语言理论间的关系，可参考石（2001：2）中蒋绍愚所撰写的序。

2 关于广泛性，可进一步参考何（2011）的有关阐述。

减少主观低效的传统研究方法的使用，积极借助重视真实数据和量化统计的语料库方法，是打破目前研究瓶颈状态的可行性方向之一。鉴于此，本书将借助语料库语言学方法，以野田(2004，2005)所指出的构词、否定、名词、复句可作为周边性现象和用法研究的突破口为契机，从中择取特定的周边性语言现象和用法，发现并描写潜在其中的语言事实和规律，以期有效补充完善既有特定语法范畴语法现象规则体系，同时结合研究成果对语料库方法和传统研究方法的融合等问题进行方法论上的思考。

本书遵循的是借助语料库从特殊现象和用法中寻求一般性规律的研究思路，这和以往常见的由一般性出发寻求特殊性的研究过程相反。这种研究思路的设定，是受本书要研究的周边性语言现象和用法的边缘化、低频化、零散化等特点影响的结果。根据典型范畴理论，一个范畴的成员尽管有家族相似性，但也存在“中心”和“周边”之分，在义项和用法上也存在“典型”和“边缘”之别。中心性、典型性的现象和用法，容易进入研究视野，成果积淀自然丰厚。非中心、非典型的现象和用法，缺失了特定语法范畴中的主要语法特征，难以进入以往的研究热点课题或容易在热点课题的探讨中被遗留下来。另外，周边性语言现象和用法在使用条件上更加苛刻，在使用数量上往往较少，在语言运用上多表现为低频，难以依靠研究者的内省察觉，只能借助语料库予以发现。此外，周边性语言现象和用法是在“中心”和“典型”的基础上扩展出来的，且在热点课题的探讨中容易被遗留下来，这也导致了周边性语言现象和用法具有零散化特点，对其考察探讨也难以形成严整逻辑体系。鉴于此，本书在探讨时，不追求体系的构筑，而是基于特定周边性现象和用法所呈现的规律性去补充完善典型用法规则。

基于上述研究目的，本书以野田(2004，2005)所指出的构词、否定、名词、复句可作为周边性现象和用法研究的突破口为契机，从中择取特定的周边性语言现象和用法开展研究。考虑到句子是语言研究的基本单位，词汇是构成这一基本单位的组成要素，同时，考虑到词汇是语料库中最易操作和最易实现的基本单位，在开展研究时，本文从词汇层面入手选择特定的周边性语言现象和用法，去探讨野田（2004，2005）所指出的构词、否定、名词、复句等突破方向。具体而言，本书第2章到第4章考察动词相关的周边性现象和用法、第5章到第7章考察形容词相关的周边性现象和用法、第8章到第10章考察名词相关的周边性现象和用法、第11章到第13章考察功能词所引导的复句中的周边性现象和用法，这四大部分分别契合野田（2004，2005）所指出的构词、否定、名词、复句。具体分析时，先通过传统语法研究的积累和考证，确定其周边性的特征；然后利用语料库进行检索，利用语料库方法分析和总结其具有的一般性特征。

4. 本研究所用语料

数据的详尽采集离不开大规模的语料库。下面对本研究中所用到的规模较大的电子语料予以简介，各个语料库的使用情况还将在各个章节再加以简述。

（1）国立国语研究所的现代日语系列语料库

主要包括三个语料。一是2008年公开的《现代日语书面语均衡语料库》监测版，内含2 500万字的文本语料；二是2011年公开的《现代日语书面语均衡语料库》线上版，内含1亿430万字的文本语料；三是2017年公开的《国语研日语网页语料库（NWJC）》，内含258亿词的文本语料，检索系统为梵天。

（2）北京日本学研究中心的《中日对译语料库》

《中日对译语料库》是北京日本学研究中心构建的世界首个汉日对译语料库，收录有小说、散文、传记、剧本和论述性文章，原文和译文全部收录，部分内容收录了多个译本，总规模达到2千万字。

（3）日本新潮社的电子资料

主要包括两个语料。一是1995年发行的《新潮文庫の100冊》，里面主要收录了67部各个时期的日本文学作品及部分译作；二是1997年发行的《明治の文豪》，里面主要收录了日本明治时期13个作家的40篇名作。

（4）日本朝日新闻社的电子资料

主要包括两个语料。一是日本朝日新闻社1998年至2001年发行的《朝日新聞》，收录了460 235个新闻报道；二是1985年至1993间登载在《朝日新聞》中「天声人語」专栏里的短评文章。

（5）日本青空文库上的电子资料

主要包括两个语料。一是大阪大学田野村教授在《電子資料と日本語研究》中所附的电子资料，集录了青空文库上的41个作家计880多个作品；二是大阪大学田野村教授提供的青空文库线上检索，里面收录了大约6 300多篇文学作品。

（6）汉语方面的语料库

主要包括三个语料。一是1980年至2000年20年间的《半月谈》；二是2000年全年的《人民日报》；三是北京大学的CCL现代汉语语料库网络版。

5. 本书的章节构成

本书由序章、本论和终章三部分构成，其中，本论又分为动词篇、形容词篇、名词篇和复句篇四个部分，全书共计十四章。

第一章的序章相当于导引篇，该章首先从主要语法范畴研究的成熟、周边性语言现象研究的拓展、传统研究方法的弊害和语料库研究方法的优势四个角度综述了研究背景，在此基础上明确了研究对象、方法和目的，并简述了研究中所使用的主要语料。

本论中的动词篇研究了和动词相关的周边性语言现象和用法，由第2章、第3章和第4章构成。其中，第2章梳理描写了复合动词中动词连用形重复的类型、功能、文体特征、生成情况，并与功能相近的句式进行了比较。第3章梳理描写了复合动词中名动型复合动词的内部关系、语法语义特征，在此基础上择取了高频的名动型复合动词与类义惯用语进行了对比。第4章梳理描写了以有生物为主语的存在动词「ある」的语义和用法及句式特征，同时对以无生物为主语的存在动词「いる」的用法也予以了阐释。

本论中的形容词篇研究了和形容词相关的周边性语言现象和用法，由第5章、第6章和第7章构成。其中，第5章以数量形容词为研究对象，以其连体、连用、谓语用法为切入点，结合量化统计结果描写了由于肯定和否定的对立导致的特性差异。第6章以长度形容词为对象，厘清了由于肯定和否定的对立所导致的义项分布、语义扩展模式及用法上的非对称性。第7章以「～ない」型复合形容词为研究对象，借助量化统计方法，调查分析了该类形容词在句法功能及极性方面的特征，同时与类义惯用句的语法功能进行了对比。

本论中的名词篇研究了和名词相关的周边性语言现象和用法，由第8章、第9章和第10章构成。其中，第8章以归属性名词为对象，以该类名词在句式中的语序为切入点，探讨了其位置移动性的特点和原因。第9章以单纯动词类转而来的连用形名词为对象，结合语料检索结果梳理了相关类型，基于量化结果考察了存在句法制约的连用形名词的句法特征和功能。第10章以同名词主题显现为对象，探讨了显现类型、显现名词性质、指示距离、句式构成、功能要素等问题。

本论中的复句篇研究了功能词引导的复句中的周边性语言现象和用法，由第11章、第12章和第13章构成。其中，第11章以「かどうか」引导的间接疑问从句为对象，探讨了由于前接肯否形式的不同所导致的在使用频度、时代分布、后续谓语及发话前提等方面的倾向性特征。第12章以「ながら」引导的情态修饰从句为对象，基于语料库检索结果重点考察了主从句主语间的语义关系及从句谓语动词的类别。第13章以「たり」引导的并列从句为对象，描写了并列项间的语义类型、后接要素、句法功能、前接要素等情况。

最后的终章相当于总结篇，由第14章构成，主要总结概括了本研究的内容，指出了研究的意义，同时也点出了不足。

第2章　日语动词连用形重复的考察

1. 引言

日语中的动词可通过重叠或重复的方式使用[1]。根据重复方式的不同，结合山口（1960：45）、此島（1975：9）等学者的研究，日语动词的重复形式可归纳为以下四种[2]。

第一种是同一动词的连用形重复后使用的形式，以下面的（1）–（3）为代表。

(1) 北山はそう言って、彼の手から折鞄を取ろうとしたが、庸三はステッキを振り振り、暗い路を急ぎ足で歩いて行った。温かい雨がぽつりぽつり顔を打ちはじめた。（徳田秋声『仮装人物』）

(2) はっとした平馬が、これは面白いところへ来合わせたものだと思いながら、出された茶を飲み飲み、身体じゅを耳にして、奥の話声に注意していると、五、六人の大声で、こんなことを言うのが聞えた。（林不忘『平馬と鶯』）

(3) それをききながら、捕物名人は、うれしい気性の手下だなというように微笑を含みふくみ眼白のほうをながめていましたが、例のすっと溜飲が下がるような啖呵が、おもむろに放たれました。（佐々木味津三『右門捕物帖』）

第二种是同一动词的终止形重复后使用的形式，以下面的（4）–

1 汉语语法学界一般使用“重叠”，本文依照日语语法学界习惯使用“重复”这一说法。

2 此島（1975：9）还提到了「雨降れ降れ」这种以命令形的重复表示心愿、愿望的形式。

(6)为代表。

(4) 数日間は微熱に悩まされたものの、みるみる健康を取り戻すことになった。この際だからと徹底して行われた各検査にもパスし、少しばかり血糖値が高いことを除けば、むしろ息子の義文よりも健康体であるかもしれないというくらいだった。(宮部みゆき『理由』)

(5) 露子さんも勉強しないではとても女学校へ這入れまいと思って、泣く泣くだまってしまいました。そうして静かに台所の電気を消して寝ました。(夢野久作『キキリツツリ』)

(6) 帝も御心配のあまりに行幸あそばされた。御衰弱あそばされた院は東宮のことを返す返す帝へお頼みになった。次いで源氏に及んだ。(与謝野晶子訳『源氏物語 10 榊』)

第三种是同一动词的连用形和其他活用形组合后使用的形式，以下面的(7)–(9)为代表。

(7) 枝葉の流れをとり去って大きな資金の流れを見つめれば、国と地方にまわりまわって国民の金融資産が貸し込まれて、それが公共債務になっているのだ。(櫻井よしこ『迷走日本の原点』)

(8) 何しろ誰もはいったことのない山の森で、昼でさえその中はまっ暗なほどおい茂っていて、枯枝朽葉の積もり積もった上に、茨や葛がはい廻っていて、いくら象でもなかなか上って行けませんでした。(豊島与志雄『夢の卵』)

(9) 同時に相手の本当の姿も垣間見ることができる。いつも生き生きと撥剌と颯爽と、いのちの本来の姿が持つ勢いに満ち満ちた振舞を言葉を通じて常に相手に表現することが大事である。(清水栄一『勝ち運をよぶ心の力』)

第四种是同一动词的连用形和其他活用形通过格助词「に」或「と」连接后使用的形式，以下面的(10)–(12)为代表。

(10) 前川は、今まで抑えに抑えて来た激情が、一時に溢れ出して、前後不覚になると立ち上って、壁によりかかっていた新子をしっかりと、自分の方へ抱き寄せた。(菊池寛『貞操問答』)

(11) いつごろのことであったろうか。世を逃れて心のままにあろうと思って、世の中に聞きと聞く所々、趣が深い所を訪ねて、心をやり、あるいは貴い所々を拝みたてまつり、我が身の罪を滅ぼそうとする人があった。(増基法師『いほぬし』)

(12) 生物学者Mark Erdmanは「とにかく生息環境が素晴らしく、昔からほぼ手つかずの海である！」とコメントしたラジャアンパットの海は面白生物を色々見と見る事が出来ます。

(http://dive-dream-indonesia.com/rajaampat.html)

以上列举了日语动词的主要重复形式。在上述形式中，本书将考察第一种，考察的重点是同一动词的连用形在重复后有何种类型、各类型在语法功能上有何种差异、在文体特征方面有什么共性、不同类型的动词在重复使用其连用形时呈现什么差异。在此基础上，本书还将结合语言事实，比较第一种重复形式和「ながら」句式间的差异。

2. 先行研究

对于日语动词的重复现象，迄今已有一些研究。这些研究根据侧重角度的不同，可分为两类。

第一类是以古代日语为资料，回溯整理动词重复形历史发展变化的研究。这类研究始于橋本(1959)，其后玉村(1974)、此島(1975)、安部(1997)、近藤(2001)、青木(2010)等也沿用了类似方法开展了各自的研究。

橋本(1959)以终止形和连用形的重复形为对象，考察了两者的历史交替关系及语义功能等价问题。橋本(1959)指出：终止形重复在奈良时代之前可作谓语，在奈良时代转向副词化，在平安時代丧失谓语功能，在语义上开始表示逆接关系，在镰仓时代日渐衰微，在现代蜕变为词汇层面的语言现象；连用形重复在奈良时代之前必须伴随「テ」使用，在平安時代才出现不伴随「テ」的实例，在镰仓时代数量开始超过终止形重复；终止形重复着重表述语言主体的态度，连用形重复着重表述语言主体的动作，两者在语义功能上并不完全等价。

玉村(1974)以「泣く泣く」和「泣き泣き」为切入点，探讨了日

语中的变化和不变的问题。所谓变化，指的是「泣く泣く」和「泣き泣き」在历史发展中所呈现的消长关系；所谓不变，指的是「泣く泣く」超越了历史发展依旧高频度地使用于现代日语中。玉村（1974）指出：上古时期的叠语全部是终止形重复，中古时期开始出现连用形重复，在江户时代依旧是终止形重复占优，到了现代终止形重复变为词汇层面的语言现象，并固化为表示逆接、悲观和困惑语义的副词。

此島（1975）考察了终止形重复和连用形重复在历史上的消长变化。此島（1975）指出：最初的终止形重复可以用来结句，在上古时代开始出现修饰性用法，进入中世以后开始出现副词化倾向并延续到现代；连用形重复在上古时代数量很少，其后虽有所增加但在中古时代依旧少于终止形重复，中世以后逐渐超过终止形重复；随着连用形重复的增加，伴随「テ」使用的情况逐渐消失，借助格助词「に」等形式的重复形逐渐衰退。

安部（1997）重点考察了上代日语动词的终止形重复和连用形重复。安部（1997）指出：重复后的终止形和连用形均可表示动作的持续或反复，但在实际使用中，连用形重复主要通过「テ」来表示动作的相继发生，而终止形重复主要用于结句。

近藤（2001）将连用形重复表达的语义分为了“进行”“反复”“多数”、“结果状态”四种，并以主体变化动词的连用形重复为对象，考察了语义功能的历时性变化。近藤（2001）指出：主体变化动词的连用形重复在古代所受制约较少，在近世开始受到很大制约，在院政时代之前主体变化动词的连用形重复可以表示结果状态，但在之后未见此类用法，不论在哪个时代主体变化动词以连用形重复表示“进行”语义的都很少。

青木（2010）以终止形重复和连用形重复为对象，考察了两者在词法和句法上的历时变化。青木（2010）指出：终止形重复在古代可结句，但后来结句用法消失而用作副词；连用形重复是专用于从句的形式，不论在古代还是现代，都不能表示“结果的继续”。

第二类是以现代日语为资料，探讨分析连用形重复所表述的语义、所承担的语法功能及生成条件的研究。这类研究始于鈴木（1972），其后玉村（1985）、南（1993）、蜂矢（1998）、益岡（2000）、張（2003，2005）、野呂（2010）等也开展了各自的研究。

鈴木（1972）分析了连用形重复的语义功能和定位。鈴木（1972：472-473）指出，连用形重复既可表述具体动作，还可修饰说明后续动作的样态。由于同时兼备副词与动词的特点，连用形重复可定性为“副动词”。

玉村（1985）探讨了连用形重复的类型、语义和生成时的动词特征。玉村（1985：40-43）指出：连用形重复可分为两大类，一类是可构成连用修饰从句的类型（如「泣き泣き」），一类是可形成连用形叠词的类型（如「思い思い」「いきいき」）；连用形重复在语义上表示和后续动作同时发生或并行的动作；生成连用形重复的动词多是音节为2拍或3拍的动词，单音节动词需通过长音化手段重复。

南（1993）探讨了连用形重复的定位和语义功能。南（1993：79）指出：连用形重复和表示顺接关系的「テ」之间具有相似性，均应归为A类从句[1]；连用形重复表示的是和主句主要动作平行的附属动作，功能上接近于状态副词。

蜂矢（1998）考察了可形成连用形重复的动词的倾向性特征以及重复前后动词的语义变化。蜂矢（1998：33-34）指出，动作性动词重复后倾向于表述动作的反复，状态性动词重复后倾向于表述动作的持续。

益岡（2000）考察了连用形重复和「ながら」在语义功能上的共性和差异。益岡（2000：201-214）指出：连用形重复仅能表示动作的同时进行或反复，而「ながら」除此之外还可以表示变化结果的持续[2]。

張（2003）重点考察了动词界性特征和连用形重复语义上的关联，張（2005）则对比了连用形重复和「ながら」在语义功能上的异同。張（2003，2005）指出，有界性动词在重复时多表示反复，无界

1 关于南（1993）对日语从句的分类，可参考本书第12章的先行研究部分。对于南（1993）分类标准的批判，可参考尾上（1999）。

2 益岡（2000：204）根据「京王線に乗りながら、まだ覚えていない箇所を暗記しようとする」指出「ながら」可表示变化结果的持续，同时根据「乗り乗り」不可替换「乗りながら」指出连用形重复不可以表示变化结果的持续。

性动词重复时表示持续，连用形重复可通过后接「する」来强调动作性，而「ながら」则不具备该功能。

野呂(2010)从形式、语法和语义三个角度考察了连用形重复，分析了哪类动词容易重复，探讨了连用形重复和「ながら」的差异。野呂(2010：140-141)指出，主体动作动词、存在多个对象的主体动作、客体变化动词和可聚焦过程的主体变化动词容易重复；连用形重复表示主体动作的多次断续反复，「ながら」表示动作的连续反复。

3. 问题意识、所用语料

上节结合动词重复形的考察，综述了有关连用形重复的成果。通过这些考察，了解了连用形重复的主要语义特征和语法功能。但是，受内省方法或其他因素的影响，上述考察还存在两个突出问题。

第一是事实的把握不够精准。張(2003)和野呂(2010)都基于工藤(1995)考察了不同类型的动词形成连用形重复的情况，但所得结论均存在偏离事实之处。对于工藤(1995)所列举的动词，張(2003：100-101)认为下面(Ⅰ)中的动词不可以重复，野呂(2010：138)则认为下面(Ⅱ)中的动词不可以重复，但事实上这些动词在青空文库中都存在使用连用形重复的实例[1]。

(Ⅰ) a. 引起所有关系变化的动词
　　b. 人的意志性(位置・姿势)变化的动词(「隠れる」除外)
　　c. 事物的非意志性动作(变化)动词(「流れる」除外)
(Ⅱ) a. 主体意志无法控制事态实现的动词(如「おどろく」)
　　b. 语义素中含有持续语义的动词(如「待つ」)
　　c. 变化对象为单数的主体动作・客体变化动词

1　在青空文库中检索发现，「払う」「売る」这种引起所有关系变化的动词、「つかまる」「立ち止まる」这种表示人的意志性(位置・姿势)变化的动词、「もえる」「わらう」「ゆれる」「ふく」这种表示事物非意志性动作(变化)动词均存在连用形重复实例。对于野呂(2010)认定为不可重复的(Ⅱ)中的动词，在青空文库中也可找到「おどろきおどろき眸を…」、「あんたを待ち待ち…」「娘は真赤になって、嬌態を作り作り万平の前に来て…」、「その婆さんはお前たちの姿を見ると隠し隠し涙を拭いた」等反例。

第二是事实的挖掘不够深入。張(2003)和野呂(2010)虽考察了动词类型和连用形重复的关系，但两者在考察时均回避了对工藤(1995)所提及的静态动词的考察，也回避了对サ变动词的分析[1]，仅仅将研究对象限定在了日语和语动词上。玉村(1985)虽将连用形重复划分为了两大类，但仅仅是点到为止，并未对各类型之间的异同做深入探讨。此外，張(2005)、益岡(2000)和野呂(2010)虽然将连用形重复和功能相近的「ながら」做了对比，但有些差异依旧未能被发掘出来。

针对上述不足，下文将基于语料库方法考察连用形重复的类型、分析各类型在语法功能和文体特征上的共性及差异，比较不同类型动词连用形的生成难易度，发掘连用形重复和「ながら」之间的新差异。

为了和張(2003)及野呂(2010)进行比对，在分析和语动词连用形的重复难易度时，主要以工藤(1995：73-78)所列举的561个动词为对象[2]。为了弥补前人对サ变动词连用重复考察的不足，同时考虑到工藤(1995：73-78)提及的サ变动词在数量上偏少[3]，主要以小泉(1989)所编撰的《日本语基本动词词典》中的171个サ变动词为对象。

本书用于检索的语料有三种。第一种是青空文库网上检索平台，为大阪大学田野村教授构建[4]；第二种是《朝日新闻》(1998-2001)四年间的电子语料；第三种是电子词典，包括《明鏡国語辞典（第2版）》《ハイブリッド新辞林（1998）》《新明解国語辞典（第5版）》《学研国語大辞典（第2版）》《広辞苑（第6版）》《大辞泉(第1版）》《スーパー大辞林（第2版）》《学研パーソナル現代国語辞典（1998）》《日本国語大辞典（第2版）》等9本词典。各语料的具体

1 野呂(2010)虽对サ变动词重复条件有所提及，但基本上是援引玉村(1985)，并未有任何发展。

2 工藤(1995：73-78)列举了583个动词，内含22个「二側面動詞」和「遂行動詞」。因这两类跨类不便统计，未列入检索对象。

3 工藤(1995：73-78)在动词分类时列举的サ变动词只有41个。

4 网址为：http://www.let.osaka-u.ac.jp/~tanomura/kwic/aozora/

使用，将在下文分析时予以说明。此外，在进行语料检索时，结合日语表记特点使用了正则表达，同时通过人工核对删除了无关例句。

4. 动词连用形重复的考察

前面回顾了前人的相关研究，明确了本书的研究目的，说明了本书使用的语料、检索对象及检索方法。在这一小节中，将考察连用形重复的类型、分析各类型在语法功能和文体特征上的共性及差异，比较不同类型动词连用形的生成难易度。

4.1 重复类型

前面提到，玉村（1985：40–43）将连用形重复划分为了可构成连用修饰从句的类型和可形成连用形叠词的类型，但玉村（1985）只是一带而过，未展开深入分析。基于此，本节根据连用形重复的生成由来和语义特点，将其划分为A、B、C三类展开分析。

A类连用形重复形是动词连用类转名词的重叠，类同于玉村（1985）所提及的以「思い思い」为代表的类型，以下面的（13）–（15）为典型。

(13) 女王も源氏を愛することの深いだけ、他の愛人との関係に不快な色を見せたそのおりおりのことを今思い出して、なぜつまらぬことで恨めしい心にさせたかと、取り返したいくらいにそれを後悔している源氏なのである。（與謝野晶子訳『源氏物語 13 明石』）

(14) どやどや改札口にやって来て、一様に怒っているような顔をして、パスを出したり、切符を手渡したり、それから、そそくさと脇目も振らず歩いて、私の坐っているベンチの前を通り駅前の広場に出て、そうして思い思いの方向に散って行く。私は、ぼんやり坐っています。（太宰治『待つ』）

(15) 英語なんかやる人間はない筈だ。そうしてみれば、誰かがたのんで、ここの店先へ札を出して貰っているのだろう。誰も、彼も、その向き向きで儲けようとしている、と猛之介は考えた。そして、それは極めて当然のことと思えた。（宮本百合子『昔の火事』）

B类连用形重复表示某种样态，类同于玉村（1985）所提及的以「いきいき」为代表的类型，以下面的（16）–（18）为典型。

(16) 女王のお住まいになっているほうの庭を遠く見ると、枯れ枯れになった花草もなお魅力を持つもののように思われて、それを静かな気分でながめていられる麗人が直ちに想像され、源氏は恋しかった。（與謝野晶子訳『源氏物語 20 朝顔』）

(17) 慎太郎はやはり冷然と、それ以上何も云わなかった。が、その母譲りの眼の中には、洋一が予期していなかった、とは云え無意識に求めていたある表情が閃いていた。洋一は兄の表情に愉快な当惑を感じながら、口早に切れ切れな言葉を続けた。（芥川竜之介『お律と子等と』）

(18) K氏が笑いながら言う。「セクハラもありありですよ。タバコはぷかぷか吸うし、会社のなかでも平気で葉巻吸ってますからね。法律は守らないし、ものすごくいい加減ですよ」。（大宮知信『ウチの社長は外国人』）

C类连用形重复表示具体动作，类同于玉村（1985）所提及的可构成连用修饰从句的类型，以下面的（19）–（21）为典型。

(19) 僕たちはそれから沈黙がちに、枯木の下を抜け抜け、僕たちの靴に踏まれて凍った土の割れる音を耳にしながら、歩いていった。するともう一つ、ときどき何処かから、それとはちがった、硬い、金属的な幽かな音が聞えて来た。（堀辰雄『大和路・信濃路』）

(20) 被害者の右脇に在る鉄槌を右手で（犯人を右利きと仮定して）取上げて、老爺の頭を喰らわせるのに都合のいい位置を考え考え、上り框に腰を掛け直してみた結果、老爺の右手の二尺ばかり離れた処が丁度いいと思った。（夢野久作『山羊髯編輯長』）

(21) 小僧があわてて、目をこすりこすり、行ってみますと、お隣のおばあさんが、大きなふろしき包みを持って来て、「おひがんでございますから、どうぞこれを和尚さんに上げて下さい。」 といって、置いて行きました。（楠山正雄『和尚さんと小僧』）

以上简述了动词连用形重复的类型，下面看各类型在词汇和语法层面的差异。

表1　各类连用形重复在青空文库及电子词典中的统计结果

重复类型	A类	B类	C类
区别词数	3	25	111
词条数	3	19	0
连浊词数	0	8	0
用例数	596	1 585	972

表1是以前面提到的青空文库和电子词典为资料，对工藤（1995）列出的561个动词检索后按A、B、C三类整理统计的结果。其中，区别词数指青空文库中检索到连用形重复实例的动词的类符，用例数指检索到的实际例句数量；词条数指作为词条收录在电子词典中的数量[1]，连浊词数指作为词条收录在电子词典时读音出现浊化的数量。

从表1可知，A、B、C三类在青空文库中均有不少实例，表面差别不大。但是，C类的区别词数明显很高，而且均未作为词条收录在词典中，这和A、B两类区别词数少、多收录为词条、部分发生浊化有很大差异。

一般而言，两个词在组合时发生浊化意味着两者的结合度很高，而作为词条收录在词典中则意味着该表达方式已发生固化且为母语者所熟知。以此推理，从出现语音浊化和收录在词条的角度来看，A、B两类已经词汇化，而C类则还依旧保持着语法层面的能产性特征。

4.2　语法功能

本节将结合前面提及的连用形重复的类型，从连用、连体、谓语用法三个角度，描写各类型在语法功能方面的共性和个性差异。

首先看连用修饰用法。观察实例可知，A、B、C三类连用形重复均具有连用修饰功能，均可描写后续动作发生时的样态。

1　部分动词可同时形成多个类型，统计时分别计入各类相应的区别词数。

(22) ことによると時計が違っているのかも知れないが、それにしても病院中が森閑となっているのだから、真夜中には違い無いであろう。とにかく用を足して本当に寝る事にしようと思い思い、もう一度窓の外を振り返ると、その時にタッタ今まで真暗であった窓の向うの特等病室の電燈が、真白に輝き出しているのに気が付いた。(夢野久作『一足お先に』)

(23) 何だか批評者がそれを見付けて、そして簡単な誰にも分る概念的な言葉で讃美するに恰好なような趣向や設計がありあり眼につく。それを見付けた時には丁度絵捜しをさがしあてたような理知的の満足は得られても、それから後は却ってその点ばかりが眼について仕方がない。(寺田寅彦『帝展を見ざるの記』)

(24) ところが感心な事に、その劣等生氏は、それでも断然屁古垂れなかった。それ以来降っても照っても頑強に押しかけて来たので、翁もその熱心に愛でたものであろう、叱り叱り稽古を付けてやったが、翁が歿前かなりの重態に陥って、稽古を休んでいる時までも毎日毎日執拗に押かけて来て、枕元で遠慮なく本を開いて謡い出したので、とうとう翁が腹を立てた。(夢野久作『梅津只円翁伝』)

但是，由于A、B两类已经词汇化，如下面(25)-(27)所示，在用作连用修饰时还可在后面添加格助词「に」或「と」，而C类则不可能发生这种现象，这也印证了它和前面两类在词汇化上的差别。

(25) そういう結果に陥った時、何と自分を解釈して見る気だろう。所詮我々は自分で夢の間に製造した爆裂弾を、思い思いに抱きながら、一人残らず、死という遠い所へ、談笑しつつ歩いて行くのではなかろうか。ただどんなものを抱いているのか、他も知らず自分も知らないので、仕合せなんだろう。(夏目漱石『硝子戸の中』)

(26) 半七と松吉は小さい火鉢に炭団を入れてもらって、荒物屋の店の隅にすくんでいると、縁の下には鳴き弱ったこおろぎの声が切れ切れにきこえた。やがて表の暗いなかで犬の吠える声がきこえた。(岡本綺堂『半七捕物帳 58 菊人形の昔』)

(27) 宇多熊太郎は、忌々しそうに舌打ちした。みんなは、部屋に入って、障子を閉めた。が、格之介には、障子越しに五つ並んだ獄門台がありありと見えた。それきり、夕食の時まで、誰も一口も口をきかなかった。夕食の膳が出ると、築麻市左衛門は、所化の僧に酒を所望した。(菊池寛『乱世』)

下面看连体修饰用法。观察实例可知，已经词汇化的A、B两类可通过后续格助词「の」或「な」修饰限定名词，而且实际语言生活中数量颇多。

(28) そこで、このお話は文久元年の九月、ことしの団子坂は忠臣蔵の菊人形が大評判で繁昌しました。その人形をこしらえたのは、たしか植梅という植木屋であったと思います。ほかの植木屋でも思い思いの人形をこしらえました。(岡本綺堂『半七捕物帳 58 菊人形の昔』)

(29) 葉子は和らぎかけた人々の気分にはさらに頓着なく、壁に向けていた目を貞世に落として、いつのまにか寝入ったその人の艶々しい顔をなでさすりながらきっぱりといい放った。人々は思い思いな別れを告げて帰って行った。葉子は貞世がいつのまにか膝の上に寝てしまったのを口実にして人々を見送りには立たなかった。(有島武郎『或る女 1(前編)』)

(30) 空も低い。風の無い静かな夕暮でありましたが、空には、きれぎれの真黒い雲が泳いでいて、陰鬱でありました。荒海や佐渡に、と口ずさんだ芭蕉の傷心もわかるような気が致しましたが、あのじいさん案外ずるい人だから、宿で寝ころんで気楽に歌っていたのかも知れない。(太宰治『みみずく通信』)

(31) 彼女はただもう、四五時間後のいやな心持を考えることの苦しさに堪えかねていろいろな一昨夜までに残してきた、東京での出来ごとを手探りよせて誤魔化していた。しかしその間にも小さな切れ切れな不快らしい事柄が目の前の光景をチョイチョイかげらせた。(伊藤野枝『わがまま』)

与A、B两类不同的是，C类只能通过后续格助词「の」修饰限定名词。

(32) わたしの可愛いマリー、ローランサンの女達よ、神秘と幻影の髪飾りはそのままにただ偽りのペルシャ扇を地に捨て、軽い飛ぶやうな足どりでいらっしゃい。私はしつかりときみらを胸に抱き、踊り踊りのあひまあひまに、おたがひがねば、土の匂ひを嗅ぎあひませう、たゞ嗅いだばかりでも青春の幸福ではありませんか。（小熊秀雄『小熊秀雄全集-02 詩集（1）初期詩篇』）

(33) 徳島大学の栄養学連さんが練習されましたので、ご一緒させてもらいました。撮影に協力して頂き有難うございました。徳島市民は心から踊り好きなんですね。ブルーブルーの私と、踊り踊りの徳島の皆さんとのギャップに、驚きました。下見なし一発で決めた、真似できないスペシャル版です。

（https://www.youtube.com/watch?v=RXGLvKGPlig）

另外，C类的连体修饰用法不仅形式少，数量也很少。上面的（32）是青空文库中检索到的唯一实例，（33）是通过完全匹配方式在日文谷歌上发现的实例[1]。观察（32）（33）可知，其中的「踊り踊り」似乎是为了和句中的「あひまあひま」或「ブルーブルー」保持对称而使用的，这也暗示了C类的连体修饰用法的使用条件更加苛刻。

最后看谓语用法。A、B、C三类连用形重复均可用作谓语，但彼此不尽相同。

A类如（34）-（36）所示，可借助判断助动词「だ」的力量在句中充当谓语，但不能后接形式动词「する」。

(34) 歳の暮れの煤掃きは何処でも思い思いであったが、半七老人は極月十三日と決めていると云った。「わたくしなぞは昔者ですから、新暦になっても煤掃きは十三日、それが江戸以来の習わしでしてね」。（岡本綺堂『半七捕物帳 61 吉良の脇指』）

(35) 髷のあるもの、散髪のもの、彼のように総髪にしているもの、そこに集まる客の頭も思い思いだ。一方にはそこに置いてある新版物を見つけて当時評判な作者仮名垣魯文の著わしたものなぞに読みふける客もあれば、一方には将棋をさしかけて置いて床屋の弟子に顔をやらせる客もある。（島崎藤村『夜明け前 04 第二部

1 检索时间为2017年7月20日。由于网页的流动性，无法进行穷尽性检索确认，但检索到该例颇费时日，也侧面印证了C类连体修饰用法的匮乏。

下』）

(36) 長髪に月代をのばして仕合い道具を携えるもの、和服に白い兵児帯を巻きつけて靴をはくもの、散髪で書生羽織を着るもの、思い思いだ。うわさに聞く婦人の断髪こそやや下火になったが、深い窓から出て来たような少女の袴を着け、洋書と洋傘とを携えるのも目につく。（島崎藤村『夜明け前 04 第二部下』）

B类如（37）–（39）所示，可借助判断助动词「だ」或形式动词「する」充当谓语，形式比较多样。

(37) だが上層部から、なんらかの厳しい指示を受けているのだろう。寡黙ではあったが、黒木と沙霧に気配りを見せようとする姿勢が、ありありであった。神経質なほどピリピリしている。四人は、いったん空港事務所に入り、裏口から抜けるようにして空港内へ入った。（門田泰明『黒豹皆殺し』）

(38) 技師の宅は駅からも遠かった。海の見える山の登りも急な傾きで、高い石段の幾曲りに梶は呼吸がきれぎれであった。葛の花のなだれ下った斜面から水が洩れていて、低まっていく日の満ちた谷間の底を、日ぐらしの声がつらぬき透っていた。（横光利一『微笑』）

(39) 参りましょうとも、薩摩は南国、風俗も、異国のようとききました、気持まで夏のように晴れ晴れするとき…朝乃は、熱病で、上気した奥方のとぎれとぎれの夢に惹き入れられていった。…心の底の焦燥が、奥方の表情にも、ありありした。（中里恒子『中里恒子全集 第 10 巻』）

C类如（40）–（44）所示，不能后接判断助动词「だ」，但能通过形式动词「する」充当谓语。C类后接「する」时依旧表示具体动作，这和B类后续「する」表示状态形成鲜明对照。

(40) この間から日が永くッてしようがないのですから、おかあさまへ上げようと思ってしているのですけど——イイエ大丈夫ですわ、遊び遊びしてますから。ああ何だか気分が清々したこと。も少し起きさしてちょうだいな、こうしてますとちっとも病気のようじゃないでしょう。（徳冨蘆花『不如帰』）

(41) 女は、小さなあきかんへ水を入れてもって来てくれました。肉屋がそれを病犬の口もとへおきますと、犬はすぐにくびをのばして、ぺちゃぺちゃと、一気に半分ばかりのみほしました。そして、さもうれしそうに、くびをふりふりしました。(鈴木三重吉『やどなし犬』)

(42) 彼は自分の袂に入れていた巴旦杏を取り出して、青い光沢のある色も甘そうに熟したやつを子供の手に握らせた。そして彼の隠宅の方へとその子供を連れて行った。こんな調子で、半蔵は『童蒙入学門』や『論語』なぞを読ませに村の子供らを誘い誘いした。(島崎藤村『夜明け前 04 第二部下』)

(43) 母は私を可哀がって学校から帰るとかけ蕎麦を取ってくれた。もりかけが一銭二厘から一銭六厘になった頃で大概三つぐらいは食った。　また、夜おそくなると書生と牛飯というのを食いに行き行きした。一碗一銭五厘ぐらいで赤い唐辛子粉などをかけて食べさせた。(斎藤茂吉『三筋町界隈』)

(44) 私はあなたの家で生きかえります。私はすこしも悔むことがないのです。喬はそれをもっともなことだと思ったので、一結に自分の家へ帰っていったが、連城は心配して歩くことができないふうがあった。喬は足をとめて待ち待ちした。連城はいった。(田中貢太郎訳『連城』)

4.3 文体特征

动词连用形重复多用来表述主句动作的样态，具有较强描写性，这也预示着该表达方式可能多出现在描写性较强的文学性语料中。为证实这一点，本文以《朝日新闻》(1998-2001)及《青空文库》为语料，以工藤(1995)列举的561个和语动词为对象进行了检索，结果如下面表2所示。

表2 《朝日新闻》和《青空文库》中的动词连用形重复

检索语料	朝日新闻	青空文库
用例数	297	3 153
区别词数	22	133

从表2可知，从《朝日新闻》（1998-2001）中共检索到297个实例，这些实例使用了22个不同的动词；《青空文库》中共出现了3,153个实例，动词区别词数高达133个。换言之，不论是实例数量，还是动词区别词数，青空文库中的检索结果均远高于朝日新闻，这也印证了动词连用形重复多出现在描写性较强的文学作品中的推测。

众所周知，文学作品一般由描写登场人物对话的会话部分和除此以外的铺垫性叙述说明部分构成。那么，文学作品中的动词连用形重复在会话部分和叙述说明部分的使用上是否存在差异？为弄清该问题，本文结合连用形重复的类型又进一步对青空文库中检索到的3153个实例进行了整理，结果如下面表3所示。

表3 《青空文库》中动词连用重复形的出现位置

重复类型	A类	B类	C类
叙述部分	549（92.1%）	1 450（91.5%）	935（96.3%）
会话部分	47（7. 9%）	135（8.5%）	36（3.7%）

表3直观显示了连用重复形在文学作品的叙述部分和会话部分的使用情况，从表3可知，不论哪种类型的连用形重复，在叙述部分的使用占比均超过了90%，而在会话部分的使用则比较少，这也反映了连用重复形在文学作品中的使用倾向。

4.4 生成情况

如前所述，張（2003）和野呂（2010）根据工藤（1995）考察了动词类型和连用形重复的关系，但这些考察有欠精准，也不够全面。为修正以往结论的偏误，同时为弥补既有研究的不足，本节将首先基于工藤（1995）的动词分类考察和语动词连用形的重复，其后考察サ变动词的重复。另外，由于A、B两类已经固化，下面重点考察能否形成C类连用形重复。

4.4.1 动词类型与连用形重复

工藤（1995：69-71）根据时态对立性对日语动词进行了分类。其中，具有时态对立的为A外在运动动词；不具有时态对立的为C静态动词；介于A、C两类动词之间的是B内在情态动词[1]。工藤（1995：69-71）对三类动词的整体分类情况，可概略为下示（Ⅲ）。

（Ⅲ）工藤（1995）的动词整体分类

A. 外在运动动词（468个）

A1. 主体动作・客体变化动词：開ける、消す…

A2. 主体变化动词：行く、来る…

A3. 主体动作动词：走る、泣く…

B. 内在情态动词（60个）

B1. 思考动词：おもう、かんがえる…

B2. 感情动词：うらむ、おそれる…

B3. 知觉动词：きこえる、におう…

B4. 感觉动词：いたむ、うずく…

C. 静态动词（33个）

C1. 存在动词：ある、いる…

C2. 空间配置动词：そびえる、ひしめきあう…

C3. 关系动词：あたる、ちがう…

C4. 特性动词：にあう、まさる…

为了解上述三类动词在生成C类连用形重复时的差异，本文将工藤（1995：69-71）所列举的561个动词在《青空文库》中进行了逐一检索，相关结果如表4所示。

表4 《青空文库》中三类动词生成的C类连用形重复的分布

动词类型	A外在运动动词	B内在情态动词	C静态动词	小计
总词数	468	60	33	561
区别词数	105	6	0	111
用例数	840	133	0	973
重复率	22.4%	10.0%	0	19.8%

1 工藤（1995：70）指出，内在情态动词和主语人称性有密切的关系，难以单纯认定为持续性上的对立，属于时态对立性出现变体的类型，应定位为A类和C类动词之间。

观察表4可知，《青空文库》中的C类连用形重复实例共973个，使用了111个不同的动词。在这111个动词中，A外在运动动词105个，B内在情态动词6个[1]，C静态动词为0。从该统计结果不难发现，A外在运动动词比B内在情态动词容易生成C类连用形重复，C静态动词则和C类连用形重复不相融合[2]。

观察表4可知，在468个外在运动动词中，检索到实例的只有105个，这也暗示了外在运动动词内部可能存在一些差异。为了解这些差异，结合工藤（1995：69-71）对外在运动动词的下位分类进行结果细化后可得下面的表5。

表5　《青空文库》中外在运动动词下位类型的C类连用形重复的分布

	下位分类	总词数	区别词数	用例数	重复率
A1	①引起客体状态变化・位置变化的动词	151	26	45	17.5%
	②引起所有关系变化的动词	9	2	6	
A2	①主体变化・主体动作动词	17	1	1	5.6%
	②人的意志性（位置・姿势）变化的动词	41	2	2	
	③事物的无意志性的（状态・位置）变化动词	104	6	12	
A3	①主体动作・客体运动动词	9	7	106	46.6%
	②主体动作・客体接触动词	44	23	342	
	③人的认识活动・语言活动・变现活动动词	36	19	203	
	④人的意志性动作动词	20	11	42	
	⑤人的长期性动作动词	9	0	0	
	⑥事物的非意志性运动（现象）动词	28	8	80	

*重复率=区别词数/总词数

从表5可知，在A外在运动动词中，A3的重复率最高，A1次之，

1　这6个动词分别是：憎む、恨む、苦しむ、恐れる、考える、思う。

2　对表4中的区别词数和用例数进行卡方检验显示差异明显（$x^2 (2)=10.526, p<0.01$），对三类动词进行残差分析也证明差异有效。

A2最低，三者按照A3＞A1＞A2降序排列[1]。此外，A3的重复率虽然最高，但是，其中的A3-⑤这种表示人的长期性动作动词并未在青空文库中检索到实例，在日文谷歌上通过完全匹配检索也未发现实例[2]，这也暗示了该类动词和其他动词不同[3]。

4.4.2 サ变动词与连用形重复

如前面第3小节所述，以往对连用形重复的考察多回避了对サ变动词的分析。鉴于此，本节将对サ变动词的重复问题做补充说明。另外，由于工藤（1995：69-71）提到的サ变动词十分有限，此处以小泉（1989）提到的171个サ变动词为对象在日语谷歌中进行检索[4]。

玉村（1985：43）指出，サ变动词「する」需在长音节化后才可重复。影山（1980：142）指出，サ变动词「する」通过长音节化可重复为「しいしい」，带有词干的サ变动词无法进行整体性重复。在日语谷歌中对小泉（1989）提到的サ变动词检索后的结果也证实了玉村（1985）及影山（1980）的内省判断的正确性。

但需要注意的是，不论是玉村（1985）还是影山（1980），在考察时均未注意到サ变动词的分解性。众所周知，サ变动词带有词干时，在不改变语义的前提下，可分解为「词干をする」和「词干する」两种形式。那么，这两种形式在通过长音节化后的「しいしい」重复时有什么倾向性特征呢？

为了解相关特征，本文以小泉（1989）提到的170个带词干的サ变动词为对象，组配了「～（を）しいしい」两组关键词在日语谷歌中进

1 对表5中的区别词数和总词数进行卡方检验显示差异显著（(x^2 (2)=46.841, $p<0.01$)，对A1、A2、A3进行残差分析也证明了重复率按照A3＞A1＞A2降序排列。

2 检索日期为2017年7月21日。

3 張（2003：100）认为，人的长期性动作动词本身内含持续或反复的语义所以无法使用重复形。

4 在这171个サ变动词中，形式动词「する」1个，带词干的动词170个。另外，此处换用日语谷歌进行检索是因为青空文库中往往无法检索到带词干的サ变动词的重复实例。

行了检索[1]。经检索，有118个带词干的サ变动词未发现实例，这也说明了サ变动词受长度的限制难以重复的现实。但需注意的是，在52个带词干的サ变动词上检索到了实例。其中，只检索到了「～しいしい」的有35个（见表6），同时检索到「～をしいしい」「～しいしい」两种形式的有17个动词（见表7）。

表6　日语谷歌中只检索到「～しいしい」的サ变动词

词干	用例数	词干	用例数	词干	用例数	词干	用例数	词干	用例数	词干	用例数
注意	4870	計算	7	見物	4	比較	2	支度	1	報告	1
散歩	1530	工夫	6	洗濯	4	安心	1	質問	1	保存	1
苦心	132	混乱	6	催促	3	競争	1	掃除	1	満足	1
感心	8	電話	6	発達	3	研究	1	想像	1	理解	1
後悔	8	翻訳	6	整理	2	作業	1	貯金	1	利用	1
感謝	7	運転	4	努力	2	試験	1	訂正	1		

表7　日语谷歌中同时检索到「～（を）しいしい」的サ变动词

词干	～しいしい	～をしいしい	词干	～しいしい	～をしいしい	词干	～しいしい	～をしいしい
遠慮	14303	227	用心	1350	5	食事	4	1
心配	7227	3	返事	885	4	説明	3	1
我慢	6381	4	修理	874	1	実験	2	1
喧嘩	5737	8	勉強	8	1	世話	2	1
相談	4294	2	挨拶	7	4	呼吸	1	1
苦労	1430	2	失敗	5	1			

观察表7不难发现，「～しいしい」的检索结果绝大多数高于「～をしいしい」。综合表6和表7以及未发现仅使用「～をしいしい」的情况，不难得出带词干的サ变动词在重复时往往回避使用格助词「を」的结论。

5. 连用形重复和情态修饰从句的比较

对于连用形重复和「ながら」引导的情态修饰从句，益岡（2000）等学者曾做过对比，但本文认为尚不充分。因此，本节将结合调查结

1　此处的「～」代表词干。检索日期为2016年11月28日。因网页的流动性，检索结果会随日期略有变化，但不影响整体情况。

果对两者之间的差异做进一步考察。益岡（2000）等在对比时均以表示动作反复或持续的连用形重复为对象，所以下面也以与之相当的C类连用形重复为中心和「ながら」进行对比。C类连用形重复和情态修饰从句「ながら」之间的差异，主要有以下四点。

第一个差异反映在两者的可用动词范围上。如前面4.4.1小节所述，对于工藤（1995：69-71）列举的561个动词，仅有111个可在青空文库中检索到实例，整体重复率仅为19.8%，这也意味着连用形重复中的可用动词范围不大。与之形成对照的是，工藤（1995：69-71）的561个动词均可在《青空文库》中检索到后接「ながら」的实例，尤其是表示人的长期性动作的这种不能形成连用形重复的动词，也很容易发现后接「ながら」的实例。

(45) つまり私は一方にはある意味での宗教を観ているとともに、一方はきわめて散文的な、方便的な人生を観ている。この両端にさまよって、不定不安の生を営みながら、自分でも不満足だらけで過ごして行く。この点から考えると、世の一人生観に帰命して何らの疑惑をも感ぜずに行き得る人は幸福である。（島村抱月『序に代えて人生観上の自然主義を論ず』）

(46) 吉之助は小野という若い薬局生と玄関のわきの六畳の部屋に同居して、本郷辺にある学校に通いながら、かたわらに薬局の手伝いなどをしていた。前置きの説明がすこし長くなったが、これだけの事を言って置かないと、あとの話が判らなくなるおそれがあるから、まあ我慢してもらいたい。（岡本綺堂『有喜世新聞の話』）

(47) こうやっていよいよ冬も深くなるのだ。きょうも一日中、私は煖炉の傍らで暮らしながら、ときどき思い出したように窓ぎわに行って雪の谷をうつけたように見やっては、又すぐに煖炉に戻って来て、リルケの「レクヰエム」に向っていた。（堀辰雄『風立ちぬ』）

(48) たしかに、二十代の終わりに暗い青春を過ごしながらプラットホームに突進してくる電車に向かって身を投げようと考えたことはありますけれど、ああいうことを考えるのは若さの息吹が裏づけになっているんですね。五十五歳の私にとっては、もはやそういう迫力もなく、ただ、ぐったりと身を横たえているのみの毎日でした。（上坂冬子『ハル・ライシャワー』）

(49) 家屋の大部分は古代・中世から保存されて来た頗る興味ある様式のもので、今は人が住みながら、パレルモ芸術協会の特別保護建造物として指定されている。旅行者のためのホテルやペンシオネの多くは、しかし、近代様式で、町から少し低い位置の坂の中腹とか崖の出っ鼻とかに建てられてある。（野上豊一郎『エトナ』）

(50) しかし家庭の経済は楽でなかったから、ともかくも自分で働いて食わなければならないので、シャフハウゼンやベルンで私教師を勤めながら静かに深く物理学を勉強した。かなりに貧しい暮しをしていたらしい。その時分の研学の仲間に南ロシアから来ている女学生があって、その後一九〇三年にこの人と結婚したが数年後に離婚した。（寺田寅彦『アインシュタイン』）

第二个差异反映在两者的语义功能范围上。「ながら」引导的从句和主句之间的关系有两种，一种是顺接关系（例(51)），一种是逆接关系（例(52)）。与之形成对照的是，从《青空文库》的检索结果来看，连用形重复只和主句构成顺接关系，不存在逆接关系的实例。

(51) 友人たちは私の話を聞きながら、あれこれと思案をめぐらしてゐるやうな恰好をして見せたが、それは、私の話がすんでからそれへの同意に効果を添へようためのものでしかないのを、私は知つていた。（太宰治『思ひ出』）

(52) 悪材料で堅牢な建築ができる筈はない。これを知りながらその調査を怠るは無謀である。深く戒めねばならぬ。先生は屢々轉宅されたが終に郊外グルーネワルドの松林内に閑静な庭園付きの家に移られてから世界第二大戰まで住まわれた。（長岡半太郎『プランク先生の憶い出』）

第三个差异反映在两者的连体修饰功能上。前面4.2小节提到，C类连用形重复的连体修饰形式和数量极少，一般情况下难以使用。与之形成对照的是，「ながら」可以较为自由地通过后续格助词「の」修饰限定名词[1]。

1　《青空文库》中共检索到575例「ながらの」修饰限定名词的实例（其中，「ながら」前接名词的293例，前接动词的225例，前接副词的55例，前接形容词的2例），这和4.2小节提到的《青空文库》中仅有1例C类连用形重复的连体修饰实例差异明显。

(53) 七兵衛も坐り込んで二人飲みながらの話。どこの部屋に、どんなのがいて、あれは景気は好さそうだがその実懐中に金はあるまいとか、こちらの方に燻ぶっている商人体の一人者は、あれでなかなか持っていそうだとか…(中里介山『大菩薩峠 07 東海道の巻』)

(54) 古くからあったという事実の裏には時の試練に堪えて長く存続すべき理由条件が具備しているという実証が印銘されているからである。以上は新型式の勃興に惰眠をさまされた懶翁のいまださめ切らぬ目をこすりながらの感想を直写したままである。あえて読者の叱正を祈る次第である。(寺田寅彦『俳句の型式とその進化』)

(55) それぞれ家庭の友だちとなっているのもうれしい。二十五六歳ごろまで、私はどっちかというと友達のない淋しさをつよく感じながら生きていた。この十年ばかりは、友達の価値を全幅的に知りながらの生活である。(宮本百合子『なつかしい仲間』)

第四个差异反映在两者内部能否分化出主语上。观察语料可知，「ながら」从句内部可以出现有别于主句的主语。与之形成对照的是，C类连用形重复在《青空文库》和《朝日新闻》(1998-2001)中未检索到从句中使用主语的情况。

(56) 若いウベルティーノは、感動に涙があふれそうになりながら、ペガエ門に向った。冷徹な商人であるテダルディも、胸にこみあげてくるなにかを持てあましながら、皇宮ぞいの城壁に向う。(塩野七生『コンスタンティノープルの陥落』)

(57) たんに彼等は、「さあ、もういいわよ、今度は彼方へ行って見ようよ」と、ナオミが音頭を取りながら、ぞろぞろ繋がって出て来ました。彼等は私には気が付かないで、小屋の前から波打ち際へ降りて行きました。(谷崎潤一郎『痴人の愛』)

(58) 僕はコンクリート塀の隅で放尿した。教員は僕と並んで自分も放尿しながら僕によびかけた。おい、名前だけでもいってくれよ。僕らはあれを闇にほうむることはできないんだ。霧を透して街娼が僕らを見まもっていた。(大江健三郎『人間の羊』)

6. 小结

以上针对既有研究的不足，基于语料库方法考察了连用形重复各类型在语法功能和文体特征上的共性及差异，比较了各动词类型在连用形重复方面的难易度，发掘了连用形重复和「ながら」之间的一些新差异。

考察发现，虽同为连用形重复，但A类和B类已高度词汇化，只有C类保持了一定的能产性。尽管连用形重复在文体特征上高度一致，但能产性上的差异致使三者在连用、连体及谓语用法上出现了差异。

统计显示，生成C类连用形重复时，在工藤（1995）的动词分类中，A外在运动动词比B内在情态动词容易，C静态动词则难以生成；在A外在运动动词中，整体按照A3主体动作动词＞A1主体动作、客体变化动词＞A2主体变化动词降序排列。另外，带词干的サ变动词在重复时往往回避使用格助词「を」。

对比发现，和「ながら」相比，连用形重复在可用动词范围、语义功能范围、连体修饰功能、主语分化能力等方面受到更大制约。

以上就现代日语中的连用形重复问题进行了考察。为得出明晰的结论，本文仅考察了单纯动词和サ变动词，对于复合动词连用形的重复（如「飛び跳ね飛び跳ね」）、单纯动词活用后连用形的重复（如「飲ませ飲ませ」）等未进行探讨。此外，对于同样表示动作反复的「〜ては」等句式和连用形重复之间的差异等问题，也未能进行考察。动词的重复也是汉语语法研究中的一个重要问题。关于日语和汉语在动词重复时的语义功能、时体特征的对比也是一个饶有兴趣的课题，将在今后另行分析。

第3章 日语名动型复合动词的考察

1. 引言

复合动词是日语研究的热点，也是难点之一。对于复合动词，前人多有研究，并在复合动词的类型划分、结合条件、多语言间的对比及习得研究方面取得了丰硕成果[1]。统观前人成果不难发现，这些研究多以（1）-（3）中这种前项和后项均为动词的复合动词为对象。

(1) アジア系の移民がたくさん入ってくるのは外国人労働者だからということで、それを受け入れるのは国際化と考えられていない。アメリカ通の人が一方だけしかチャンネルをもっていない。（石川好『日本文化の現在』）

(2) 時には机に寄って来て彼女の肩に手を置いて、私の時とはまるっきり違う、よくもまあこんなにまで変えられるものだと、呆れかえるにたにたした顔で話し掛けるのであった。（入山一平『煙男』）

(3) 製品を供給のパイプラインに押し込んでいくやり方が主体でした。高度成長期のように、需要が常に供給を上回っているときには、それでも製品が売れ残ることは多くありませんでした。（遠藤功『企業経営入門』）

但是，对于下面（4）-（6）中下划线所标示的这种动词，以往的研究却未予以足够的重视，基本上处于被边缘化状态。

1 相关成果可参考松田（2002）。松田（2002：170-184）将日语复合动词研究分为了“体系研究”“语义研究”“对比研究”“习得研究”四类，并按照研究类型梳理了代表性研究者及主要论点。

(4) 門の内に縁台を並べ、そこに娼妓が腰かけるという気安い張り店もある。（山崎洋子『花園の迷宮』）
(5) 二人は黙りこみ、しばらく踊りの流れに身を任せていた。理瀬は目の前の少年の豹変ぶりに混乱していた。先程感じた自分の警戒心が間違いではなかったことに気付く。（恩田陸『麦の海に沈む果実』）
(6) このようなやり方でも、お金を払うのは苦痛であるから、罰金を高額にすれば、犯罪を防ぐことに役立つであろう。が、それだけでよいものだろうか。（金田一春彦『金田一春彦著作集』）

观察(4)–(6)可知，带有下划线的动词，外形上由名词和动词两部分组成，本文将其命名为名动型复合动词。另外，这种动词和下面(7)–(9)中下划线所标示的带有格助词的惯用句在语义和用法上十分相似。

(7) いつも寒がっており、毎日日のさす所へとこころざして、市の公園へびっこを引きながら往って、菩提樹の下のベンチに腰をかける。席もきまっていて、養老院からくるペピイとクリストフとの二人の老人の間である。（小島直記『小島直記伝記文学全集』）
(8) ここで、面白いことに気がつく。ヨーロッパ人の中にも、宗教的な問題から、あまり肉食をしない民がいるということだ。これは、もちろんユダヤ人のことである。（荻原雄一『舞姫』）
(9) ああいう違った世界を見てくると、日本で毎日毎日生活していくにも、多少違った考え方ができるようになって、人生を豊かにすることに役に立つだろうと思ってさ。これも非常に迂遠な話でね。（青田吉弘『情報化社会対話集』）

那么名动型复合动词有什么语法语义特征，这类动词和带有格助词的惯用句在使用上有什么差异，都是饶有兴趣的问题，本文将基于语料对这些问题进行探讨。

2. 先行研究

在日语的复合动词中，前后项均为动词的类型占绝对多数，是日语复合动词的典型。受此影响，以往的研究多以该类型为对象，日本国立国语研究所也构建了专门数据库并整理了相关研究文献[1]。与之相对的是，名动型复合动词数量较少，只能算日语复合动词中的周边现象，所以未受到足够重视，开展的研究也十分有限。目前，仅发现了坂倉（1966）、長嶋（1976）、野村（1977）、小池、河原（2005）、杉本（2012）、影山（2014，2016）的几篇论文，但论述的详尽程度不一。

長嶋（1976：65）将日语复合动词划分为了下面（10）所示的五种类型，但他仅分析了"动词＋动词"这种类型的前后项语义关系，对于名动型复合动词等其他类型未作分析。

(10) 長嶋 (1976) 对日语复合动词的分类

a. 动词＋动词：暮れ残る、しみこむ

b. 名词＋动词：名指す、泡立つ、習慣付ける、手がける

c. 形容词（形容动词）＋动词：近よる、若がえる、多すぎる、元気づく

d. 副词＋动词：ピカピカする、ぼんやりする、しみじみする

e. 接头辞＋动词：さしあげる、さまよう

野村（1977：266）将日语复合动词划分为了下面（11）所示的三种类型，指出前后项均为动词的数量最多，其他类型数量很少，除此以外未作任何分析。

(11) 野村 (1976) 对日语复合动词的分类

a. 名词＋动词：目ざめる、気づく、名づける、夢見る、冬ごもる

b. 形容词词干＋动词：青ざめる、遠のく、長びく、若がえる、高鳴る

c. 动词连用形＋动词：撃ち落す、掃き出す、踏み抜く、泣き暮らす

1 日本国立国语研究所按年代整理了从1600年到2014年间的500余篇文献，在公开的在线数据库"复合动词词典"中收录了2 700个以上的复合动词。附带提及的是，不论研究文献还是在线数据库均以前后项为动词的复合动词为对象，本文所研究的名动型复合动词未收录其中。

小池、河原(2005：81)根据前后项的语义关系及词性将复合动词划分为了如下(12)所示的五种类型，指出修饰型的最多，补足型和接续型次之，派生型最少。

(12) 小池、河原(2005)对日语复合动词的分类
a. 补足型(名词＋动词)：口ずさむ、心掛ける、巣立つ、目覚める、夢見る
b. 修饰型(动词连用形＋动词)：歩き回る、祈り殺す、切り上げる、走り込む
c. 接续型(动词连用形て＋动词)：受けて立つ、うって変わる、買って出る
d. 派生Ⅰ型(形容词词干＋动词)：高すぎる、近寄る、遠ざかる、若返る
e. 派生Ⅱ型(部分副词＋动词)：ぶら下がる、ぶら下げる

另外，对于补足型，小池、河原(2005：81)根据补足关系又进一步做了如下(13)所示的划分，但未展开任何分析。

(13) 小池、河原(2005)对名动型复合动词的分类
a. 道具格补足：口ずさむ→口ですさむ
b. 依据格补足：心掛ける→心に掛ける
c. 起点格补足：巣立つ→巣から立つ
d. 主格补足：腹立つ→腹が立つ
e. 对格补足：夢見る→夢を見る

坂倉(1966：421-452)以日本书记古训为资料，对其中的1,911个复合词按复合名词、复合动词、复合形容词及复合形容动词、复合副词、叠语进行了分类整理。对于收集到的141个名动型复合动词，坂倉(1966：421-452)做了如下(14)所示的划分，并指出该类型和惯用句具有紧密的关系。

(14) 坂倉(1966)对名动型复合动词的分类
a. 前项名词为后项动词的主语(26例)：気絶(イキタユ)
b. 前项名词为后项动词的宾语(83例)：夜夢(ユメミル)

c. 前项名词为后项动词上述情况外的修饰语（32例）：匍匐（ハラバウ）

杉本（2012）以「気付く」「気が付く」为对象对比了两者在语义及用法上的区别。通过考察，杉本（2012：48）指出，和「気が付く」相比，「気付く」不可以表示事物的属性，也难以用来表示动作主体的意识恢复，但是「気付く」的意志性更强，容易伴随格助词「を」，还可以后续「ている」「ていく」「てくる」表示动作的过程。

影山（2014：11-13）对日语名动型复合动词做了如下（15）所示分类，并考察了日语名动型复合动词和多式综合语（polysynthetic languages）中名词并入（noun incorporation）现象的差异。

（15）影山（2014）对名动型复合动词的分类

a. 前项名词和后项动词构成"主语＋非对格动词"的关系：
芽生える、目覚める、傷つく、色合わせる、渦巻く、元気づく、息絶える

b. 前项名词和后项动词构成"宾语＋他动词"的关系
習慣づける、身構える、口出す、手間取る、棹さす、鞭打つ、気遣う

c. 前项名词表示后项动词的"手段、方向、路径等"副词关系
つま先立つ、手招く、横切る、先立つ、爪弾く、手渡す、下回る

影山（2014：11-13）指出，日语名动型复合动词和多式综合语的名词并入现象存在两点差异。第一是生产性的不同。多式综合语中的名词并入具有生产性，日语名动型复合动词则不具有生产性。第二是使用环境不同。多式综合语中的名词并入一定用在时态句中，而日语名动型复合动词容易出现在非时态句中，能用于时态句的动词很少，大约只有65个左右。

影山（2016：6-7）以日语名动型复合动词为对象做了较为全面的考察。在考察中，影山（2016）首先从语音和语法两个角度确认了名动型复合动词作为词的资格，然后基于内部关系对搜集到的65个名动型复合动词进行了如下分类。

(16) 影山(2016)对名动型复合动词的分类

a. 前项名词和后项动词构成“宾语+动词”(NをV)关系(约37%)
腰掛ける、骨折る、身構える、手間取る、名付ける、棹さす、鞭打つ、あだ為す、気遣う、年取る、銘打つ、勇気づける、精出す、陣取る

b. 前项名词和后项动词构成“主语+动词”(NがV)关系(约23%)
芽生える、芽吹く、目覚める、色づく、色褪せる、傷つく、気づく、泡立つ、渦巻く、息絶える、元気づく、波打つ

c. 前项名词和后项动词构成“ニ格补语+动词”(NにV)关系(约6%)
旅立つ、背負う、巣ごもる

d. 前项名词和后项动词构成“附加词(副词)+动词”关系(约34%)
手渡す、爪弾く、つま先立つ、指さす、夢見る、手まねく、手挟む、手放す、腹ばう、上回る

影山(2016)指出，名动型复合动词不是从句法结构(syntactic structure)直接派生而来，而是在词法层面形成的。这类复合动词容易出现在非时态句中，难以用在句末表述现实发生的事情。另外，影山还结合坂倉(1966)等的考察指出，名动型复合动词尽管自古有之，但从古至今都不具有生产性。

3. 问题意识、所用语料

上节简介了有关名动型复合动词的考察。从以上介绍不难看出，坂倉(1966)、長嶋(1976)、野村(1977)、小池、河原(2005)只是蜻蜓点水似地对名动型复合动词一带而过，并未深入展开。因此，在考察现代日语中的名动型复合动词时，目前可资借鉴的只有杉本(2012)、影山(2014，2016)的相关研究。但是，本文认为这些研究在以下几个方面尚存不足。

第一是基础数据的准确性问题。影山(2016 : 16)提到，名动型复合动词最多70个左右。但是，本文在按照比影山(2016)更严格的标准收集后发现，名动型复合动词数量远超70个。数据是解剖语言现象的手段之一，基本数据如果出现较大偏差，不由得让人对结论产生怀

疑，当然也妨碍研究的纵深开展。

第二是研究对象的界定问题。影山（2016：7, 9）提到，名动型复合动词分类中包含了「心奪われる」「心惹かれる」这种后项动词为被动形的动词，也包含了「若返る」「近寄る」「近づく」「遠ざかる」这种前项为形容词词干的动词。对于这种处理，影山（2016：7, 9）也承认，后项动词为被动形的动词和其他名动型复合动词是异质的，形容词词干并非纯粹的名词，它们可考虑为形容词连用形充当副词。

第三是类型划分的标准问题。大概受坂倉（1966）的影响，影山（2014）对名动型复合动词分类时单独列出了主语和宾语，除此以外的都放入了最后一类。和影山（2014）相比，影山（2016）增列了一项"ニ格补语"，但最后一类的"附加词（副词）"依旧给人一种包容万象的感觉，并无法让人清晰了解名动型复合动词的内部关系的实际分布。

第四是语法功能的事实认定问题。影山（2014，2016）均提到，日语名动型复合动词不具有生产性，容易出现在非时态句中，难以用在句末表述现实发生的事情。对于名动型复合动词不具有生产性，本文不存异议。但是，对于名动型复合动词难以用在句末表述现实发生的事情这一点，本文认为还需要进一步确认。

第五是个案研究中的精度偏误问题。影山（2014，2016）主要从类型语言学的宏观视角出发，对比了多式综合语中的名词并入现象和日语中名动型复合动词间的异同，对于具体的名动型复合动词和与之类义的惯用句未作对比。从这个角度而言，杉本（2012）的研究可资评价。但是，杉本（2012）在开展研究时未对语料检索结果做人工确认，一些错误的形态素分析结果也混杂其中，导致了数据统计结果未能真实反映语言事实[1]。比如，杉本（2012）认为「気付く」不能表示事物属性，但事实上却并非如此[2]。再如，从杉本（2012）的统计结果来

1 对于统计结果中混杂有错误的形态素分析结果，杉本（2012：51）自身也有所提及。

2 杉本（2012：37）指出，「彼はよく気がつく」成立而「彼はよく気づく」不成立，并据此指出「気づく」不可表示事物属性。但是，在日文谷歌上很容易找到「人は他人の残酷さにはよく気づく」「人のことはよく気づく」等明显表示属性的用法。

看，没有「気が付く」后接格助词「を」的用例，也没有后接使役助动词「させる」的用例。但是，本文所用语料库规模尽管比杉本（2012）小，依旧找到了相关的实例。此外，杉本（2012）在行文中仅列出了局部的统计结果，这也难以让我们从整体上把握两者的差异。

鉴于此，本文将利用语料库收集实例并借助量化统计方法，梳理名动型复合动词的内部关系，描写该类动词整体的语法语义特征，在此基础上将择取具体的高频词与类义的惯用语进行个案对比考察。

本次调查主要使用了四种语料。第一种语料是外语教学与研究出版社2013年出版的《新明解日汉词典》，该词典共收录词条约7.3万条。该语料主要用于调查现代日语名动型复合动词。第二种语料是日本国立国语研究所构筑的《现代日语书面语均衡语料库》，该语料主要用于调查《新明解日汉词典》中出现的名动型复合动词的使用频度并据此确定个案对比考察对象。另外，在调查频度时使用了日本国立国语研究所和Lago语言研究所共同开发的在线检索系统NINJAL-LWP for BCCWJ (NLB)。第三种语料是日本国立国语研究所2008年公开的《现代日语书面语均衡语料库》监测版（下称“BCCWJ2008”），其中收录了大约2 500万字的文本语料。第四种语料是田野村忠温教授提供的《青空文库》[1]，里面收录了大约6,300多篇文学作品。第三、四种语料主要用于高频名动型复合动词和类义惯用语的对比分析。

4. 名动型复合动词的语法语义特征

上节提到，本文以《新明解日汉词典》为资料调查现代日语中的名动型复合动词。在《新明解日汉词典》调查时，本文遵循了以下四个原则。

第一，必须出现在《新明解日汉词典》主词条中。换言之，出现在主词条位置以外的名动型复合动词，本文未纳入统计范畴。

第二，动词的前项部分必须是纯粹的名词，像影山（2014，2016）提到的「若返る」「近寄る」这种动词，尽管前项部分接近于名词，本文未纳入统计范畴。

1　具体网址为：http://www.let.osaka-u.ac.jp/~tanomura/kwic/aozora/

第三，动词的后项部分必须是未活用动词，像影山（2014，2016）提到的「心奪われる」「気圧される」这种后项活用过的动词，本文未纳入统计范畴。

第四，带词干的サ变动词，尽管有时也符合前项为名词后项为动词，但鉴于后项的サ变动词只是形式动词，本文未纳入统计范畴。

基于以上原则，本文从《新明解日汉词典》中共确定到214个名动型复合动词，下面将基于事实描写这些名动型复合动词的语法语义特征，描写的重点是这些名动型复合动词的内部关系、向名词的类转以及在时态句中的结句等三个方面。

首先看名动型复合动词的内部关系。从前面介绍的坂倉（1966）、小池、河原（2005）、影山（2014，2016）可知，名动型复合动词的前项名词和后项动词之间存在潜在的格关系。经统计，这种潜在的格关系的类型和数量，可做如下汇总。

表1　名动型复合动词潜在格关系的类型及分布

格助词	词例	后项为自动词	后项为他动词	小计	比例
を1	腰かける、身構える、名付ける	0	83	83	39%
が	腹立つ、目眩む、垢抜ける	80	0	80	37%
に	役立つ、背負う、旅立つ	22	6	28	13%
で	手渡す、爪繰る、鞭打つ	7	10	17	8%
から	手放す、鞘ばしる、巣立つ	2	1	3	1%
を2	先走る、下回る、上回る	3	0	3	1%

表1是对《新明解日汉词典》中出现的名动型复合动词内部格关系的整理结果。由于格助词「を」同时可表示宾语和动作移动场所，在统计时分别将其标记为「を1」和「を2」。从表1数据可知，在名动型复合动词潜在的格关系中，表示宾语的「を1」最为活跃，表示主语的「が」次之，「に」紧随其后，其他格助词的占比不高。另外，与「を1」结合的动词全部为他动词，与「が」结合的动词全部为自动词，两者结合的动词在自他性上截然相反。本文的统计结果也从侧面检证了角田（1984）对日语名动型复合动词的论断。对于名词和动词构成的

复合词，角田（1984：79）曾结合Comrie（1978）指出，他动词和宾语结合而成的最多，自动词和主语结合而成的次之，他动词和主语结合而成的十分稀少。

下面看名动型复合动词的名词类转问题。众所周知，动词连用形可类转为名词，如「遊ぶ」的连用形「遊び」可作名词使用。对于动词连用形向名词的类转，三宅（1940）、金（2003）曾做过统计[1]。

表2　先行研究中提及的动词向名词的类转情况

研究者	类转率	动词类型	调查方法
三宅（1940）	24.1%	基本动词	无明确记载
金（2003）	37.8%	单纯动词	主要借助词典辅以新闻语料
	40.9%	复合动词	

表2显示了三宅（1940）、金（2003）对动词向名词类转的统计结果。从表2可知，动词向名词的类转率不高，最多只有40%左右。那么，名动型复合动词的名词类转率如何呢？为弄清该问题，本文对确认到的名动型复合动词的名词类转情况进行了调查。

表3　名动型复合动词向名词的类转率

类型	词例	数量	比例
可以向名词类转	気付く、手伝う、背負う、手放す、息衝く、腹立つ、銘打つ、夢見る	208	97%
无法向名词类转	魂消る、事足りる、背屈まる、角目立つ、苛立てる、神鎮まる	6	3%

表3是对《新明解日汉词典》中出现的名动型复合动词的连用形能否类转为名词的统计结果，检索时主要使用了日文谷歌及前面提到9本词典。从统计结果来看，名动型复合动词向名词的类转率高达97%，明显高于先行研究中所提及的类转率。

另外，名动型复合动词类转后的名词在语法特征上也有别于一般动词的类转名词。加藤（1987：49）指出，一般动词的类转名词在使用时有别于普通名词，难以出现在格助词「が」「を」前面。那么名动型

1　此处转引自沈晨（2014：4），原文为日文，译文为本文翻译。

复合动词的类转名词实际情况如何呢？对此本文也做了相关统计，相关结果可做如下汇总。

表4　名动型复合动词类转名词与格助词的搭配[1]

和格助词搭配情况				词例	数量	比率
能否出现在〈が〉前	○	能否出现在〈を〉前	○	気付く	205	98.56%
	✗		✗	心急く	1	0.48%
	○		✗	脂下がる	1	0.48%
	✗		○	煤ぼける	1	0.48%

表4是对上文提及的208个名动型复合动词的类转名词与格助词「が」「を」搭配使用情况的检索结果，在检索时主要使用了日文谷歌的完全匹配检索（检索时间：2017年2月4日），表中的“○”“✗”分别是指是否检索到了相应实例。从表4可知，在208个名动型复合动词的类转名词中，只能出现在「が」或「を」前面的分别只有「脂下がる」「煤ぼける」的类转名词（如（17）（18）），除此以外的绝大多数类转名词都可以出现在「が」「を」前面，这也有别于加藤（1987：49）所提及的一般动词类转名词的特点。

(17) 男性にも女性にも性欲はあるのだからお互いさまだ、というような脂下がりが社会に瀰漫しているかぎり...

(http://trounoir.ohitashi.com/recom.html)

(18) 旧作で煤ぼけていますが創造に富んだ作品です。(すすぼけを修正してます)書のジャンル云々は別として、私の気に入った作品の一つです。

(http://www7b.biglobe.ne.jp/~sokyou/sobyo.htm)

最后看名动型复合动词在时态句中的结句问题。影山（2014，2016）指出，日语名动型复合动词容易以连体修饰成分出现在非时态句中，难以用在句末表述现实发生的事情，并举出了如下例句。

1　对表4中「心急く」的连用形「心急き」与助词「が」「を」的搭配进行检索时未发现相关实例，但鉴于《大辞泉(第1版)》将「心急き」的词性标记为了名词和形容动词，本文将其判定为有名词用法。

(19) ＊ a. 円盤がきのう［空飛んだ］。
＊ b. 人々は昼の間［道行った］。
＊ c. その家庭はきのう［笑顔あふれた］。

（影山, 2016 : 12）

对于日语名动型复合动词容易以连体修饰成分出现在非时态句中这一点，本文不存异议。但是，对于名动型复合动词难以用在句末表述现实发生的事情，本文认为值得商榷。

(20) FF15 クリア後にレガリアが<u>空飛んだ</u>。

（http://sibafu.hatenablog.com/entry/2016/12/12/212627）

(21) 国道151号を<u>道行きました</u>。

（http://blogs.yahoo.co.jp/jijibaba3210/11204867.html）

(22) 我々のナギみつは今日も<u>笑顔溢れていた</u>。

（https://twitter.com/s_akira_359/status/747381461930508289）

上面（20）-（22）是本文借助日语谷歌对影山（2016 : 12）提及的动词「空飛ぶ」「道行く」「笑顔溢れる」进行检索后找到的实例。这些实例的存在也提示我们需要对名动型复合动词能否用在句末表述现实发生的事情进行确认。鉴于此，本文以《新明解日汉词典》中确定到的214个名动型复合动词在日语谷歌上进行了逐一确认。检索发现，这214个名动型复合动词均有用在时态句句末表述现实发生的实例，这也印证了影山（2014，2016）所述论点的偏误。

5. 名动型复合动词与惯用句的对比

前文第3节提到，影山（2014，2016）主要从类型语言学的宏观视角出发对日语名动型复合动词进行了探讨，并未进行个案考察。杉本（2012）虽进行了个案研究，但由于一些数据处理的偏误，导致了部分考察结果的失真。鉴于此，本节将在杉本（2012）的基础上进行相关的个案研究，以期修正和弥补前人之不足。

名动型复合动词总体数量不多，在实际语言生活中的使用频度也参差不齐。本文以《新明解日汉词典》中确定到的214个名动型复合动词为对象，借助日本国立国语研究所和Lago语言研究所共同开发的在线检索系统NINJAL-LWP for BCCWJ (NLB)检索后发现，有36个动词的频度为零，但也有部分动词使用频繁。

表5 BCCWJ中词频在前10位的名动型复合动词

序号	单词	词频	序号	单词	词频
1	気付く	11 057	6	上回る	2 602
2	目指す	8 020	7	役立つ	2 453
3	基づく	6 684	8	背負う	1 868
4	目立つ	3 991	9	手伝う	1 838
5	断わる	3 263	10	試みる	1 815

表5显示了名动型复合动词在BCCWJ中使用频度位居前10的动词。从表5可知，「気付く」是所有名动型复合动词中使用频度最高的动词。鉴于此，本文在进行个案研究时将以「気付く」为对象，重点与类义惯用语「気が付く」进行对比。

在进行对比时，主要使用了日本国立国语研究所的BCCWJ2008和大阪大学田野村忠温教授提供的青空文库。检索时充分考虑了日语表记的多样性及活用变化等因素，同时通过人工核对删除了和本文主旨无关的例句。相关的检索结果，可做如下表6汇总。

表6 「気づく」和「気が付く」的语料检索结果

语料	気付く	気が付く
BCCWJ2008	2 684	1 746
青空文库	1 261	2 827
小计	3 945	4 573

在进行「気付く」与「気が付く」的对比时，将重点描写两者在名词类转、语态使用、对象提示、敬语形式、动词复合、后续语气等六方面的差异。其中，名词类转、敬语形式、动词复合、后续语气等是杉本（2012）未涉及的视点，对语态及对象提示的分析比杉本（2012）更加全面。

5.1　名词类转

前文第4节提到，名动型复合动词的连用形可类转作名词。「気付く」作为名动型复合动词中的高频词，自然也具备该语法特征。

(23) なんだかいろんな発見をして、新鮮な気持ちでした。頭でふつうに分かっていることでも、この時には全身全霊でわかった感じで、一つひとつの気づきに妙に感動したのです。（先間敏子『たくさんの愛をありがとう』）

(24) 目標を立て、週に一回の短い話し合い、あるいは月一回の評価のための話し合い、そしてまた日々の気づきを表に記入していくという作業が、職員間の交流を深めてくれたような気がします。（帚木蓬生『安楽病棟』）

(25) 効果的なサービスの提供には、気配り、気づきが必要になる。水が欲しいと頼まれる前に気づき、さっと提供することができれば、顧客は満足する。（小山周三『サービス経営戦略』）

与之相对的是，「気が付く」的连用形的名词类转能力似乎比较弱，这一点从下表的统计结果一目了然[1]。

表7　「気づく」和「気が付く」在语料库中的名词类转情况

语料	気付き	気が付き
BCCWJ2008	30	0
青空文库	3	0
小计	33	0

表7显示了「気付く」和「気が付く」在BCCWJ2008及青空文库中的名词类转情况。从表7可知，从BCCWJ2008和青空文库中未发现「気が付き」类转为名词的情况。当然，我们不能据此立即得出「気が付き」绝对不能类转为名词的结论，因为在日语谷歌中有相关实例。

(26) 相手の考え方や正確を知ろうとする努力が必要となります。自分が強くなる以上の、努力と気が付きが必要となり、人を上手に教

1　严格而言，「気が付き」不能叫作「気が付く」的连用形，但为行文顺畅，此处暂作该便宜处理。

えられる事は、自分の能力が随分と上達しているに繋がります。

（http://miyakesan.blog.fc2.com/page-44.html）

(27) お遍路に出て思いやりや人助け・・その他沢山の気が付きを頂きました。不思議な地でもありますが、人間本来のあり方を「あたりまえ」で終わらず感謝を知ることが出来た四国歩き遍路でした。

（http://www.kushima.com/henro/present/20081103r.htm）

(28) 特にミキシングでは、無意識に聞き取った微量の音への気がつきを大切に編集しました。視聴者の意識の中に無意識に感じられる音やそれらを考えさせる余白を創るような編集だったと言っても良いでしょう。

（http://www.cdjournal.com/main/news/-/60214）

为了确认「気付く」和「気が付く」在名词类转能力上的差异，本文进一步借助日语谷歌进行了检索。

表8　「気づく」和「気が付く」在日语谷歌中的名词类转情况

格助词	気付く	気が付く
が	819 000	37 680
を	801 000	12 460
の	986 000	33
小计	26 060 000	50 173

表8是本文以「気付き」和「気が付き」及其假名表记形式为对象，通过和格助词「が」「を」「の」的组合形式为关键词，在日文谷歌上进行检索后的结果[1]。从表中数据可知，「気付き」作为名词的用法远比「気が付き」活跃，这和BCCWJ2008及青空文库中的调查结果不谋而合。

1　检索时间为2017年2月6日。另外，本文此处的目的是为了探寻两者在名词类转上的倾向性差异，所以只选取了名词最容易搭配的「が」「を」「の」进行了组合检索，未对与其他格助词的搭配进行调查。在检索时虽然使用了完全匹配检索，但也混杂了部分不适结果。由于数据庞大，本文无法一一甄别予以剔除。但是，表8所显示的倾向性特征毋庸置疑。

5.2　语态使用

名动型复合动词「気付く」可以通过活用表示被动、使役、使受、可能、自发等语态，其相应实例如下。

(29) エマは「久し振りに四人そろった」と言ってはしゃぎ、そのせいで祐之介と私のぎこちない挨拶は気づかれずにすんだ。彼女が着ていたものははっきり覚えている。（小池真理子『無伴奏』）

(30) そればかりではなく、四年目のニューオリンズは、種々の矛盾やクレオール文化を理解することの難しさをハーンに気づかせたのだった。（小泉凡『八雲の五十四年』）

(31) それらの書簡を読んでいて気づかされる第一のことは、くれぐれも他者に対する批判はつつしむように、ということを親鸞がくり返しいっていることだ。（山折哲雄『悪と往生』）

(32) 私はなにしろ、自分自身にかけられたそうした巧妙な術に気づけなくて、あわやとんでもないことになってしまうところだったのですから。（栗本薫『劫火』）

(33) 普遍的な人間感情の在りようだといえば、人情というものが、今日的状況の中にもちゃんと息づいていることに気づかれると思う。現代は、どちらかといえば不人情が目立つ時代だろう。（藤沢周平『竹光始末』）

惯用句「気が付く」也可以通过活用表示被动、使役、使受、可能、自发等语态，其相应实例如下。

(34) そうなると、ただそれを持ってることだけが大変な苦労で、毎日毎日どうしたものかと心配していた。いっそ元の処に持って行って返そうと決心した。しかし気がつかれないように返すということがまた大変だった。（堺利彦『私の父』）

(35) その奥さんか、質問者さん、または近所にそこそこ小さい子供さんはいませんか？子供に「おばちゃん、鼻毛でてるよ～」などと言わせて気が付かせれば良いかも。（Yahoo!知恵袋）

(36) そして、このイラスト集を眺めていくと、奇妙な癖に気がつかされる。個々の住宅家屋についての扱いはどこか大雑把で、個室の扱いは特にそうだ。（久美薫『宮崎駿の仕事』）

(37) 牧場の土を工具で掘って男を埋めてからハンサムを連れて家に帰って来た。お父さんもお母さんもよく眠っていて気がつかれなかった。(森村誠一『魔性の季節』)

(38) 今晩のお話で考え合わせますと、深い因縁によってのことだったとはじめて気がつかれます。なぜ明瞭にわかっておいでになったあなたが早く言ってくださらなかったのでしょう。(与謝野晶子訳『源氏物語』)

从表面看，「気付く」和「気が付く」在语态使用方面没有差异。但是，本文统计后发现，两者在语态使用的活跃度上存在差异。

表9　「気づく」和「気が付く」在语料库中的语态使用情况

语态	気付く	気が付く
被动	254	9
使役	51	2
使受	47	3
可能	37	1
自发	3	2
小计	392	17

表9是本文对「気付く」和「気が付く」在BCCWJ2008及青空文库中语态使用情况的统计。从表9可知，「気付く」在语态使用方面远比「気が付く」活跃。

5.3 对象提示

名动型复合动词「気付く」所表动作的对象或内容，可以使用格助词「に」「と」「を」来进行提示，其相应实例如下。

(39) 昭和四十三年春、大学を出て会社員になった時、私はその会社員になったという現実が、またどうしても現実とは感じられず、はじめて己れの現実剥離に気づいた。その時、ただ一つ信じることの出来た現実は、いまにおいてもなお、生々しく私の中に息をしている苦痛だった。(車谷長吉『武蔵丸』)

(40) 鳴海が学者の体面をかたくなに護るように言ったことを、千寿は思いだしていた。だから、わざわざそのことを確認するように言ったのだが、無意味だと気づいた。鳴海は黙っていた。なるようにしかならないか、と千寿は話題をひっこめた。（大城立裕『水の盛装』）

(41) 幸隆がそう言うのは本当である。かつての鶴姫らしくもなく、近年鶴姫がさびしげな表情を見せるときがあるのを幸隆は気づいていた。とくに昨年、明乃が四男六郎太を産んでから、そんな様子をしばしば見せるようになった。（南原幹雄『謀将真田昌幸』）

此外，名动型复合动词「気付く」所表动作的对象或内容，有时不出现，有时通过助词「は」「も」等来进行提示，其相应实例如下。

(42) 賢は眼鏡を掛けたまま下から指をさしこんで両目をごしごしとこすった。目やにが指先に付き、自分がいかに目を酷使していたか気付く。長時間運転するということは、身体以上に目を酷使することでもある。（恩田陸『上と外』）

(43) エマは妊娠五ヶ月になっていたが、もともと上半身が豊かだったせいか、腹部のふくらみはそれほど目立たなかった。気をつけて見なければ、誰も彼女が妊娠していることは気づかなかったろう。（小池真理子『無伴奏』）

(44) それを隠そうとした過ちが、大きな悪を生むことになったけれど、その責任はみな私にある。今頃になって、轢き逃げの時効が短かったことも気づきました。だが、もうどうにもならなかった。（斎藤栄『謎の幽霊探偵』）

惯用句「気が付く」所表动作的对象或内容，也可以使用格助词「に」「と」「を」来进行提示，其相应实例如下。

(45) このことは、安土山に存在する多量の石垣をひとずつ丹念にみていくとわかる。その多様さに気が付く。当然であろう。これだけ多量の石垣をわずか四年で積むのである。（木戸雅寿『よみがえる安土城』）

(46) そのため、いくつかのグループをまとめて一人の助手が指導することになっていた。ぼくらの指導にきた背の高い、角張った顔の助手を見たとき、ぼくは彼が村瀬芳雄医師であるとすぐ気がついた。（加賀乙彦『雲の都』）

(47) 実は私もこういう刑訴の五十三条の第四項があるというのをよく気がつかなかったのですが、そうすると別に法律で定めるというのは、これはいつごろそういうふうに決めたわけですか。(国会会議録)

此外，惯用句「気が付く」所表动作的对象或内容，有时也不出现，或者也可通过助词「は」「も」等来进行提示，其相应实例如下。

(48) 彼はツクルチ・ニニブ一世王の治世第何年目の何月何日の天候まで知っている。しかし、今日の天気は晴か曇か気が付かない。彼は、少女サビツがギルガメシュを慰めた言葉をも諳んじている。(中島敦『文字禍』)

(49) その友人とプライベートな付き合いを一切したくないのですが年賀状のやりとりだけが残ってしまっている状態です。友人も私が嫌っている事はうすうす気がついているのですがどうもその事を認めたくないようで印刷された(自筆のコメントも書かれていない)年賀を送ってきます。(Yahoo!知恵袋)

(50) またリハビリテーション医学は普通の医学と違い、リハビリ専門医はチームワークと臨床心理を十分に習得する必要に迫られるのである。自分の医師としての欠点も少しずつ気がつくようになっていった。(髙森道雄『ひとを治療するということ』)

从表面看，「気付く」和「気が付く」在对象提示手段上没有差异。但是，本文统计后发现，两者之间存在一些微妙的差异。

表10 「気づく」和「気が付く」在语料库中的对象提示情况

提示手段	気付く	比例	気が付く	比例	倍比
に	2 115	53%	1 719	42%	1.26
无	1 200	30%	1 783	44%	1.47
と	373	9%	427	10%	1.11
を	199	5%	47	1%	5.00
提示助词	118	3%	95	2%	1.50
小计	4 005	100%	4 071	100%	——

表10显示了「気付く」和「気が付く」在BCCWJ2008和《青空文

库》中的对象提示手段分布情况，其中的提示助词指的是使用「は」「も」等的情况，倍比指的是各比例相除后所得结果。另外，考虑到「気付く」的类转名词不涉及对象提示问题，语态句中涉及格助词的变化，本文在统计时排除了表7和表9中的相关例句。从表10可知，整体而言，「気付く」和「気が付く」在对象提示手段上比较类似，但是，在格助词「を」的使用上，「気付く」比「気が付く」更容易[1]。

5.4　敬语形式

名动型复合动词「気付く」可以在变化后和其他语言形式结合在一起构成敬语形式[2]。这些敬语按照构成方式，大致可分为三大类。

第一类是与「気付く」的连用形「気付き」相关的类型，具体包括「お気付きなさる」「お気付きになる」「お気付きだ」等形式，其相关实例如下。

(51) 兼続は低く笑った。三成の子供にさとすような言い方が可笑しかったのだが、笑ったあとで神妙に訂正した。「ご名案でござる」「と、すぐにお気付きなさるか」。（山岡荘八『伊達政宗』）

(52) 旦那はどこかの普請場で一人の若い大工がその笛吹き薬缶の話をしているのを、聞くとはなしに聞いたんですが、あとになって急にそれが大事なことだったとお気付きになったのだそうです。（半村良『講談碑夜十郎』）

(53)『和漢朗詠集』の中に「花は合掌に開いて春によらず」という、格調の高い言葉があります。花が開くのは、春が来たからではなくて、合掌によって開くのだ…と。お気づきでありましょう？（松原泰道『洗心』）

第二类是与「気付く」的连用形「気付い」相关的类型，具体包括「気付いてくださる」「気付いておられる」「気付いていられる」「気付いていらっしゃる」等形式，其相关实例如下。

1　该结果和杉本（2012）的结论类似，但杉本（2012）仅考察了「に」「と」「を」的使用，对其他对象提示手段未涉及，其提示的数据结果也有欠准确。

2　日语敬语可分为尊敬语、谦让语、美化语及礼貌语，此处仅考察尊敬语形式。

(54) そしてその営みは、同時に大人と子どもの社会変革の共同作業でもある。本書を読んで一人でも多くの方が、子育てこそ、その社会の成員一人ひとりの課題であることに気づいて下されば幸いである。(山本冬彦『学童保育実践の記』)

(55) 例えば障害を持っておられる方々のための文字放送の受信できるテレビの手配とか、県、市も気づいておられない、実は我々も気づいておりませんでした、当初お送りしました後の追加を考えておりませんでしたような物資が次々に出ております。(国会会議録)

(56) 得体のわからない変死体に出会した事は、実に、生れて初めてだったからである。これだけ腕を揃えた連中が判断に苦しんだのは尤も至極だと思ったからである。読者諸君ももう既に気付いていられるであろう。(夢野久作『暗黒公使』)

(57) 藤林の顔は蒼褪めていた。「しかし、彼らが嘘をついていることは明らかです。部長だって気づいてらっしゃるんじゃないんですか」「馬鹿を言いなさい。裁判は法廷で行うものです」。(横山秀夫『半落ち』)

第三类是与「気付く」的未然形「気付か」相关的类型，该形式通过后接敬语助动词「られる」构成敬语，如：

(58) 大后は、自ら各氏族の女達に柏の盃をお与えになります。この時大后は、見覚えのあるその玉釼に気付かれ、その妻には盃を与えず退出させられました。(玉川千里『ビジネスマンも読む古事記』)

惯用句「気が付く」也可以通过「付く」的变化和其他语言形式结合在一起构成敬语形式。这些敬语按照构成方式，也可分为三大类。

第一类是与「気が付き」相关的类型，具体包括「お気が付きなさる」「お気が付きになる」「お気が付きだ」等形式，其相关实例如下。

(59) いや、坐っているばかりか、新蔵が正気に返ったのを見ると、たちまちかすかに顔を赤らめて、「若旦那様、御気がつきなさいましたか。」と、つつましく声をかけたじゃありませんか。(芥川竜之介『妖婆』)

(60) どうしたと云うのでございましょうか、手前にも皆目分らないのでございます。それでも、手前が介抱しております内にやっとお気がつきになりましたが、……。（加藤道夫『なよたけ』）

(61) みなさまはもう、お気が付きでしょう。そうです。ワタクシ「お鍋の重さ」を忘れていました！

（http://www.kodomoe.net/serial/okuyama_kosodate/8493/）

第二类是与「気が付い」相关的类型，具体包括「気が付いてくださる」「気が付いておられる」「気が付いていられる」「気が付いていらっしゃる」等形式，其相关实例如下。

(62) 時間はどの人にも平等だということに気がついてください。これは花屋だけのことではありません。女性は三十歳で、男性は四十歳で自分の人生を振り返るといいます。（村正勇次郎『花屋で成功するための本』）

(63) 既に今まで述べて来た話の中でも、私は取り返しの付かない大きな見落しをやっているので、冷静な頭で読まれた諸君は最早、とっくと気が付いておられる事と思う。（夢野久作『暗黒公使』）

(64) いいことに気が付いていられますね。有理化する手間を省くにはこの公式がよい。……そうです。分母分子にまたがる複素数の絶対値はそれでいいです。（Yahoo！知恵袋）

(65) 海からあがっていらっしゃるのを拝見していました。気がついていらっしゃいましたの？両角さんだな、と思っていましたが、まだ存じ上げない方だから遠慮して…（岡本敏子『奇跡』）

第三类是「気が付か」通过后接敬语助动词「られる」所构成的敬语，如：

(66) 宇宙根源の力によって人間に与えられた一つの法則であります。お釈迦様はそれに気がつかれたのであって、それはちょうど、ニュートンが万有引力を発見したのと同じであります。（松下幸之助『松下幸之助の哲学』）

从表面看，「気付く」和「気が付く」在构成敬语方面上没有差异。但是，本文统计后发现，两者间依旧存在差异。

表11 「気づく」和「気が付く」在语料库中的敬语使用情况

类 型	敬语形式	気付く	小计	気が付く	小计
第一类	お/御—なさる	8	108	2	3
	お/御—になる	43		1	
	お/御—だ	57		0	
第二类	—てくださる	6	11	2	11
	—ておられる	2		2	
	—ていられる	2		0	
	—ていらっしゃる	1		7	
第三类	—られる	28	28	17	17

表11显示了BCCWJ2008和青空文库中检索到的「気付く」和「気が付く」所构成的敬语使用情况。从表11可知，在敬语构成方面，「気付く」要比「気が付く」活跃，尤其是在第一类上，两者间出现了明显的差异[1]。

5.5 动词复合

名动型复合动词「気付く」可以和其他动词结合，形成新的复合动词，如：

(67) やがて貴族や寺社が親身に自分たちを守ってくれる存在ではないことに気付きはじめた。つまり、搾取されるだけで自分たちの味方ではないことが分かっていった。（相原鐵也『鎌倉幕府のリスクマネジメント』）

(68) でも婚姻関係を続けてる限り、彼女と一緒にはなれないし、家にも全く帰らないわけにはいかない。妻も気付きだして、毎日のように暗い顔で無言の抗議をしてくる。（Yahoo!知恵袋）

(69) 弓子の時と同じように、わざとらしさが感じられたにちがいあり

1 虽然BCCWJ2008及青空文库中未发现「お気が付き」「気が付いていられる」的实例，但不能得出「気が付く」不能构成相关敬语的结论，因为在日文谷歌中可确认到了诸如「お気が付きでしょう」「あなたは気がついていられるはずです」等实例。但需要强调的是，从网页检索时的倾向来看，「気付く」构成相关敬语的能力远比「気が付く」要强。

ません。それにもかかわらず、弓子が気づき得たことを、木村さんは気づかれなかったのです。（江戸川乱歩『化人幻戯』）

(70) ささえあい医療人権センターCOMLが改訂し、普及させているものである。納得できる医療を受けるためには、患者と医療従事者が、対話と交流の中から互いに気付き合い、歩み寄ることで、よりよい関係を作ることが重要である。（厚生労働白書）

惯用语「気が付く」也可以和其他动词结合，形成新的复合动词，如：

(71) 自分が病気で苦しむことが、気の医学に到達するために必要であったような気がするし、自分の「カルマ」に気がつきはじめてから、気の感覚と気功の技術が身につきはじめたように思える。（高森道雄『ひとを治療するということ』）

(72) さすが同じ身の上、互にそれと気がつき出して、どっちからともなく身振りで話しかけて、夢中に話しあい、しばらくぶりで身振り語で話せる相手を見出だした喜びに、とっぷり日の暮れるまで話して名残りを惜しみながら、別れたということも伝えられています。（金田一京助『金田一京助全集』）

(73) 自分がエディンバラの街にいるものと感じていたらしいのだ——「ここはアピアだぞ。エディンバラではないぞ」という考であった。此の考が閃くと、一時はっと気が付きかけたが、暫くして再び意識が朦朧とし出した。ぼんやりした意識の中に妙な光景が浮び上って来た。（中島敦『光と風と夢』）

那么「気付く」和「気が付く」在构成复合动词时，是否存在共性和差异呢？对此本文也进行了调查统计。

表12　「気づく」和「気が付く」在语料库中的动词复合情况

后项语义	后项动词	気付く	気が付く	比例
开始	～始める	23	9	90.20%
	～出す	6	7	
	～かける	0	1	
可能	～得る	4	0	7.84%
相互	～合う	1	0	1.96%
小计		34	17	100%

表12显示了在BCCWJ2008及青空文库中检索到的「気付く」和「気が付く」所构成的复合动词的情况。表12中的数据虽然较少，但其中数据暗示着「気付く」在构成复合动词方面要比「気が付く」活跃。另外，表12中的数据也暗示着「気付く」和「気が付く」在形成复合动词时，似乎容易和表示"开始"语义的动词结合。为印证此处观察的正确性，本文又进一步在日语谷歌中进行了调查。

表13 「気づく」和「気が付く」在日语谷歌中的动词复合情况

后项语义	后项动词	気付く	気が付く	比例
开始	～始める	549 300	94 700	95.41%
	～出す	49 690	8 392	
	～かける	27 861	2 445	
可能	～得る	26 213	188	3.44%
相互	～合う	8 778	18	1.15%
小计		661 842	105 743	100%

表13是以表12为基础，在日文谷歌中进行检索的结果（检索时间：2017年2月7日）。检索时，前项部分使用了「気付き」「気が付き」，后项部分使用了「始め」「出し」「掛け」「得る」「合い」，在考虑到日文假名表记的基础上，以前后项组合形式为关键词通过完全匹配进行检索，并进行了适度的人工确认[1]。从表13可知，「気付く」所构成的复合动词数量是「気が付く」的6倍多，另外，「気付く」和「気が付く」与表示"开始"语义的动词所构成的复合动词占整体用例的95.41%，这都充分印证了表12中的倾向。

5.6 后续语气

本节将考察「気付く」和「気が付く」在后续语气上的差异。考察时，主要使用了日本语记述文法研究会（2003：8）确立的语气体系，该语气间的相互关系如下面表14所示。另外，由于后续评价性语气的

1 「気が付き」与「得る」「合い」组合后的检索结果数量较少，本文进行了人工确认。其他数据十分庞大，无法一一甄别予以剔除。但是，和前面的表8一样，表13所显示的倾向性特征毋庸置疑。

实例较少[1]，说明性语气和礼貌性语气及表示传达态度的语气和其他语气不在一个层面[2]，本文此处仅选取“表达类型”和“认识性语气”为比照角度。

表14　日语语气的类型和相互关系

			评价	认识	说明	礼貌	传达态度
表达类型	信息系列	叙述	○	○	○	○	○
		疑问	○	△	○	○	○
	行为系列	意志	✗	✗	✗	○	△
		劝诱	✗	✗	✗	○	○
		行为要求	✗	✗	✗	△	○
		感叹	✗	✗	✗	△	○

在考察「気付く」与「気が付く」在“表达类型”和“认识性语气”上的使用情况时，考虑到数据处理的便宜，本文仅使用了BC-CWJ2008。在进行统计时，只以出现在主句句末的语气形式为对象，从句中的语气形式不纳入统计对象。另外，当多种语气形式并列出现时，以最靠近「気付く」和「気が付く」的语气形式为对象进行统计。下面先看「気付く」和「気が付く」在“认识性语气”方面的使用情况。

表15　「気付く」和「気が付く」后续认识性语气的情况

语气类型	下位类型	语气形式	気付く		気が付く	
			数量	比例	数量	比例
认识性语气	断　定	断定形	764	83.86%	432	90.57%
	推　量	だろう	55	6.04%	12	2.52%
	盖然性	かもしれない・にちがいない	47	5.16%	17	3.56%
	证据性	ようだ・らしい・そうだ	45	4.94%	16	3.35%
	小　计		911	100%	477	100%

表15 显示了BCCWJ2008中「気付く」和「気が付く」后续“认识性

1　据本文统计，后续评价性语气的「気付く」共30例，「気が付く」共13例，但两者间没有倾向性差别。

2　关于说明性语气、礼貌性语气及表示传达态度的语气和其他语气不在一个层面的问题，可参考伊集院、高橋（2010 : 14）、宮崎等（2002 : 15）。

语气”的情况。从表中数据可知，在认识性语气方面，两者的总体倾向相同，并无倾向性差异。

下面看「気付く」和「気が付く」在“表达类型”方面的使用情况。“表达类型”这种语气，日本语记述文法研究会又进一步下分为了与“信息交换”相关的“信息系列”和与“行为发动”相关的“行为系列”两种语气。

表16 「気付く」和「気が付く」在主句句末后续表达类型语气的情况

语气类型	下位类型		语言形式数量	気付く		気が付く	
				比例	数量	比例	
表达类型	信息系列	叙述	陈述句	911	88.36%	477	90.51%
		疑问	疑问句	89	8.63%	48	9.11%
	小计			1 000	96.99%	525	99.62%
	行为系列	意志	（よ）う	0	0.00%	0	0.00%
		劝诱	（よ）う・ないか	4	0.39%	0	0.00%
		行为要求	なさい・てくれ	27	2.62%	2	0.38%
	小计			31	3.01%	2	0.38%

表16显示了BCCWJ2008中「気付く」和「気が付く」在“表达类型”这种语气中的使用情况。从表中数据可知，在“信息系列”中，两者的总体倾向相同。但是，在“行为系列”中，两者出现了较大的差异。从表中数据来看，「気付く」后续“行为系列”语气的实例明显高于「気が付く」，在整体中的占比约是后者的8倍。附带提及的是，与「気が付く」相比，「気付く」更容易后续“行为系列”语气这一点在非主句句末也同样可以观察到。

表17 「気付く」和「気が付く」在非主句句末后续表达类型语气的情况

语气类型	下位类型		语言形式数量	気付く	気が付く
				比例	
表达类型	行为系列	意志	（よ）う	9	0
		劝诱	（よ）う・ないか	1	0
		行为要求	なさい・てくれ	2	2
	小计			12	2

表17显示了BCCWJ2008中「気付く」和「気が付く」在非主句句末位置和“行为系列”语气的结合情况。从表中数据可知，「気付く」在非主句句末位置后续“行为系列”语气的数量依旧明显高于「気が付く」，而「気が付く」只在“行为要求”中发现了2例，在“意志”“劝诱”中依旧未发现实例。

日本语记述文法研究会（2003：9）指出，与行为发动相关的“行为系列”语气，其谓语必须为意志性动词。根据上面所提到的不论是在主句句末还是在非主句句末「気付く」均比「気が付く」更容易后续“行为系列”语气，我们不难得知「気付く」的意志性要比「気が付く」强。

6. 小结

以上借助语料库调查结果，梳理了名动型复合动词的内部关系，描写了该类动词整体的语法语义特征，在此基础上择取了使用频度最高的名动型复合动词「気付く」与类义惯用语「気が付く」进行了对比。

经过考察，检证了「を」格和「が」格在名动型复合动词内部关系中最为活跃的结论，指出了名动型复合动词极易类转为名词的特点，同时修正了名动型复合动词难以用在时态句句末表述现实发生的事情这一论断。此外，通过考察，指出了名动型复合动词「気付く」和惯用语「気が付く」在名词类转、语态使用、对象提示、敬语形式、动词复合及后续语气等六方面的一些共性和差异。

名动型复合动词的研究积淀尚浅，本文可谓是一个初步的尝试。动词作为句子的中心性存在，往往会吸附名词性成分，构成名动型复合动词，在此基础上，这类复合动词还可类转为名动构造的复合名词。对于动词吸附名词时的制约条件，对于复合动词向名词类转时的语言规律，对于日语和汉语动词对名词吸附时的差异等问题，今后还亟待挖掘。此外，为论证的明晰性和便宜化，本文仅选取了高频的名动型复合动词「気付く」和类义的惯用语「気が付く」进行了考察。对于两者在语言发展中的演变交替，对于其他名动型复合动词和类义惯用语之间的差异研讨也值得今后深入探讨。

第4章　日语存在义动词「ある」的考察

1. 引言

在日语教育的初级语法项目中，「ある」「いる」所构成的存在句是一个必然涉及的基本句式。关于这类存在句中的谓语动词「ある」和「いる」，目前一般都以存在主体是否是有生物来作为区分使用的标准，这一点可从目前国内使用较广的两本教材《新编日语》和《标准日本语》的相关内容中窥见一斑[1]。但在实际语言生活中，我们往往会发现与上述标准不符的情况。

(1) 東京都港区の高輪郵便局と台東区の上野郵便局で24日、封筒入りの時限発火装置が相次いで見つかった。封筒がこげただけで、けが人はなかった。警視庁捜査1課と三田、下谷両署は偽計業務妨害容疑で捜査を始めた。（『朝日新聞』1999年9月25日）

(2) それでいて、顔も額も甚だ暗い。暗くて蒼白い。その中に遠い心持のする眼がある。高い雲が空の奥にいて容易に動かない。けれども動かずにもいられない。ただ崩れる様に動く。女が三四郎を見た時は、こう云う眼付であった。（夏目漱石『三四郎』）

(3) それにぼくが夜実験をやるものですから、おそくまで待っているのがさむしくっていけないんだそうです。もっとも今のうちは母

1　上海外语教育出版社2013年版的《新编日语》第44–61页指出：「ある」表示无生命体的存在，「いる」表示有生命体的存在。人民教育出版社和日本光村图书出版株式会社2005年版的《标准日本语》第131页指出：「ある」表示诸如桌子、椅子这种自身无法移动事物的存在，「いる」表示人和动物这种自身可以移动事物的存在。

がいるからかまいませんが、もう少しして、母が国へ帰ると、あとは下女だけになるものですからね。臆病もの二人では到底辛抱し切れないのでしょう。(夏目漱石『三四郎』)

(4) その間に部下はいち早く、ピストル強盗の縄尻を捉えた。その後は署長と巡査との、旧劇めいた愁歎場になった。署長は昔の名奉行のように、何か云い遺す事はないかと云う。巡査は故郷に母がある、と云う。署長はまた母の事は心配するな。何かそのほかにも末期の際に、心遣りはないかと云う。(芥川龍之介『将軍』)

上面例(1)中的「けが人」尽管是有生物，但在新闻报道中却使用了「ある」的否定形式。例(2)中的「雲」虽然是无生物，却使用了「いる」表示其存在。例(3)和例(4)中的主语同样都是“母”，所指概念尽管相同，但是所用的存在动词却又各不相同。这些语言实例的存在都提示我们，仅仅因循传统教学中的语法规则，是无法区分使用「ある」和「いる」的，对于两者的使用规则尚需做深入细致的研究。鉴于此，本文将在基于语料库收集整理实例的基础上，以主语为有生物的存在动词「ある」为对象，描写其语义和用法。

2. 先行研究

存在句是语言中的基本句式，历来颇受关注。受此影响，日语学界对存在句研究显著，对存在动词「ある」和「いる」的探讨也积淀丰厚。这些成果，根据研究侧重视点的不同，可大致分为两类。

第一类是对「ある」「いる」特性特征的探讨，以山田(1943)、尾上(2004)等学者为代表。

山田(1943)将「あり」命名为存在词，并阐述了它和一般动词之间的差异。山田(1943：336)指出，一般动词在表述人的思想统一作用的同时，还表示事物的属性。与之相对的是，存在词「あり」只表述人的思想统一作用，不表述事物的属性。基于此，山田(1943：336)将存在词「あり」认定为“形式用言”，并指出其作为存在词的用法是最根本的用法。受所处时代限制，山田(1943)只对「あり」进行了分析，未对「ある」进行阐述。

尾上（2004）指出了存在词作谓语的存在句中主谓关系的特殊性。尾上（2004：12-14）指出，在一般的句子中，主语是先于谓语被认知的。与之相对的是，存在句中的主谓关系比较特殊，主语和谓语是同时被认知的。换言之，在存在词作谓语的句子中，主语（存在主体）和谓语（存在）的认知具有同时性，这种主谓认知层面的同时性还可扩展应用到表示存在・必要・充足的动词谓语句（如「いる」「要る」「足りる」）以及表示非存在・存在量的形容词谓语文（如「ない」「多い」「少ない」）（尾上，2004：6-16）。

第二类是对「ある」「いる」彼此关系和区分使用的探讨，这类研究又可细分为下面三种类型。

第一种是关于「ある」「いる」历时性变化的考察，以金水（1982，1984，2006）等为代表。金水（1982，1984，2006）通过对古代文献考察后指出，在日本室町时代(1336年-1573年)的前半段，存在动词的主流用法是「ある」，随着时代的发展变化，「ある」表述有生物存在的用法逐渐被「いる」所取代。

第二种是关于「ある」「いる」共时性差异、尤其是关于区分使用的考察，其中以佐久間（1967）、三上（1972）、北原（1984）、森田（1992）等为代表。

佐久間（1967）使用有情物、无情物这一对立的概念对「ある」「いる」的区分使用进行了说明。佐久間（1967：131）指出，「ある」一般表示无情物的存在，「いる」一般表示人和动物这种有情物的存在。

三上（1972）和北原（1984）使用特定和非特定这一对立的概念对「ある」「いる」的区分使用进行了说明。三上（1972：110）和北原（1984：219-222）指出，如果主体是非特定物则使用「ある」，如果主体是特定物则使用「いる」。

森田（1992）使用模糊和具体这一对立的概念对「ある」「いる」的区分使用进行了说明。森田（1992：89-158）指出，表述所指模糊的事物存在时使用「ある」，表述具体人物的存在时使用「いる」。

第三种是关于「ある」语法功能的描述性研究，以寺村（1982）为代表。寺村（1982：155-161）指出，「ある」可以表示事件的发生、物理性存在、所属性存在和种类的存在，但相关描述极为简单，对于和「いる」之间的语义差异未做任何解释。

3. 问题意识、所用语料

以上回顾了有关存在动词「ある」「いる」的主要先行研究。从上述简介可知，对于「ある」和「いる」的区分使用，以往的先行研究多结合存在主体的形态特征采用二分法，但这种处理过于简单化和形式化，难以有效解释本文开头提及的表述有生物存在的「ある」、表述无生物存在的「いる」以及虽为同样的存在主体却分别使用「ある」「いる」等语言现象。鉴于此，本文将借助语料库收集整理「ある」用于有生物时的情况，并在此基础上对「ある」「いる」的区分使用作出说明。

在检索时，主要使用了大阪大学田野村教授《日本文学作品电子文本》中所附的电子文本。因用例的庞大性，在检索时主要选择了与謝野晶子、夏目漱石、森鴎外三人的作品。检索时，结合日语表记特点通过正则表达方式进行了关键词设定，同时辅以人工核对删除了无关结果。经检索，共收集到454例「ある」用于有生物的实例。根据表述语义的不同，用于有生物的「ある」可分为“所有”、“境遇”及“存在”三种，各用法的分布情况可做如下表1所示汇总。

表1　主语为有生物时「ある」各用法的统计结果

用法	所有	境遇	存在
数量	40	18	400
比例	9%	4%	87%

4. 主语为有生物时「ある」的用法

上节综述了有关存在词的研究，概述了主要不足。针对这些不足，本节将结合语料检索结果和母语者的内省，考察主语为有生物时「ある」的三种用法。

4.1 “所有”用法

观察实际语料可知，「ある」可以用来表述人际之间的领属或领有关系，本文将其命名为“所有”用法。在「ある」的“所有”用法中，不论是领有者还是被领有者，均是具体存在的有生物。

关于「ある」的“所有”用法，在日语用法词典或国语辞典中常有提及[1]，但均属一带而过，并无深入系统阐释，这也导致很多学习者难以理解诸如下面(5)(6)这样的句子[2]。

(5) ？先生にはお手伝いさんが二人ある。(寺村 1982：157)

(6) 　彼には子どもが二人ある。(寺村 1982：157)

上面的(5)和(6)，在句子构造上高度类似，但语法判断时的语感自然度却有很大的差别。那么，究竟是何种因素导致了该结果呢？为探讨其中的规律，本文对语料库中检索到的表示被领有者的名词进行了整理，结果如下面表2所示。

表2　明治时代作品中表示被领有者名词的类型及分布

类型	亲属关系名词					非亲属关系名词	
词例	女房　1 奥さん 1 妻君　1 妻　　3 夫　　1	母　4 親　3	子供　8 子　　2 女子　1 嫡子　1 実子　1 女小供 1 養子薫 1	妹　　1 姉と兄 1 兄弟　1 姉　　1	妻子 1 伯父 2 親戚 1	連　2	従者　1
比例	92.5%					7.5%	

(表中数值为检索到的实例数)

表2显示了明治时代的与謝野晶子、夏目漱石、森鴎外三位作家作品中「ある」表述“所有”关系时的被领有者名词。从表2可知，表示被领有者的名词绝大多数为亲属关系名词，仅有少数为非亲属关系名词。

1　可参见小泉(1993：31)及金田一(1977：587)。

2　此处例句及语法性判断均依据寺村(1982：157)。

考虑到金水(1982，1984，2006)提及的「ある」的历时性发展变化，本文又进一步从北京日本学研究中心的《中日对译语料库》中抽取了芥川竜之介的《鼻》、《羅生門》、三島由紀夫的《金閣寺》、大江健三郎的《死者の奢り》《飼育》、阿部公房的《砂の女》、谷崎潤一郎的《痴人の愛》、川端康成的《雪国》、武者小路実篤的《友情》等部分现当代作家作品进行了调查，结果如下面表3所示。

表3　现当代作品中表示被领有者名词的类型及分布

类型	亲属关系名词			非亲属关系名词	
词例	妻君　1 奥さん　1	子供　4	兄弟　1 妹　1	友達　1	男　1 人　1
比率	66.7%			33.3%	

(表中数值为检索到的实例数)

表3显示了现当代作家作品中「ある」表述“所有”关系时的被领有者名词。从表3可知，尽管时代不同，但被领有者名词为亲属关系名词的依旧占绝大多数，非亲属关系名词依旧为少数[1]。

亲属关系是一种内在不可分的紧密关系，这种关系因血缘、婚姻或收养而产生。对于亲属关系，Happell(1996：3-30)、Nichols(1988：557-609)指出应认定为不可让渡性关系(吴 2010：135)。基于表2和表3的检索结果，我们不难得出，当「ある」表示“所有”用法时，领有者和被领有者之间必须具备以亲属关系为代表的领属关系。

那么，表2和表3中出现的非亲属关系名词又当做如何解释呢？事实上，表2、3中的非亲属关系名词也应当归入广义的领属关系。表3中的两个非亲属关系名词“人”“男”[2]，难以直接联想起和领有者名词之间的领属关系。但如果结合具体使用的语境，问题会迎刃而解。

(7)「私のようなのは子供が出来ないのかしらね」と、駒子は生真面目にたずねた。一人の人とつきあってれば、夫婦とおなじではないかと言うのだった。駒子にそういう人のあるのを島村は初めて

1　表3中的比率只有66.7%，和表2中的97.5%相比有一定的偏差。该偏差源自检索对象作品数量的不同，但不影响倾向性结论。

2　表3中的「友達」容易联想起领属关系，所以下面只对其他两个名词重点说明。

知った。十七の年から五年続いていると言う。（川端康成『雪国』）

(8) 自分は何処までも自由の立場にいて、いろいろの男を手玉に取ろう、そして私を手玉の一つに加えてやろうと、そう云う魂胆だとすれば、尚更迂濶なことは云えない。現に彼女はその住所をさえハッキリ云わないくらいだから、今でも誰か男があると思わなければならないし、それをそのままずるずるべったりに妻に持ったら、私は又しても憂き目を見るのだ。（谷崎潤一郎『痴人の愛』）

上面例（7）中的被领有者名词“人”，结合上下文内容可知指的是所有者名词「駒子」的未婚夫，例（8）中的被领有者名词“男”则指的是和「彼女」交往的男性。所以，表3中的两个名词，虽然表面上表述非亲属关系，但在实质上十分接近亲属关系。

表2中的两个非亲属关系名词「従者」「連れ」，属于另一类的广义领属关系。Taylor（1989）、Bernd Heine（1997）指出，领属关系是一种原型范畴，领属关系意味着领有者对被领属者的控制或操纵（吴 2010 : 136–137）。以此推理，「従者」和「連れ」均要接受领有者——主人的控制或操纵，也应纳入广义的领属关系。

如上所述，蕴含在领有者和被领有者之间的领属关系，是左右「ある」表示“所有”的关键要素，这一点从下述语言事实也可以得到证实。

当领有者和被领有者存在明确的领属关系时，如下面（9）–（11）所示，可同时使用存在动词「ある」「いる」。此时，与存在动词「いる」相比，使用「ある」似乎更加自然（寺村, 1982 : 157）。

(9) 花子さんは夫がある／いる。
(10) 太郎さんは子供がある／いる。
(11) 太郎さんは恋人がある／いる。

当领有者和被领有者不存在或难以读取到明确的领属关系时，如下面（12）–（13）所示，很难使用存在动词「ある」，只能使用「いる」。

(12) a. 先生はお手伝いさんがいる。
　？b. 先生はお手伝いさんがある。
(13) a. あの子は家庭教師がいる。
　？b. あの子は家庭教師がある。

另外，「ある」的“所有”用法中还有一个重要的语法特征，即，表述被领有者的名词不能接受定语的修饰限定，一般总以“秃头”的形式出现。如下面诸例所示，一旦受到定语的修饰，其语感自然度会降低[1]。

(14) a. 花子は夫がある。
　？b. 花子は豊田自動車に勤めている夫がある。
(15) a. 太郎は息子がある。
　？b. 太郎は京都大学に通っている息子がある。
(16) a. 次郎は恋人がある。
　？b. 次郎さんはきれいな恋人がある。

附带提及的是，要提高上述(14)–(16)中b句的语法自然度，需要将句首名词的「は」改为「には」。

(17) 花子さんには豊田自動車に勤めている夫がある。
(18) 太郎さんには東京大学に通っている息子がある。
(19) 次郎さんにはきれいな恋人がある。

4.2 “境遇”用法

存在动词「ある」除了表示人和人之间的所有关系外，还可以表示存在主体所处的状态或境况。

(20) 子供の側を離れられない期間にある女は屋内の経済的労働に服せば宜しい。妊娠や分娩の期間には病気の場合と同じく、保険制度に由って費用を補充するというような施設が、我国にも遠からず起るでしょう。（与謝野晶子『平塚・山川・山田三女史に答う』）

1　例(9)-(19)曾请日本女子大学的須永哲矢、明治大学的羽根次郎等做过判断。

(21) 母の境遇にある婦人といっても、子供の側に附切っていねばならないものでなく、殊に子供が幼稚園や小学へ行くようになれば、母の時間は余ります。(与謝野晶子『平塚・山川・山田三女史に答う』)

(22) それは無産階級にある私たちが、一面には労働者として余りに不当に少く支払われ、一面には消費者として余りに不当に多く支払わされているという日日の経済事情がこれを促進せずに置きません。(『平塚・山川・山田三女史に答う』)

(23) 私は社会に常在する不幸無力な人たちのため、また今日のような不自然な物価騰貴に由って生活難のどん底にある人たちのために、公私の慈善救済の機関が設けら れることを必要とする者ですが…(与謝野晶子『食糧騒動について』)

(24) 今日の社会においては所詮実行不可能な理想を要求し、結婚年齢にある婦人を、健康な子供を産み得る婦人を、生涯もしくは長期間、独身者として労働市場に置こうとすることは、婦人自身の不幸はいうまでもありませんが…(与謝野晶子『平塚さんと私の論争』)

观察(20)-(24)可知，这些句子中的「ある」和上面4.1节中提到的表示“所有”的「ある」不同，它们表示的是主体处于某种特定的境况或环境。本文在此将其命名为「ある」的“境遇”用法。「ある」的“境遇”用法在本次调查中共检索到18例，这18例「ある」前面所用的名词可做如下表4所示汇总。

表4 “境遇”用法中「ある」前接词形汇总

类型	表示某种地位	表示某种状态	表示某种时间	表示某种境遇
词例	無産階級 社会地位 第三者の地位	禁錮状態 母性中心状態 生活難のどん底	時期 時間 結婚年齢 養生旅行の旅	母の境遇 母たる境遇 妻たる境遇 普通の家庭

上面表4是以《日本文学作品电子文本》中所收录的与谢野晶子、夏目漱石、森鸥外三位作家的作品为对象，对「ある」表示“境遇”用法时前面所用名词的汇总结果。从表4可知，当「ある」表示“境遇”

用法时，前面多为诸如“地位”、“时期”、“状态”、“境遇”等相对抽象的概念名词。

前面提到，「ある」表示“所有”用法时，存在动词「ある」可以用「いる」进行置换。

(25) 太郎さんは子供がある／いる。

(26) 太郎さんは恋人がある／いる。

与之相对的是，「ある」表示“境遇”用法时，存在动词「ある」不可以用「いる」进行置换，这也从侧面说明了两种用法之间的差异。

(27) *子供の側を離れられない期間にいる女は屋内の経済的労働に服せば宜しい。妊娠や分娩の期間には病気の場合と同じく、保険制度に由って費用を補充するというような施設が、我国にも遠からず起るでしょう。

(28) *母の境遇にいる婦人といっても、子供の側に附切っていねばならないものでなく、殊に子供が幼稚園や小学へ行くようになれば、母の時間は余ります。

(29) *それは無産階級にいる私たちが、一面には労働者として余りに不当に少く支払われ、一面には消費者として余りに不当に多く支払わされているという日日の経済事情がこれを促進せずに置きません。

(30) *私は社会に常在する不幸無力な人たちのため、また今日のような不自然な物価騰貴に由って生活難のどん底にいる人たちのために、公私の慈善救済の機関が設けられることを必要とする者ですが…

(31) *今日の社会においては所詮実行不可能な理想を要求し、結婚年齢にいる婦人を、健康な子供を産み得る婦人を、生涯もしくは長期間、独身者として労働市場に置こうとすることは、婦人自身の不幸はいうまでもありませんが…

4.3　“存在”用法

从本文第3小节的表1可知，在主语为有生物的「ある」的用法中，使用最多的还是表示“存在”的用法，以下是相关用法的实例。

(32) そういう公人的の問題でなくて、現に母として子を教育している人に「教育の目的」を問い久しく妻たる境遇にある人に「結婚の意義」を問うた場合、人前に出せるだけの情理を一貫した意見を述べ得る婦人が幾人あるでしょう。（与謝野晶子『婦人と読書』）

(33) 芸者のいる家は料理屋とかしるこ屋とか色褪せた暖簾をかけているが、古風な障子のすすけたのを見ると、これで客があるのやら、そして日用雑貨の店や駄菓子屋にも、抱えをたった一人置いているのがあって、その主人達は店のほかに田畑で働くらしかった。（川端康成『雪国』）

(34) 性分ね。うちに小さい子供が四人あるから散らかって大変なのよ。私はそれを一日かたづけて歩いてるわ。かたづける後から、どうせ散らかすのは分ってるんだけれど、気になってほっとけないんです。境遇の許す範囲で、これでも私、きれいに暮したいとは思ってるんですよ。（川端康成『雪国』）

(35) 朝から降りつづいていた雨が夜に入って土砂降りになった。薬石のあと自室で本を読んでいた。夜八時ごろ、客殿から大書院へゆく間の廊下を足音が近づいた。めずらしく外出しない老師のところに来客があるらしかった。（三島由紀夫『金閣寺』）

(36) 既にホームには電車がついていたので、杏子はすぐそれに乗り込んだ。一番電車だったので、数名の乗客があるだけで、車内はがらんとしていた。車窓からは遠くに後立山連峰の山々が、早暁の青くすんだ空の中にくっきりと浮び上がってながめられた。（井上靖『あした来る人』）

关于主语为有生物时「ある」表示“存在”的用法，迄今为止的研究多与存在动词「いる」的区分使用展开。

在本文的第2小节提到，三上（1972）和北原（1984）使用特定和非特定这一对立的概念对「ある」「いる」的区分使用进行了说明。北原（1984：219-222）认为，如果主语是普通名词表示的非特定人物（如「欲張りじいさん」）要使用「ある」，如果主语是固有名词表示的特定人物（如「親指太郎」）要使用「いる」。三上（1972：105）指出，存

在动词「ある」不仅可以表示无生物（非情物）的存在，也可用于不特定的人的存在，用于不特定人的存在时多为该人物初次出现。

但是，现实中存在大量无法使用三上（1972）、北原（1984）所提出的特定和非特定概念解释的语言现象。

(37) あるところに、子供のないじじとばばがいたけど。（『世界と日本の童話』）

(38) あるところに、子供のないじいさとばあさがあった。（『世界と日本の童話』）

(39) あるところに、朝日長者という大きな長者があったそうだ。（『世界と日本の童話』）

(40) ある海辺の村に、浦島太郎という若い漁師があった。（『世界と日本の童話』）

上面（37）（38）中的「子供のないじじとばば」属于泛指，是非特定的人物，却区分使用了「ある」「いる」来表述其存在。（39）（40）中的主语都是固有名词，是特定的人物，也区分使用了存在动词。

另外，寺村（1982）也曾对存在表达中的「ある」「いる」的区分使用进行了论述。如前所述，寺村（1982：154-161）将日语的存在句分为了四种，对于其中表示所属性存在和种类的存在的类型，寺村（1982）列举了下例进行了说明。

(41) 居眠りをしている議員が半分以上あった。（寺村1982：158）

在此基础上，寺村（1982：159）指出，在这一类型的存在表达中，表示存在主体的名词前面总是伴有修饰限定成分，在语言主体的意识中并不区分存在物是否是有生物，此时也不存在「ある」「いる」的区分使用。

对于寺村（1982：159）所指出的“表示存在主体的名词前面总是伴有修饰限定成分”这一点，本文并无异议，某种意义而言，这也是本文将存在用法区别于所有用法的重要原因，因为本文4.1小结提到，在「ある」的“所有”用法中，表述被拥有者的名词不能接受定语的修饰限定，一般总以“秃头”的形式出现，一旦受到定语的修饰，其语感自然度会降低。换而言之，在是否伴有修饰限定成分这一点上，「ある」的“所有”用法和“存在”用法呈现出了截然相反的语法表现。

但是，对于寺村（1982：159）所指出的“在语言主体的意识中并不区分存在物是否是有生物，此时也不存在「ある」「いる」的区分使用”这一点，本文认为尚需斟酌。因为作为语言学的常识可知，即便理论层面上等价，也并不意味着功能层面上的等价，语言表述形式不同，必然会在语义用法上产生差异。寺村（1982：159）的这种解释，实际上是避开了回答两者的区分使用问题。鉴于此，本文下一节将结合具体语言事实对该问题尝试分析。

5. 存在义动词的区分标准

以上结合语料，对于主语为有生物的「ある」的用法及句法特征进行了分析。本节将重点阐述存在动词「ある」和「いる」的区分使用问题。区分使用「ある」和「いる」时，应把握两个基本标准。

首先，应结合认识主体对客体的认知方式来区分使用「ある」和「いる」。主体与背景是认知语言学中的一个基本理论。基于该理论，主体与背景可以翻转，动态和静态可以反向把握。具体而言，动态的认知客体可以认知为静态的事物，静态的认知客体也可被把握为动态凸显的存在[1]。具体到「ある」和「いる」，我们不难发现，当把认知客体把握为动态的事物时往往使用「いる」来表示其存在，当把认识客体把握为静态的事物时往往使用「ある」来表示其存在，下面结合实例进行说明。

(42) それでいて、顔も額もはなはだ暗い。暗くて青白い。そのなかに遠い心持ちのする目がある。高い雲が空の奥にいて容易に動かない。けれども動かずにもいられない。ただなだれるように動く。女が三四郎を見た時は、こういう目つきであった。（夏目漱石『三四郎』）

1 类似观点也可参照三浦（1976：187-193）。

(43) ある晩春の午後、私は村の街道に沿った土堤の上で日を浴びていた。空にはながらく動かないでいる巨きな雲があった。その雲はその地球に面した側に藤紫色をした陰翳を持っていた。そしてその尨大な容積やその藤紫色をした陰翳はなにかしら茫漠とした悲哀をその雲に感じさせた。（梶井基次郎『蒼穹』）

上面例（42）中的主语「雲」是无生物，按通识性的规则应该使用「ある」来表示其存在。但是，从例（42）的语境可知，此时作为存在主体的「雲」处于不断运动的状况中，是被语言主体把握为了动态的事物，此时使用「いる」来表述其存在更为贴切。另外，从例（43）的语境可知，此时作为存在主体的「雲」处于运动停止的状况中，是语言主体把握为了静态的事物，此时使用「ある」来表述其存在更为贴切。

以上根据动静认知的差异阐述了区分使用「ある」和「いる」表述无生物存在的情况。下面再看根据动静把握的不同区分使用「ある」和「いる」表述有生物存在的情况。

(44) 浅間山を眺めながら林の道を歩いていた。ある晩春のことだ。ふと気がつくと1羽の小鳥がいる。あとになり先になり、こちらの歩調に合わせて飛んでいる。しばらく前から道連れになっていたらしい。そういえば肩の横を抜きざま鳴いたような気がする。それで気づいたのだ。何メートルか先の枝にとまっては当方を待つ。（『朝日新聞』）1989年4月12日）

(45) 十畳の真中へ鳥籠を卸して、その前へかしこまって、籠の戸を開いて、大きな手を入れて、文鳥を握って見た。柔かい羽根は冷きっている。拳を籠から引き出し て、握った手を開けると、文鳥は静に掌の上にある。自分は手を開けたまま、しばらく死んだ鳥を見つめていた。それから、そっと座布団の上に卸した。そうして、烈しく手を鳴らした。（夏目漱石『文鳥』）

上面例（44）中的主语「小鳥」是有生物，从例（44）的语境可知，此时作为存在主体的「小鳥」处于飞行运动的状况中，是被语言主体把握为了动态的事物，此时使用「いる」来表述其存在更为贴切。例

(45)中的主语「文鳥」是有生物，按通识性的规则应该使用「いる」来表示其存在。但是，从例(45)的语境可知，此时作为存在主体的「文鳥」已经处于死亡状态，丧失了运动的潜质和能力，语言主体只能将其把握为静态的事物，此时使用「ある」来表述其存在更为贴切。

根据上述动静把握的不同，可以较好地对寺村(1982)前面所例举的(41)「居眠りをしている議員が半分以上あった」中存在动词的使用做出说明。在寺村(1982)所例举的(41)中，存在主体「議員」的前面伴有「居眠りをしている」这一修饰限定成分。所以，尽管「議員」是有生物，但实际上处于静止不动的状态，可以被语言主体把握为静态的事物。因此，可以使用「ある」来表述其存在。

其次，应结合存在主体的现实性和观念性来区分使用「ある」和「いる」。存在是哲学中的一个基本概念。存在是不受意志左右的实在，存在主体从理论上可分为物质性存在和意识性存在两种。对于前者，本文称为现实性存在，对于后者，本文称为观念性存在。三浦(1976：191)指出，「いる」可伴随具体场所名词表述现实性存在，「ある」可不伴随具体场所名词表述观念性存在。基于存在主体的现实性和观念性差异，可以有效解释前文提到的存在动词间的置换问题。

首先看一下4.1小节中提到的“所有”用法。在前面的4.1小节提到，当领有者和被领有者之间容易读取到紧密关系时，虽然「ある」「いる」均可使用，但是「ある」更为自然。之所以出现这样的倾向，是因为此时的“所有”是一种观念性存在，更符合「ある」的本质性用法的缘故。而「いる」之所以比「ある」的自然度低，是因为在“所有”用法中的领有者仅仅是一种抽象的场所，这和表述存在主体现实性存在的「いる」所要求的具体场所不切合的缘故。

另外，前面4.1小节中还提到，表述被领有者的名词不能接受定语的修饰限定，一旦前面出现修饰性成分时，需要将句首名词的「は」改为「には」。 这一语法特征实际上也和此处提及的现实性存在及观念性存在有密切关系。一般而言，修饰限定成分的添加，是将认知客体进行具象化的语言操作。而这种具象化的语言操作，直接和

「ある」的弱化具体状态、强调存在主体观念性存在的用法出现了碰撞。所以，一般情况下，表述被领有者的名词前面难以加入修饰成分。如果要想在保留修饰成分的基础上，进一步提高句子整体的自然度，比较可行的操作手段则是将句首名词的「は」改为「には」，通过凸显表示场所的格助词「に」弱化所有者在场所方面的抽象性，增加其作为具体场所的直观性。

下面看4.2小节中的“境遇”用法。本文4.2小节提到，在表示“境遇”的用法时，「ある」前面多为概念抽象名词，而且不可以使用存在动词「いる」。“境遇”用法时的这一语法特征，实际上也和此处提及的现实性存在及观念性存在有密切关系。前面提到，表述存在主体现实性存在的「いる」在使用时需要伴随具体的场所。但是，“地位”“时期”“状态”“境遇”这种抽象名词无法表示具体的存在场所，明显和存在动词「いる」的要求出现了冲突。与之相对的是，表示存在主体观念性存在的「ある」在使用时并不需要伴随具体的场所，所以允许出现在比较抽象的词语后面。

6. 小结

本文以主语为有生物的「ある」为对象，基于语料整理结果，将其用法分为“所有”“境遇”“存在”三种，并对各自的句法特征进行了概括。在此基础上，援引认知语言学的一些既有成果，对各用法中存在动词「ある」和「いる」的使用进行了阐释。

为论证的明晰性，本文仅重点分析了主语为有生物的「ある」，对于主语为无生物的「いる」，今后还有待系统深入分析。另外，本文仅考察了用作本动词的「ある」，对于用作补助动词的「ある」以及补助动词用法中存在动词间的差异问题，也未能进行探讨，这些均作为今后的课题。

第5章　日语数量形容词的考察

1. 引言

「多い」「少ない」是和数量量度相关的一组反义词，其中，「多い」表示数量超过评判基准或比较对象，「少ない」则与之相反。数量形容词是日语形容词的重要组成部分，但以往的研究对其并未予以足够关注，这从日语学界对形容词的类型研究中可窥见一斑。

众所周知，现代日语形容词一般被分为表示事物性质特征的属性形容词和人的内在感知的感情形容词（西尾，1972）[1]。针对这种二分法的不足，后来也出现了以寺村（1982）为代表的三分法和以山口（1985）为代表的四分法（細川，1989：103）。但不论哪种分类，均未将数量形容词独立出来，只是将其掺杂在其他类型中一带而过或根本不予提及。

数量形容词之所以未被重视，既和本身的功能缺失有关（仁田，1980;寺村，1991;森田，1992），也受日语语法研究中对数量认知的系统考察滞后影响（仲本，2014：86）。鉴于此，本文将以数量形容词为对象，借助语料库方法开展研究，以期补充完善现有研究之不足。开展研究时，将着眼于数量形容词在语义上的肯定和否定对立，描写其内部在连体、连用和谓语用法上表现出来的差异。

2. 先行研究

1　与之类似的二分法还有荒（1989）的「状態形容詞」和「質形容詞」。

日语学界对数量形容词的研究不多。迄今的研究根据侧重点的不同，可概括为下述三类。

第一类是对数量形容词谓语句中主谓认知特性的分析。尾上（2004：6–16）指出，表示事物非存在的「ない」和表示事物存在量的「多い」「少ない」可构成广义的存在句，广义存在句和典型的存在句一样，句中的主语和谓语是同时被认知的。换言之，在「多い」「少ない」作谓语的句子中，主语和谓语的认知具有同时性[1]。

第二类是对数量形容词语法功能缺失现象的分析。仁田（1980：241–249）指出，和一般形容词不同，数量形容词一般情况下不可以修饰限定名词，因为数量量度不属于事物的内在属性。寺村（1991：262–264）也持相似观点，同时将原因归结为数量形容词不可描述事物的性状。

第三类是对数量形容词的使用特点及与相关变化形式间的语义差异的分析。森田（1992：217–219）指出，「多い」多后接形式名词，「多く」多后接普通名词，「少ない」与之类似。益岡（1992：158）指出，「多く」表示被修饰名词的集合数量，「多い」表示被修饰名词的属性，「少しの」和「少ない」之间的差异也与之类似。

3. 问题意识、所用语料

上节综述了迄今对数量形容词的主要研究，概述了数量形容词在语法、语义上的主要特征。研读迄今的研究不难发现，前人多偏重对共性特征的阐释，缺乏对内部个性差异的探析。

如前所述，尾上（2004）侧重对数量形容词认知共性的阐释，仁田（1980）和寺村（1991）偏重对数量形容词缺失连体修饰用法的原因探析，森田（1992）和益岡（1992）则主要辨析了与相关表述的语义差异。但是，这些研究并未关注数量形容词内部所存在的量度差异，也

1 寺村（1982：154-161）也曾关注到数量形容词和存在词之间的共性，但未展开分析。另外，尾上2004年曾口头指出，在「ない」「少ない」作谓语的句子中，主语有先于谓语被认知的可能性，但后来又否定了该想法。鉴于尾上（2004）中未见相关阐述和修正，此处暂理解为数量形容词谓语句中主谓语认知有同时性。

未对因量度差异所导致的语法特征上的不同有所发现。此外，前人的研究多倚重内省式语法判断，受此限制，对语言事实的把握并不精准，对语言现象的挖掘并不充分。

针对上述不足，本文将基于语料库方法对数量形容词开展研究。研究时，将着眼于数量形容词在语义上的肯定和否定对立，描写数量形容词内部因量度差异而表现在连体修饰用法、连用修饰用法和谓语用法上的个性差异。

本文用于检索的语料主要有两种。第一种是《朝日新闻》(1999-2001)三年间的电子语料，第二种是日本国立国语研究所2008年公开的现代日语书面语均衡语料库测试版(下称“均衡测试版”)。在论证时，主要使用第一种语料的检索结果，第二种语料仅用于必要的补充。此外，必要时也使用网络搜索引擎进行适当辅助。在进行语料检索时，结合日语表记特点使用了正则表达，同时通过人工核对删除了无关例句[1]。经检索，《朝日新闻》(1999-2001)中共得到8 572个实例[2]，相关结果如下表所示。

表1 《朝日新闻》(1999-2001)中数量形容词的用法分布

用法	数量	比例
连体	1 928	23%
连用	927	11%
谓语	5 717	66%

从表1可知，数量形容词的连体修饰用法少于谓语用法。两者的这一差异，应该和数量形容词连体修饰用法的缺失有关。但需要注意的是，在实际语言生活中还存在大量的数量形容词的连体修饰用法。因此，对于这种现象还有必要进行深入的挖掘。这种挖掘，不仅有益于阐明数量形容词的语法特性，也有助于增强日语学习者对数量形容词的理解和习得[3]。

1 无关例句如「多かれ少なかれ」「少なくとも」等形式。

2 调查中发现2573例「多く」的名词用法。因「少ない」没有类似用法，统计时排除了「多く」相关例句。

3 仁田(1980：237)、寺村(1991：260)均指出数量形容词连体修饰用法是外国学习者较难习得的语法项目。

4. 数量形容词的考察

在数量形容词中，「多い」蕴含对数量量度的正向肯定判断，「少ない」蕴含对数量量度的负向否定判断，两者之间存在肯定和否定对立。一般认为，肯定和否定虽然在理论层面对称，但在实际使用中往往出现对称失衡现象（石　1992，2001; 沈　1999）。下文将立足该立场，描写数量形容词内部因量度判断上的对立而表现在连体修饰用法、连用修饰用法和谓语用法上的个性差异。

4.1　连体修饰用法

如前所述，仁田（1980）、寺村（1991）曾对数量形容词的连体修饰用法做过考察。但受内省方法的局限，这些研究对数量形容词连体修饰用法类型的把握还不全面，考察时分类的标准尚不够清晰，对各类型语法特征的挖掘还不够深入。另外，这些研究只偏重了连体修饰用法缺失原因的解释，对于数量形容词在连体修饰用法上的分化现象却没有引起足够重视。针对这些不足，本节将首先对数量形容词连体修饰用法进行分类，并结合统计结果，阐释「多い」「少ない」在连体修饰用法方面的差异。

4.1.1　连体修饰用法上的类型

观察语料可知，数量形容词中存在连体修饰用法。根据是否直接表示后续名词的数量，数量形容词的连体修饰用法可分为A、B两类。A类不直接表示后续名词的数量，以下示（1）（2）为代表；B类直接表示后续名词的数量，以下示（3）（4）为代表。

(1) 横綱、大関を除いた幕内力士の中から、巡業を通じてもっとも勝ち星の<u>多かった</u>力士を「優勝力士」として表彰し、巡業スポンサーから100万円などが贈られる。（『朝日新聞』1999年4月2日）

(2) 学校では「国語奨励」を意味する「国奨」と書かれた丸いカードが月曜日に20枚ずつ配られた。どんな場合でも朝鮮語を使ったら１枚ずつ取り上げられる。週末、カードの<u>少ない</u>生徒は罰を受けた。（『朝日新聞』2001年6月3日）

(3) だが、世界的に見ても異常に<u>多い</u>火山ガスの放出が止まらない。

気象庁によると、二酸化硫黄(SO2)は9月半ばから、日量2万－5万トン程度で推移している。(『朝日新聞』2000年12月3日)

(4) 早い出足で思い切って詰める近鉄のタックルも、サントリーの攻撃継続力にはかなわなかった。少ない人数でラックの球を出せるサントリーに対して、近鉄は総力戦。(『朝日新聞』2001年1月9日)

在《朝日新闻》(1999-2001)中，A类共有1 726个实例，占整体的90%，B类共有202个实例，占比仅为10%。鉴于A类的整体占比很高，是数量形容词连体修饰用法的主流，下面先从此类型进行论述。A类连体修饰用法根据其具体的语法特征，可进一步划分为两种。

第一种是被修饰名词前面伴有以数量形容词为谓语的连体修饰小句的类型[1]。该种类型在此次调查中共检索到1 499例，是数量形容词连体修饰用法中数量最多的类型。

(5) 企業が行き詰まるショックは大きい。とりわけ仕入れ先に中小企業が多い流通業は、本体の雇用問題だけではなく、そうした企業や従業員にも深刻な影響を与える。(『朝日新聞』2001年9月15日)

(6) 第3戦で最後を締めた岡島は大量リードに守られており、点差が少ない場面ではどうか。継投面でベンチが難しい判断を迫られる場面があるだろう。(『朝日新聞』2000年10月26日)

上面(5)(6)是第一种类型的典型示例。从这些例子可知，数量形容词和前面的名詞结合形成的小句修饰后续名词，数量形容词表述的是前面名詞的数量，绝非后续名词的数量。另外，借助前后文的力量，第一种类型有时也会发生一些变化。

(7) 東京都は災害対策本部の設置はとりあえず見送った。気象庁によると、火山灰は島の東側に降り、最も多い三池浜で2－3ミリ積もった。8日深夜までで火山灰の噴出はこの1回だけだ。(『朝日新聞』2000年7月9日)

(8) 祖父を広島の原爆で亡くした兼岡さんだが、こんな旅を考えたの

1　关于该类型，仁田(1980：233-250)及森田(1992：217-219)也有所提及。但是，两者只止于示例，并未作进一步的分析。

は、広島への修学旅行を引率したのがきっかけという。少ない年は参加者2人。ささやかな旅はこの夏も続く。(『朝日新聞』1999年8月2日)

从外形上看，上面(7)(8)中的数量形容词似乎直接修饰后续名词，但实际上并非如此。观察上述例句可知，(7)中「多い」的主格名词为前面的「火山灰」，(8)中「少ない」的主格名词为后面的“参加者”。也就是说，(7)(8)仅仅是数量形容词所需的主格名词的位置发生了偏移，它们在本质上依旧属于第一种类型。

另外，上述句子中数量形容词所要求的主格名词都出现在了同一句中。在实际语料中，也有一些不在同一句中的情况。如下面(9)中「多い」的主格名词则是前面句子中出现的「本会議中に居眠りをした日数」。

(9) 神奈川県相模原市の市民グループ「相模原市議会をよくする会」が、45人の市議が本会議中に居眠りをした日数を2年間にわたって調べ、会報に実名で公表した。99年6月からの8定例会、全45日を傍聴席から調べた。その結果、最も多い議員は37日。(《朝日新聞》1999年5月23日)

第二种是后续名词的前面伴有数量表达的类型。这种类型在此次的调查中共检索到227例，以下述例子为典型。

(10) 東京は都立の城東が岩倉を振り切って2年ぶり、大阪では上宮太子が延長を制し初出場を決め、49代表が出そろった。今大会の初出場は昨年より5校多い12校で、うち7校が春夏を通じての初陣となる。(『朝日新聞』2001年8月1日)

(11) 銅価格は5月に過去12年の最低水準に落ち込み、大幅減益と減産、人員削減に追い込まれている。フェルプスも今年1－6月期の利益が前年同期と比べて約98%少ない170万ドルに減り、従業員の1割強を減らすリストラ中だ。(『朝日新聞』1999年8月22日)

从上面的(10)(11)可知，这种类型的特点是后续名词和连体修饰部分均和数量表达有关，在连体修饰部分多使用「～より」「～と比べて」等和比较相关的表达。据本文统计，在检索到的 227个实例中，连体修饰部分出现比较表达的共191例，占该类型整体的84%。由此可见，该类型和比较表达的共现率比较高。

在数量形容词不表述后续名词数量这一点上，第二种类型和第一种类型是相同的。但是，两者间也存在不同。

两者的第一个不同表现在连体修饰成分的可省略性上。第一种类型，如下所示，其连体修饰成分一般不可以省略。

(12) a. 大島航路では１人がけのリクライニングシートを導入する。大島便では予約が多いときは増便で対応する。二等運賃の値上げはしない。（『朝日新聞』2000年11月5日）

＊b. 大島航路では１人がけのリクライニングシートを導入する。大島便ではときは増便で対応する。二等運賃の値上げはしない。

(13) a. いら立っていない時代が、そう遠くない昔、たしかにあった。いら立ちの少ない社会にしたい。大変だが、不可能ともいえまい。（『朝日新聞』2000年5月13日）

＊b. いら立っていない時代が、そう遠くない昔、たしかにあった。社会にしたい。大変だが、不可能ともいえまい。

与之相对的是，第二种类型的连体修饰成分近乎一种游离性成分，是可以省略的，而且在省略之后也基本不会影响要表达的意思。

(14) a. 大学進学の「バイパス」として80年代以降に出願者が急増した。今年度は、前年度と比べ5%多い2万121人の出願があった。合格者は、以前からの継続受検者も含めて8947人だった。（『朝日新聞』1999年12月23日）

b. 大学進学の「バイパス」として80年代以降に出願者が急増した。今年度は、2万121人の出願があった。合格者は、以前からの継続受検者も含めて8947人だった。

(15) a. 肩やひじが張っている「軽度の炎症」は昨年より18人少ない19人で、本格的な検査が始まった76回大会以来、初めて10人台

まで減った。(『朝日新聞』2001年8月8日)

b. 肩やひじが張っている「軽度の炎症」は19人で、本格的な検査が始まった76回大会以来、初めて10人台まで減った。

两者的第二个不同表现在数量形容词的谓语性的强弱上。与第一种类型相比，第二种类型中数量形容词的谓语性更强。这可以从以下两点语言事实得到证实。

首先，在第二种类型中，其连体修饰成分和后续名词之间可作停顿(如添加顿号)，而第一种类型则不存在此类现象。

(16) みずほフィナンシャルグループの第一勧業銀行、富士銀行、日本興業銀行の今期の不良債権処理額は、5月末時点の予想よりも3000億円程度<u>多い</u>、8000億円程度になる見通しになった。(『朝日新聞』2001年7月29日)

(17) 国内の投信市場全体の残高は、十二月末時点で、前月末より一兆六千四百二十億円<u>少ない</u>、四十二兆七千三百九十三億円だった。(『朝日新聞』1999年1月15日)

其次，在第二种类型中，其连体修饰成分和后续名词的位置可发生互换，换言之，第二种类型中数量形容词可完全转换为谓语性用法，而这种现象在第一种类型中是不可能发生的。

(18) a. 大排気量の高級車やレジャー用車に偏る傾向がある。95年のCO2排出量はACEA平均より約9%<u>多い</u>202グラム。(『朝日新聞』1999年6月5日)

b. 大排気量の高級車やレジャー用車に偏る傾向がある。95年のCO2排出量は202グラムで、ACEA平均より約9%多い。

(19) a. 情報処理振興事業協会がまとめたもので、昨年寄せられたウイルス発見の届け出は前年より15%<u>少ない</u>2035件。(『朝日新聞』1999年1月16日)

b. 情報処理振興事業協会がまとめたもので、昨年寄せられたウイルス発見の届け出は2035件で、前年より15%少ない。

以上描写了A类连体修饰用法，下面再看B类连体修饰用法。B类连体修饰用法根据数量形容词和后续名词间的语义关系，也可进一步划分为两种类型。

第一种是后续名词表述“数”“量”的类型，以下述句子为典型。

(20) また、下水道料金に関しては、実際に下水道に流れる量より多い量で料金が計算されている例が、国土交通省など8庁舎で見られた。この節減可能額は約270万円と試算されている。(『朝日新聞』2001年4月19日)

(21) 元室長は1993年10月から約6年間、首相らの外国訪問の際に宿泊などの手配を担当していた。その準備金などの名目で、実際にかかる費用より多い金額を首相官邸に請求。(『朝日新聞』2001年1月25日)

(22) ニューヨーク・タイムズ紙は3年前、そんな見出しの記事を掲載した。財政赤字の累増をくい止めるには、先進国の中でずば抜けて多い公共事業費を徐々に減額していくしかない。(『朝日新聞』2000年6月8日)

(23) 検査の結果、日債銀の本来の不良債権額を把握しているのに、あえて少ない数字を増資要請先に伝え、出資を引き出していた疑いだ。(『朝日新聞』1999年8月3日)

(24) 多くの疑問を浴びながら、少なからぬ数の政治家が、旧態依然の公共事業にしがみつくのはなぜか。そこから甘い汁を吸っているのはだれか。(『朝日新聞』2000年7月2日)

上面(20)-(24)的后续名词「量」、「金額」、「公共事業費」、「数字」、「数」均和“数”“量”有关，其语义素中均包含了“多少”的概念。

第二种是后续名词和“数”“量”关联度不明显的名词，以下述句子为典型。

(25) 哺乳類ではアブラコウモリ、アズマモグラ、ハクビシン、タヌキが生息。ただ、カエルでは、東京近郊に多いツチガエルなどが見られない。北米移入種ウシガエルに圧倒されたらしい。(『朝日新聞』2001年2月16日)

(26) 日本はといえば、飛び抜けて多かった胃がんこそ減ってきたものの、肺がんや大腸がんがじわじわと増え続けており、全体のがん死亡率に減る兆しは見えない。(『朝日新聞』2000年9月26日)

(27) ソフトバンクの孫正義社長は「担保主義ではなく、キャッシュフロー重視の融資なども取り入れる」などと述べた。3社は日本に少ない新しい銀行を目指すが、銀行経営のノウハウは十分でなく、課題も多い。(『朝日新聞』2000年6月7日)

(28) 農協の金融部門を外部から検査や監査しているのは、農水省と全中だ。両者とも少ない要員を増やすとともに、金融監督庁などとの協力を強化する必要があろう。(『朝日新聞』2000年5月22日)

上面(25)-(28)的后续名词「ツチガエル」「胃がん」「銀行」「要員」均为普通名词，这和前面(20)-(24)的后续名词明显不同。

4.1.2　在连体修饰用法上的差异

上节描写了数量形容词A、B两类连体修饰用法，本节将重点描写数量形容词内部因量度判断上的对立而体现在连体修饰用法上的不同。观察语料可知，数量形容词在A类用法上特征相同，在B类用法上存在两点倾向性差异。

第一个倾向性差异与数量形容词直接单独修饰名词的能力有关。观察语料可知，「少ない」在修饰名词时有两种形式。一种是像(29)-(31)这样直接单独修饰名词的形式，一种是像(32)-(34)这样前面伴有限定成分的形式。

(29) 少ない原料やエネルギーで同じ効果を得られるよう工夫する。地下から新たに石油や鉱石を掘り起こすのではなく、いったん使った資源を地上で何度も活用する。(『朝日新聞』1999年6月8日)

(30) 少ない費用でよりよいサービスを提供しようと知恵を絞る機運は消えうせてしまうだろう。この間、一生懸命に準備してきた人たちは、ばかばかしくなってしまうかも知れない。(『朝日新聞』1999年5月28日)

(31) 年金改革を進めている健康・社会問題省の担当者も、少ない働き手で支えるのはもう限界と、お年寄りにも「できるだけ長い間働いてもらいたい」と明言します。(『朝日新聞』1999年11月7日)

(32) それより若い世代は、さらに少ない給付しか受けられない。かろうじて本人が負担する保険料の総額を上回るだけだ。いまの制度が、現役世代の負担する保険料によって、引退世代を助ける仕組みを採用しているために起こる現象である。(『朝日新聞』2000年6月7日)

(33) まじめな自治体は、できるだけ少ない負担で、よりよいサービスを提供しようとがんばっているはずだ。利用者にとっても、受益と負担のバランスを身近に考えるよい機会になる。(『朝日新聞』1999年8月29日)

(34) MRAMは大容量だが小型で読み書きが早く、「究極のメモリー」ともいわれる。今回の方法は、これまで研究されているやり方に比べてはるかに少ない電力ですむという。(『朝日新聞』2000年12月21日)

「多い」在修饰名词时也有两种形式。一种是像(35)-(36)这样直接单独修饰名词的形式，一种是像(37)-(39)这样前面伴有限定成分的形式。

(35) 喫煙の低年齢化、誘う日本——多い自販機、安い価格…緩い広告規制(『朝日新聞』2000年8月27日)

(36) 多い中高年「栃木県の〇〇様」。店内には、呼び出しのアナウンスがひっきりなしに流れる。首都圏外の客の呼び出しも多い。(『朝日新聞』1999年1月24日)

(37) 25日、長野県松本市で開催中の日本神経学会シンポジウムで発表されるアルツハイマー病はお年寄りに多い病気で、物忘れや徘徊、痴ほう症状がある。(『朝日新聞』2000年5月25日)

(38) 同社によると、苦情のあった商品や、同じ日に製造した別の商品からも通常より多い細菌が検出された。苦情を訴えた消費者に体の異常はないという。(『朝日新聞』2000年7月6日)

(39) 金銭面の話は「30分くらい」(上原)とか。予想以上に多い査定項目に驚いたというが、プロ入り初の契約更改交渉は、「張りつめた空気はなく、スムーズにいった」という。(『朝日新聞』1999年12月16日)

从表面看，数量形容词在修饰名词时均有两种形式，似乎并无差别。但事实却并非如此。

表2 《朝日新闻》（1999-2001）中数量形容词B类连体修饰用法的形式及分布

数量形容词	直接单独修饰	伴有限定成分
多い	4（4%）	93（96%）
少ない	90（86%）	15（14%）

表2显示了数量形容词B类连体修饰用法在朝日新闻（1999–2001）中的分布情况。从表2可知，在「少ない」的两种形式中，直接单独修饰名词的占绝大多数，前面带有限定成分的仅为少数。与之形成对照的是，在「多い」的两种形式中，前面带有限定成分的占压倒性多数，直接单独修饰名词的很少，而且一般只用在标题位置，使用条件更加苛刻。

第二个倾向性差异与数量形容词的否定修饰名词能力有关。观察语料可知，「少ない」可使用否定形修饰名词，而且否定形前面一般不出现其他限定成分[1]。

(40) この席などで、少なくない自治体から疑問が出たことを受け、同室は最近になって、関係する県知事らで作る全国渉外知事会に、協力内容について「必要な期間、公開を差し控えていただくよう依頼する」と正式に文書で回答した。（『朝日新聞』1999年10月19日）

(41) こういう話を知り合いのおばあちゃんから小さいときからずっと聞いていた。それ以来、日の丸には頭は下げられない。こういう思いを持ち続けてきて実行してきた。これが少なくない沖縄県民の思いなんです。（国会議事録）

(42) われわれは、国税に地方税、消費税に健康保険料に年金保険料など、少なくない税金を納めさせられている。これは、一種の国に対する保険料なのだ。（米原万里『真夜中の太陽』）

(43) 日本など各国の安全保障政策は少なからぬ影響を受ける。（『朝

1　B类连体修饰用法中「少ない」的否定形在《朝日新闻》（1999-2001）和均衡测试版中共84例，其中直接使用否定形的79例，占整体的94%。

日新聞』2000年12月3日)

(44) 残念なことに今回の報道には、きわめて軽率、ずさんな個所があった。少なからぬ視聴者が「ホウレンソウの汚染」のように印象づけられた数値は、結果的にホウレンソウのものではなかった。細部がはっきりしないデータが、確かなものとして伝えられた。(『朝日新聞』1999年2月20日)

(45) 自分たちの傷の深さを知らなければ、他人に与えた傷の深さもわからない。逆に、自分たちの犠牲だけに目を向ければ、身勝手といわれても仕方あるまい。自分の国が犯した間違いを正面から受け止め、次世代に語り伝えることは、少なからぬ痛みが伴う作業である。(『朝日新聞』1999年10月24日)

「多い」也可使用否定形修饰名词，而且如下面(46)-(50)所示，否定形前面多伴有副词等限定成分，直接使用否定形的很少。

(46) 何んでも咴が内訌してかく全身が痛むのであるとかで、強いて名を附ければ咴陰性という余り多くない病気だと合田氏は診断している。一時は腰が抜けて起つことも出来ない。寝ていても時を頻って咳き上げて来て気息を吐くことも出来ない。(高村光雲『幕末維新懐古談 50 大病をした時のことなど』)

(47) 観音様の縁日に4万8000日というのがあつて珍しく日を以て年を数えているが、こんな例は多くはない。多くない例を用いるから歌が成立するので、この場合は万という大きな数が歌を動かす動力となつているわけである。(平野万里『晶子鑑賞』)

(48) また，昭和六十三年4月1日現在，全国で八十市町村において地区別防災カルテが整備されているが，その内容が充実したものとなっている団体は，いまだ多くない状況である。(消防庁『消防白書』)

(49) たとえば羊は今まで日本に多からぬもの故和製の羊譚はほとんど聞かず。猴の話は東洋に少なからねど、欧州に産せぬから彼方の古伝が乏しい。これに反し馬はアジアと欧州の原産、その弟ともいう。(南方熊楠『十二支考 05 馬に関する民俗と伝説』)

(50) それは一七九一年九月二十二日のことであった。父はジェームス・ファラデーといい、母はマーガレットと呼び、その第三番目の子で、ミケルという世間には余り多くない名前であった。（愛知敬一『ファラデーの伝 電気学の泰斗』）

从表面看，数量形容词都可用否定形修饰名词，似乎并无差别。但事实却并非如此。

表3　B类连体修饰用法中数量形容词否定形在不同语料的检索结果

	朝日新闻（1999-2001）	均衡测试版
「多い」否定形	0	0
「少ない」否定形	37	47

表3显示了B类连体修饰用法中数量形容词否定形在《朝日新闻》（1999-2001）和均衡测试版中的出现情况。从表3可知，「少ない」的否定形在两个语料库中有84个实例，而「多い」则未检索到实例[1]，这直接说明了两者否定修饰能力的强弱。

4.2　连用修饰用法

本节将结合统计结果，探析数量形容词在连用修饰用法上的差异。数量形容词的连用形，如下面（51）（52）所示，可以修饰限定动词。

(51) 新しい特産品として、三宅島の復興に貢献できれば、と昨秋から開発を進めた。赤外線を多くカットし、保冷性も高いという。今後、魚礁やタイルにも灰が使えないか研究を続ける。（『朝日新聞』2001年1月20日）

(52) 診察代や薬代を患者がいったん全額支払い、その後保険の負担部分を償還することで、高額な医療、薬代を実感させ、無駄な医療費を少なくするなど、競争や効率化を促進する方向を打ち出している。（『朝日新聞』2001年5月18日）

那么，量度判断上的差异是否会导致数量形容词在连用修饰用法上出现差异呢？为弄清该问题，本文对《朝日新闻》（2001）中数量

1　当然这不意味着「多い」的否定形不具备B类连体修饰用法，因为现实生活中存在诸如（46）-（50）这样的实例。

形容词的连用修饰用法进行了统计[1]，相关结果如下表4所示。

表4　《朝日新闻》(2001)中数量形容词连用修饰用法的统计结果

词形	数量	比例
「多い」的连用形	114	65%
「少ない」的连用形	62	35%

从表4可知，《朝日新闻》(2001)中共有176个数量形容词连用修饰用法实例。其中，「多い」114例，「少ない」62例，前者数量和比例均比后者高，这直接说明了两者连用修饰能力的强弱。那么，两者在连用修饰用法上的差异具体表现在何处？为弄清该问题，本文对《朝日新闻》(2001)中数量形容词连用形修饰的动词做了进一步整理，结果如下表5所示[2]。

表5　《朝日新闻》(2001)中数量形容词连用形修饰的动词

A

なる	27	保有する	1	組み込む	1	動かす	1	残る	4
する	6	支払う	1	カットする	1	盛り込む	1	ある	3
含む	6	数える	1	挙げる	1	起こす	1	いる	1
出る	4	報告する	1	登用する	1	登場する	1	存在する	1
持つ	3	見積もる	1	課税する	1	当選する	1	望める	1
負担する	3	投げる	1	出回る	1	つぎ込む	1	求める	1
使う	3	出す	4	確保する	1	浮上する	1	訪れる	1
見る	2	寄せる	3	占める	1	残す	1	住む	1
発表する	2	獲得する	2	建てる	1	育つ	1	暮らす	1
請求する	2	見つける	2	指摘する	1	歌う	1		
取る	2	取り入れる	1	入所する	1	打つ	1		

B

なる	38
する	21
できる	2
見せる	1

对比表5中的A、B两个子表不难发现，和「多い」相比，「少ない」的连用形更倾向于修饰限定形式动词。如表5中的子表B所示，通过《朝日新闻》(2001)检索到的62个实例中，修饰形式动词的共59

1　因数据比较庞大，此处检索对象限定在了《朝日新闻》(2001)一年的电子文本。

2　子表A为「多い」修饰的动词，子表B为「少ない」修饰的动词，表中数值为相应动词的出现次数。另外，动词具有活用变化，但汇总时只计入其基本形。

例，占整体的95%以上[1]。与之相对的是，「多い」的连用形尽管也较容易修饰形式动词，但该部分占比不到30%，和「少ない」的差距明显。受上述数量形容词连用形修饰动词倾向的影响，「多い」「少ない」修饰限定的动词区别数也出现了明显差异。如表5所示，在《朝日新闻》（2001）中，「多い」的连用形共修饰了53个不同的动词，而「少ない」仅有4个，两者之间的差距十分显著。

当然，为语料规模限制，此处不能草率作出「少ない」只能修饰表5中4个动词的结论，因为在网络上可以确认到「少ない」连用形修饰其他动词的实例[2]。

(53) パワースペクトル画像は中心に近いほど低周波であり、外側に広がるほど高周波となる（図4）。また、色が白に近いほどその波が多く含まれ、黒に近いほど少なく含まれることを示す。

（www.edu.kobe-u.ac.jp/eng-arch-sled/dat/research/adachi-kigami-1/1.pdf）

(54) 私の父がATMで下ろした際、１万円少なく出たのか、取り忘れたかで、わざわざ銀行から自宅に電話を掛けてきて下さいました。父はその場で数えない人なので、その連絡がなければ、気付かずじまいでした。

（http://komachi.yomiuri.co.jp/t/2007/1223/161600.htm）

(55) モノが少ないと管理する手間が省けて生活がシンプルになるというのは本当で、今の生活は人よりはシンプルであると感じています。目標はモノを0に近づけることではなく「良いものを少なく持とう」ということにしています。

（minimus.hatenadiary.jp/entry/2017/02/05/000507）

(56) よって、本来より3500円Q君は少なく負担しているが、その前の

1　本文对均衡测试版中「少ない」连用修饰用法也进行了统计。结果显示，在644个实例中，修饰限定形式动词的共609例，占总体的95%，这和《朝日新闻》（2001）的统计结果吻合。

2　在其他年份的《朝日新闻》中也可确认到相关例句。但考虑到网络数据远比报刊丰富，确认时主要使用了网络。另外，朱（2012：10-12）曾分若干情况对「少ない」能否修饰表5子表A中的动词进行了阐述，同时对不能修饰时的原因进行了分析。但本文通过调查发现，当时对不能修饰的结论过于草率，还需要结合此处的语言事实进行适度修正。

段階でP君に7000円貸しているため、7000-3500＝3500円Q君はP君からお金を返してもらわないといけない。

（https://detail.chiebukuro.yahoo.co.jp/qa/question_detail/q12174734057）

(57) 決して「いい加減になれ」ということではありません。無駄なエネルギーを消費しないということであって、無気力になるということではなく、非生産的なエネルギーをより少なく使うということである。（https://books.google.co.jp/books?isbn=4569572596）

(58) こんな二種類の肉体が同一の種を形成するためには長く見て二億年、少なく見ても五十万年は要したと考えられる。一方、歴史は日本国が始まってからだって二千年になるかならぬかである。

（https://books.google.co.jp/books?isbn=4569532489）

(59) どちらにしても、バッケン油田の話などを聞くと、今後も石油枯渇などはありえないという気がする。どう考えても産油国は埋蔵量を少なく発表するだろう。

（http://d.hatena.ne.jp/shimpei-ymkw/20090113）

(60) 客が少なく請求されたことに気づいていながら、店側がそれに気づく前に黙って店を立ち去ってしまったような場合、客は民事上の債務不履行のほかに何らかの刑事上の責任を負うのでしょうか。（www.kokusen.go.jp/wko/pdf/wko-20150713.pdf）

(61) というのは「就職して」初めての給料の話です。すごく男尊女卑企業でお給料安い上に、基本給を抑えてボーナスも少なく出すという、イマドキ考えられないところで働いていた高卒の私。

（http://yaplog.jp/8080/archive/4）

(62) 痛みを少なく打つ方法として、怖がらないで自信を持ってバシッと入れてしまうと不思議と痛くありません。これが怖がって恐る恐るやると切皮がうまくできず痛みがでやすいです。

（http://watanabesinkyuin.com/self-acupuncture/）

(63) しかも、平成12年の少年法改正によって、場合によっては８週間もの収容が可能となりました。精神的に未熟な少年の身体拘束は、大きな不安と動揺を与えますので、出来る限り収容期間は少なくあるべきです。その意味で、上記の改正は非常に問題です。

（www.yglpc.com/contents/qa/topics/18_keiji/keiji_a016/index.html）

(64) 夏は暑い、食欲が無くなりやすい。冷たいものを食べて、飲んで、身体を冷やして、食欲を引き出す、と思っている人が少なくいるようで、夏になると、いろいろな冷たい料理が紹介されてい

ます。　　　　　　　　　　　　　　（www.muikiko.com/050720.html）

但是，在网络上调查时发现，尽管可以检索到「少ない」修饰其他动词的情况，但检索时颇费时力，这和「多い」形成了鲜明对比[1]。

4.3　谓语结句用法

数量形容词属于用言，其主要的语法功能是用作谓语，本文第3节表1的统计结果也印证了这一点。那么，数量形容词在作谓语时，是否会因为量度判断上的不同而导致句法特征和语用特征上的差异呢？

尾上（2004）指出，数量形容词谓语句中的助词在使用上有一定倾向。一般而言，「多い」多和格助词「が」组配使用，而「少ない」则多和系助词「は」组配使用[2]。为验证该主张的正确性，本文以《朝日新闻》（2001）为资料，对数量形容词谓语句中助词「が」「は」的使用情况进行了统计[3]，相关结果如下表6所示。

表6　《朝日新闻》（2001）中数量形容词谓语句中的助词使用

助词	多い	少ない
が	505（88%）	34（29%）
は	72（12%）	85（71%）

从表6可知，《朝日新闻》（2001）共检索到「多い」作谓语的句子577个，「少ない」作谓语的句子119个。对比上述句子中的助词使用情况不难得知，在「多い」作谓语的句子中多使用「が」，在「少ない」作谓语的句子中多使用「は」。换而言之，此处的统计基本验证了尾

1　网络具有无限性，难以穷尽方式对数量形容词连用形相关用法进行频度对比，但两者相关例句的检索难易度已充分说明了两者间所存在的显著差异。

2　尾上（2004）的这一论点为口头阐述。此处依据日本昭和女子大学須永哲矢2005年的笔记整理。

3　从句中原则上要使用格助词「が」，故而调查时未统计从句。另外，此处仅检证数量形容词在「は」「が」上的使用倾向，对其他助词未作统计。

上的内省直觉结果[1]。

从表6可知，「多い」整体上比「少ない」更倾向于使用「が」，这意味着当主语同为「が」时，数量形容词内部所受的制约不同。那么，两者所受的制约究竟有何不同呢？下面以数量形容词谓语句为例，结合母语者的语感判断分感叹句和作答句两种情况进行分析。

从理论上而言，「本が多い」这种数量形容词谓语句可用作感叹句。用作感叹句时，又可细分为两种情况。一种是对所见所闻的即兴感叹，一种是事先心理预期落空时的感叹，本文将其分别命名为"无预判的感叹"和"有预判的感叹"[2]。此外，「本が多い」理论上还可用作对「AとBはどちらが多い」这种问句的回答，本文将这种用法命名为"对问句的回答"。对于上述三种用法，母语者认为「本が多い」均可使用，但"无预判的感叹"最为常用。

与之相对的是，「本が少ない」这种数量形容词谓语句只能较为自然地用于"有预判的感叹"，用于其他两种情况则存在不同程度的困难。首先，将「本が少ない」直接用作"对问句的回答"比较困难，因为对「AとBはどちらが少ない」回答时要使用「本のほうが少ない」这种形式[3]。另外，将「本が少ない」考虑为"无预判的感叹"理论上不可行，因为数量量度小的事物一般不会成为心理预期的对象。

表7　数量形容词谓语句在用法范围及使用制约上的比较

	本が多い	本が少ない
无预判的感叹	◎	×
有预判的感叹	○	○
对问句的回答	○	×

*"◎""○""×"分别表示常用、自然、不自然。

1　需注意的是，「多い」「少ない」在「は」的使用上差别并不大，这和尾上的内省直觉不完全吻合。

2　关于"无预判的感叹"和"有预判的感叹"，可进一步参考朱（2012：14）。

3　据母语者判断，对于「本と雑誌、どっちが多い」这样的问句，也可用「本のほうが多い」回答，但是此处的「～ほう」非必须，这也从侧面印证了「多い」「少ない」两者用法上的微妙差异。

表7直观反映了数量形容词谓语句在用法范围和使用制约上的差异。无需赘言，这种不同和数量形容词内部在量度判断上的差异有关。如前所述，数量形容词中的「多い」是对数量量度的肯定性判断，而「少ない」则是对数量量度的否定性判断，两者之间存在肯定和否定的对立。一般而言，肯定属于无标记范畴，因此具有泛用性，比有标的语言形式使用范围更大（陈　2002：28）。否定属于有标记范畴，从标记理论而言[1]，否定要以肯定为前提，是对肯定的一种标记颠倒，在实际使用时自然要受到更多的制约。

5. 小结

以上针对既有研究的不足，从数量形容词内部在语义上的肯定和否定对立为出发点，借助语料库方法描写了其内部在连体、连用和谓语用法上表现出来的差异。经考察发现：数量形容词存在A、B两种类型的连体修饰用法，在B类连体修饰用法中，数量形容词直接修饰名词的能力和否定形修饰名词的能力出现了明显差异；由于数量量度判断上的差异，和「少ない」相比，数量形容词中的「多い」连用修饰能力更强，谓语结句时受到的制约更少，用法更加宽泛。

为论证的明晰性，本文的考察仅限定在了数量形容词上。在与数量相关的表达中，还有"多""少"这样的汉字词。对于汉字词"多""少"在构词能力上的差异，本文未及考察。此外，本文在考察数量形容词谓语用法时，为检证既有的研究，仅选定了感叹句和作答句进行了分析。对于数量形容词在比较句等其他句类上的共性和个性差异，也未能进行探讨。另外，日语和汉语数量形容词之间的共性及个性问题，也是饶有兴趣的问题。这些将作为今后的课题再予以探讨。

1　关于标记理论的介绍，可参考王（1991：4）。

第6章 日语长度形容词的考察

1. 引言

「長い」「短い」是和长度相关的一组反义形容词，本文将其统称为长度形容词。在长度形容词中，「長い」表示长度超过评判基准或比较对象，「短い」则与之相反。长度形容词是日语的一个基本词汇，在一般的词典中均有收录。查阅词典可知，在对长度形容词进行释义时，多以「長い」「短い」语义反义对称为前提。比如，日本小学馆1997年出版的《大辞泉》中，「長い」各词条义项均与「短い」反义对称，「短い」的词条义项中，除古语用法外，均被标为与「長い」反义对称。此外，《スーパー大辞林(第2版)》、《新明解国語辞典(第2版)》、《角川類語新辞典》(1981年版)等词典也基本类似。

毋庸置疑，「長い」「短い」构成反义词。对于反义词，学界以往多侧重反义概念的界定和反义结构的划分，并建构起了清晰的理论体系。近年来，随着标记理论和认知语言学的发展应用，对反义词的研究又逐渐转向了对语义和用法分布不对称现象的考察。Clark（1977）、王（1994）、沈（1999）、王（2004）、石（2001）等研究指出，反义词对一般是在中心义项对称，在周边扩展义项容易出现非对称性，在使用频率上，肯定范畴的语言形式往往高于否定范畴的语言形式。那么，日语长度形容词「長い」「短い」是否符合这一规律呢？如果具备非对称性，又具体表现在哪些方面呢？本文拟援引标记理论和认知语义学相关理论，同时基于语料调查结果对此进行验证和分析。

2. 先行研究

长度形容词表述空间性数量，一般被归属于空间形容词（西尾 1972;久島 1993，1995，2001;籾山 1992）。关于空间反义形容词对，日语和汉语语法学界均开展了一些研究。

在日语语法学界，西尾（1972）作为形容词研究的一部分涉及一些反义形容词对的语义、用法；丹保（1991）以反义形容词对「高い」「低い」「遠い」「近い」为例探讨了多义形容词的语义切分方式；籾山（1992）研究了多义词语义由空间到时间的扩展；山梨（2000）从认知语言学角度分析了一些反义形容词对的用法非对称性；国広（2003）作为词汇学研究的一部分涉及一些反义形容词对的语义、用法。

在汉语语法学界，沈（1999）系统研究了包含反义形容词对在内的语言现象中的不对称性和标记性问题；石（2001）研究了肯定表现及否定表现中的对称性和非对称性问题；任（2001，2004）从认知语言学角度对汉语中的"大""小""高""低"这两对空间维度反义词的义项进行了研究；胡（2009）则从汉日对比角度对「深い」「浅い」这对空间反义形容词对进行了对比研究。

但是，对于空间形容词中的长度形容词「長い」「短い」，不论是日语还是汉语语法学界，迄今为止的研究均十分有限。就目前把握的文献资料来看，在日语语法学界，西尾（1972）、森田（1989）、飛田・浅田（1991）描述辨析了「長い」「短い」的语义、用法；服部（2012）结合语料探讨了与「長い」「短い」共现名词的特征；新屋（2013）探讨了属性描写句中「長い」「短い」的构句条件；漆谷（2014）比较了「長い」「短い」构成复合形容词的能力强弱。另外，在汉语语法学界，孙（2008）辨析了"长亭/短亭"语义；赵（2009）归纳了"X长X短"结构的用法；杨（2009）分析了"长—短"搭配语选择的不对称性；皮（2012）分析了"长—短"在修饰语上的不对称性。

3. 问题意识、所用语料

无论是日语还是汉语语法学界，有关长度形容词的研究均属于传统的辞书学或者词汇学意义上的语义、用法辨析的定性研究。就非对称性而言，先行研究分析了表示度量义时只能使用“长度”「長さ」而不能使用“短度”或者「短さ」（山梨 2000），另外也提及了长度形容词在修饰语和搭配语选择上并不对称等现象（服部 2012;皮 2012）。但是，作为定性研究，这些研究并未明确各自的语义扩展模式，因而无法深入辨析各自语义系统异同。另外，由于缺乏数据支撑，先行研究也无法对它们之间是否以及多大程度上存在非对称性进行量化实证分析。

实际上，由西尾（1972）、沈（1999）等研究可以看出，长度形容词的非对称性研究可以划分为语义非对称性研究和用法非对称性研究两个层面。语义层面上，长度形容词本身往往是多义词，具有多个义项。参照丹保（1991）、籾山（1992）等研究可以认为，研究长度形容词的语义非对称性时，必须归纳出它们的语义扩展模式，厘清各自的语义扩展途径。惟其如此，才可以不但明确两者哪些义项具有非对称性，还能明确这些义项在语义模型的定位以及由此反映的语义扩展路径的非对称性。

用法层面上，上述先行研究所采用的方法多是举出一些例句，然后通过归纳得出构成反义词对的哪个词语相对于另一词语而言具有特殊用法。然而，语言使用习惯上的群体间差异及历时性变化，很难绝对化为非此即彼的关系。我们认为研究长度形容词的用法非对称性时，必须基于语料的量化研究的支撑才更有说服力。而且，量化研究也不能仅局限为调查各义项用例的具体分布问题，应该系统地调查统计不同成分、不同形态的分布情况、以及它们和其它词语的组合、共现关系。惟其如此，才能多维地验证、解释反义形容词对的用法是否以及多大程度上存在非对称性。

综上所述，本文试图解决两个主要问题。第一个问题是，基于原型理论和认知语义学理论，厘清日语长度形容词的义项分布以及语义扩展模式有何异同，非对称性体现在何处。第二个问题是，基于语料库方法，量化研究日语长度形容词在用法上是否以及有多大程度的非对称性。

对于第一个问题，我们将放在第4.1小节解决。解决这一问题需要建立一个多义网络模型。我们将基于Langacker(1987)等提出的原型理论和基于图式的范畴化模型以及隐喻扩展理论探讨长度形容词的语义扩展途径。对于第二个问题，我们将放在第4.2小节解决。具体分析时，我们将调查项目拆分为活用(形)、(句中)成分、(句中体现的)义项、(直接辖域谓语)的肯否四个指标详细调查它们的分布异同，并利用统计分析工具SPSS对它们进行相应的统计学检验。

语料方面，在第4.1小节主要使用了日本国立国语研究所公开的现代日语均衡语料库，本节为定性研究，本着能说明问题即可的“奥科姆剃刀定律”，仅按需抽出所要的相关用例。在第4.2小节主要使用北京日本学研究中心构建的中日对译语料库，本节为定量分析，采用穷尽方式对所有相关用例进行全语料调查和统计学分析。

4. 长度形容词的考察

虽然本文的研究目的在于分析长度形容「長い」「短い」的非对称性，但是我们并不预设两者之间一定具有非对称性。相反，我们将通过下面4.1节的语义分析和4.2节的用法分析来确证「長い」「短い」的非对称性，同时揭示它们在非对称性上的程度差异。

4.1 语义分析

原型理论认为，居于特定语义范畴中心的为基本义，词义范畴具有模糊性和可变性，根据语义间的相似性，基本义可通过隐喻及转喻手段映射扩展出其他语义(Rosch 1975)。本节将根据原型理论和认知语义学理论，首先厘清日语长度形容词在义项分布及语义扩展模式上的异同。结合迄今研究成果和语料调查结果，长度形容词的语义可归纳为空间量度义、时间量度义、性质量度义三大类，空间量度义中可扩展映射出空间相对量度义，时间量度义中可扩展映射出时间极限量度义。

4.1.1 空间量度义

长度形容词表示事物两点间的连续物理距离。在空间量度义上，长度形容词有“一维性”和“无方向性”两个基本特征。其中，“一维性”是指长度形容词不属于立体概念，只涉及一个维度；“无方向性”是指对长度量度的判断不随事物所存在的方位和方向变化，只要超过或低于评判基准或比较对象，均可用长度量度来进行描述。

一般认为，空间域是认知的基本参照点。所以，空间量度义可认定为长度形容词的基本义或原型义，这一点从长短形容词可组配表示一维空间概念的名词「間隔」「距離」「道」等窥见一斑。

(1) クチタガとソコモチには周長八寸以下の竹、シリタガには周長約七寸の竹が最も適していると、藤井氏は考えていました。できるだけフシとフシの間隔が長いものを選びます。(ダグラス・ブルックス(著)/ウエルズ・智恵子(訳)『佐渡のたらい舟』)

(2) 青年は、走りながら、思わず右の手のステッキを握りしめた。ホテルの門に辿り着いたときにも、長い道を駆け続けたために、身体こそやゝ疲れていたものの、彼の憤怒は少しも緩んではいなかった。(菊池寛『真珠夫人』)

(3) 昔は車で回る人も車道が尽きたところからお寺まで、かなりの距離を歩かなければならなかったのに、昨今は道路や駐車場が完備し、歩く距離が短くなっている。(辰濃和男『四国遍路』)

由于是基本义，长度形容词的空间量度义在实际语言中也具有广泛性，可在句中用作谓语成分((4)(5))、定语成分((6)(7))、状语成分((8)(9))。

(4) この時見たディンゴは大型犬だ。足が長い、言い換えれば背が高い。体の色は薄い茶色だ。日本の狼のように、見た瞬間に獰猛さが分かるものではない。(園田豪『やすらぎのオーストラリア』)

(5) 何か病気でしょうか？鼻が短い、パグフレブルブル等にみられる症状だと思います。これからの季節、おうちにいるときでもうるさくなってくると思いますよ。(Yahoo!ブログ)

(6) すると夫人の命令で、長い大きな卓子の上に、二人の姪それに侍女と下女がそれぞれ二人ずつ、つごう六人の女が男たちの方に大きな腰を向けて横になりました。(ウィルヘルム・マイテル著/矢野正夫訳『バルカン戦争』)

(7) 黒猫はかま猫に、答えるようにめいれいしました。するとかま猫は、もうそのしつもんがくるのをよそうして、ちょうめんのそのページに短い指をいれて待っていました。(宮沢賢治『賢治のトランク』)

(8) 北京を訪れたときの目玉に万里の長城の見物がある。中国は古代から北方の匈奴に悩まされて防塞の城壁を長く連らねた土塁を築いた。それは、中学生時代の地理や歴史で知った。(李家正文『女たちの中国』)

(9) こざっぱり短く切った髪は、かえって女性らしさを感じさせる。何を聞いてもうわの空の里子をよそに、沢口は相変わらずの調子で話し続けていた。(森川直樹『あなたがホームレスになる日』)

空间量度义只描述对射体和界标比较结果的判断。当比较射体的水平延伸和纵向长度，强调纵向长度超出一般水平时，长度形容词中的「長い」还可扩展映射出空间相对量度义。

(10) 湯上がりの肌は暖かいのだ。腰から腿へはよく肉がついている。と言っても肥っているというのではない。肩は細く、わりに骨ばって見える。撫で肩で首が長い。美人の要素を持っている。体つきは細いが、乳房は丸くてよく膨んでいて、腰にも肉をつけている。(峰隆一郎『土方歳三』)

上面例(10)中的「長い」，描述的并非脖子长度的绝对真值，而是强调脖子的颀长柔美，符合一般的审美标准。如果是绝对长度的话，后面也就不会使用「美人の要素を持っている」来进行总括性评价。

当然，由于扩展映射自空间量度义，空间相对量度义与空间量度义之间的界限具有模糊性。比如，下面例(11)中的「長い」既可理解为表述男性脸部的绝对长度，也可理解为描述男性脸部的修长程度。

(11) 男の蒼ざめた長い顔を見るなり、正三郎は悟った。一役人を前に緊張しすぎている。あんなに緊張しては剣も満足に使えまい。同じ理由から、がっしりした体型の三十前後の男も、一羽ではなさそうだった。(朝松健『アート偏愛』)

为避免这种语义理解的混淆，在实际语言生活中，有时使用「細長い」这样的词语来明确空间相对量度义

(12) マーラが〈デッドアイ〉で鉢合わせした三人組がいるのだから、無理もない。三人組の一人一短い黒髪に細長い顔をした男がニタニタ笑いながら話しはじめると、一般の客たちはいっせいに椅子を引いて席を立った。(ウィリアム・C.ディーツ著/斉藤伯好訳『帝国を継ぐ者』)

4.1.2 时间量度义

时间和空间是认知事物运动时的两个基本要素。一般而言，事物在运动时，移动的空间距离长度和所花费的时间长度成正比。时间和空间之间的密切关系，奠定了语义从空间概念域向时间概念域的扩展映射基础。以空间量度义为原型义的长度形容词，很容易扩展映射出时间量度义。

长度形容词的时间量度义，在实际语言中也具有广泛性，可在句中用作谓语成分((13)(14))、定语成分((15)(16))、状语成分((17)(18))。另外，从以下各例可知，在使用时往往组配表示时间概念的名词「年月」「期間」「時間」「時」等。

(13) とはいえ図書館の記憶も私の中でずいぶん遠いものになってしまった。やめてからの年月のほうが長い。もう十数年になる。もとの職場を訪ねても、知った人は少ない。(阿刀田高『雨降りお月さん』)

(14) 小さな工事現場でユンボが使われる期間は短い。このところユンボは、自動車窃盗団の人気ナンバーワンで、簡単に盗めるような、建設会社の庭先などにはおかれなくなってきている。(大沢在昌『帰ってきたアルバイト探偵』)

(15) それらの島々の中の或る小島に、七千人のインディオを運んで来て集めたことがあった。七人のエスパーニャ人が長い日数にわたって、彼らをそれだけの数の雌羊か子羊の群れと同じように扱っていた。(バルトロメ・デ・ラス・カサス(著)/長南実(訳)『大航海時代叢書』)

(16) 相槌を打ちながら男は、女の言葉が切れる間を見計らって、DKへ行こうとする。ほんの短い時間でいいから、一人になりたかった。このまま女と話し込むと、ますます混乱して、つまらないことまで口にしてしまいそうだ。（原田宗典『優しくって少しばか』）

(17) しかし、いい時は、長くはつづきませんでした。ミカンの消費がへってくると、ミカン農家の経営はくるしくなってきました。（福永令三『クレヨン王国森のクリスマス物語』）

(18) 私は、その点を十分に認識させて、もしそういうことをやるんであれば、これだけ時間を短くするけれども、短いあいだに一所懸命やれば仕事は三割増えるんだ。（松下幸之助『松下幸之助発言集』）

在实际语言生活中，长度形容词的时间量度义和空间量度义的区分并不明显，如下面(19)(20)中的「長い」「短い」既可理解为时间量度上的长短，也可理解为空间量度上的长短，难以截然分开，这也恰恰说明了空间量度义向时间量度义转换的容易度。

(19) かなり長い旅をして来たものらしく、直接に江戸へ入らないところを見ると、或いは王子を通り越して千住方面へ出るつもりかも知れません。（中里介山『大菩薩峠 16 道庵と鰡八の巻』）

(20) 短い船旅が終り、島が大きく迫ってきた。防波堤に数人の男たちが釣糸を垂れており、防波堤に抱え込まれた岸辺の斜面には、民宿の釣船が暇そうに陽を浴びている。（津村節子『幸福村』）

一般而言，具体事物的运动具有明确的起止点，时间量度是有限的。但是，在认知层面，时间具有无限延展性。当凸显时间量度的长期性或无限性时，长度形容词中的「長い」还可扩展映射出时间极限量度义。

(21) カトリックの宣教師たちはこの朗詠集を、日本人の信徒たちが話し方、書き方に上達し、教養を積む上でのテキストとして刊行した、といわれる。いかにこの書物が長く人びとに愛され、普及したかを物語る話である。（仲尾宏『京都の渡来文化』）

4.1.3 性质量度义

长度形容词中的空间量度义可通过隐喻方式进一步扩展映射出表示抽象概念的性质量度义。长度形容词的性质量度义，可构成惯用句，另外，如下面所示，可在句中用作谓语成分（(22)(23)）、定语成分（(24)(25)）、状语成分（(26)(27)）。

(22) 普通の話の浦島太郎さんですと、竜宮城から帰ってすぐに海岸端で玉手箱を開けたということになっていますが、ここに伝わっている浦島さんはもっと気が長い方だったようで、海岸端で玉手箱を開けずに、この木曽に来て、この寝覚で玉手箱を開けたという伝説が伝わっているんです。（塩澤裕『中山道風の旅』）

(23) こういうタイプは中小企業のトップにはとても多く、よく言えば即断即決ができ、リーダーシップを持った人ということになるのですが、悪く言うと傲慢で気が短く、周りにいる人を消耗させます。（中丸薫『闇の世界権力をくつがえす日本人の力』）

(24) 言葉遊びなどをすると、とても喜びます。外国の絵本でも、日本語への訳がよいのはとても喜びます。やがて、長い文の本が理解できるように発展していきます。ダウン症の子どもたちなどは、言葉遊びが大好きで、ここで覚えた言葉を、遊びの中などでよく使っていました。（西田清『AD/HD・LDの発達と保育・教育』）

(25) 書き下ろしというのは初めてで、正直、かなり苦労しました。私は大抵、あちこちに原稿を依頼されては短い文章を書いていたにすぎないのです。そして、それらをまとめてもらって本を出してもらっていたのです。（日木流奈『ひとが否定されないルール』）

(26) シプリアーニ大司教はすでに疲れを覚えていた。「せっかく始まった話し合いなのに、それを途中で投げ出すなど侮辱的ではないですか。もう少し気を長くもってもらいたい」　シプリアーニ大司教の必死の説得に、セルパもひとまず折れた。（宮本英樹『突入』）

(27) もう音をあげてしまう都会人なるものに、びっくり仰天してしまうわけだ。駅まで千メートルから二千メートルの距離は、歩きの時間に換算すると、何分になるのか知らないが、よっぽどサラリーマンは気が短くなっているんだなと感じずにいられない。（草森紳一『コンパクトカメラの大冒険』）

此外，长度形容词的性质量度义有时和时间量度义比较接近。比如，下面例(27)中的「長い」既可理解为说话时间比较长，也可指说话内容本身比较长。

(27) ちょっとお話が長かったんですが、私どもからいきますと、最初、官業と民業と進んできた道が、ある時期、政府が財政的に豊かになった、そして民間も資金力ができたということで、大分お互いが入りまじるようになりました。(国会会議録)

4.2 用法分析

上节结合原型理论和认知语义学理论，从理论层面阐述了长度形容词在义项分布及语义扩展模式上的异同。本节将结合语料统计结果，从实证层面检证长度形容词在用法上的对称性及对称程度。

在进行语料搜集时，本节对中日对译语料库中收录的日文原版作品进行了全语料检索。检索时，在充分考虑日语表记特点的基础上主要使用了正则表达，同时辅以人工核对删除了无关例句。

经检索处理，共得到长度形容词实例760个，其中，「長い」为618例、「短い」为142例，两者在数量分布上存在显著偏差。那么，哪些指标导致了两者在数量上的偏差呢？下面结合检索结果按前文第3节提到的活用、义项、成分、肯否四个指标进行分析。

4.2.1 活用

调查长度形容词的活用分布时，本文将其细分为了四种：第一种是用于连体修饰或终止结句的「い」形活用，第二种是用于连用修饰或句中中止的「く」形活用，第三种是用于句中中止的「くて」形活用，第四种是用于终止结句或连体修饰的「かった」形活用。对中日对译语料库中检索到的760个实例按上述四种活用进行整理后，可得下面表1所示结果。

表1　长度形容词在活用上的分布情况

		「い」形活用	「く」形活用	「くて」形活用	「かった」形活用
長い	数量	429	169	6	14
	占比	69.4%	27.3%	1.0%	2.3%
短い	数量	100	38	4	0
	占比	70.4%	26.8%	2.8%	0.0%

观察表1可知，长度形容词「長い」「短い」在「い」形、「く」形、「くて」形的活用分布上呈现了较高的一致性，三种活用形均呈现降序排列，而且使用比例也基本一致[1]。

4.2.2　成分

调查长度形容词的成分分布时，本文将其细分为了定语成分、谓语成分、状语成分三种。在成分判断时，重视了长度形容词在直接辖域中的语法作用。比如，在「足が長い人」中，「足が長い」虽然整体充当定语，但在该直接辖域中「長い」判定为谓语成分。再如，在「長い間会わなかった」中，虽然「長い」外形上修饰限定「間」，但由于「長い間」整体充当状语且可置换为「長く」，所以将其判定为状语成分[2]。对中日对译语料库中检索到的760个实例按上述三种成分进行整理后，可得下面表2所示结果。

表2　长度形容词在成分上的分布情况

		定语成分	谓语成分	状语成分
長い	数量	285	84	249
	占比	46.1%	13.6%	40.3%
短い	数量	82	34	26
	占比	57.7%	23.9%	18.3%

观察表2可知，「長い」的三种成分按定语成分（46.1%）、状语成分（40.3%）、谓语成分（13.6%）降序排列，而「短い」的三种成分则

1　「長い」和「短い」在「かった」形活用上似乎存在差异，但卡方检验表明差异无统计学意义（$x^2(2)=6.239, p>0.01$），今后还有必要扩大调查样本进一步分析。

2　详细判定和处理标准，可参考杨（2013：103）。

按定语成分（57.7%）、谓语成分（23.9%）、状语成分（18.3%）降序排列。对照「長い」和「短い」的成分分布可知，两者在充当状语成分方面差别突出，卡方检验结果也显示了两者差异的有效性（x^2 (2)=26.622, $p<0.01$）。

那么，「長い」和「短い」在状语成分方面的差异来自何处？为弄清该问题，本文结合活用形又进一步对两者的状语成分实例进行了归类整理，相关结果如下面表3所示。

表3　长度形容词状语成分中的活用形分布情况

		「い」形活用	「く」形活用
長い	数量	114	135
	占比	45.8%	54.2%
短い	数量	7	19
	占比	26.9%	73.1%

观察表3可知，「長い」和「短い」在通过「く」形活用充当状语方面具有共性。但是，在「い」形活用的使用方面出现了明显差异。如表3所示，「長い」通过「い」形活用后续时间名词（如前述「間」）充当状语的比例和通过「く」形活用充当状语的比例偏差不大，而「短い」则明显偏重通过「く」形活用充当状语，通过「い」形活用充当状语的比例明显偏低。

4.2.3　义项

调查长度形容词的义项分布时，结合本文前面第3节所阐述的空间概念域、时间概念域、性质概念域进行。如前所述，由于「短い」在空间概念域和时间概念域内不存在域内扩展的情况，所以调查时只以高层级的概念域为对象，不考虑层级低的空间相对量度义和时间极限量度义上的差异。另外，关于因概念域间界限邻接用法模糊的实例，结合上下文语境和母语者判断进行了归类处理。对中日对译语料库中检索到的760个实例按上述思路进行整理后，可得下面表4所示结果。

表4 长度形容词在义项上的分布情况

		空间概念域	时间概念域	性质概念域
長い	数量	211	339	68
	占比	34.1%	54.9%	11.0%
短い	数量	48	50	44
	占比	33.8%	35.2%	31.0%

观察表4可知，「短い」的义项在三个概念域上的分布比较均衡。与之相对的是，「長い」的义项在三个概念域上的分布出现了明显偏差，时间概念域中的义项实例数量和比例明显高于其他两个概念域。另外，观察每一概念域下的长度形容词不难得知，「長い」「短い」的义项在空间概念域中比例相当，但在其他两个概念域中则出现了明显相反的倾向，卡方检验结果也显示了两者差异的有效性（$x^2(2)=39.996, p<0.01$）。

时间概念域中的「長い」之所以高于「短い」，与前面4. 2. 2小节提到的两者充当状语时的差异有关。如前所述，「長い」「短い」在充当定语成分和谓语成分时差距不大，但在充当状语成分时差异显著，「長い」明显高于「短い」。受此影响，在时间概念域中「長い」的义项高于「短い」也是自然结果，下面表5中的统计结果也印证了该点。

表5 时间概念域下长度形容词的成分分布情况

		定语成分	谓语成分	状语成分
長い	数量	97	34	208
	占比	28.6%	10.0%	61.4%
短い	数量	29	12	9
	占比	58.0%	24.0%	18.0%

观察前面表4可知，在性质概念域中，「短い」的数量和比例都高于「長い」。那么，究竟是何种因素导致了该结果的出现呢？本文认为，词的褒贬色彩是导致该结果的主要原因。观察实际语料可知，在性质概念域中，长度形容词除了「長い橋」这种客观中性判断外，还有「気を長くもって」这种倾向肯定的褒义判断以及「気の短い人」这

种倾向否定的贬义判断。对性质概念域中长度形容词的褒贬色彩进行整理后，可得下面表6所示结果。

表6　性质概念域下长度形容词的褒贬色彩分布情况

		贬义判断	中性判断	褒义判断
長い	数量	21	37	10
	占比	30.9%	54.4%	14.7%
短い	数量	3	30	11
	占比	6.8%	68.2%	25.0%

观察表6可知，在性质概念域下，「長い」和「短い」的中性判断实例均为最多。但是，仅从褒贬色彩来看，「長い」整体上偏于贬义判断，而「短い」则偏于褒义判断，两者呈现了相反的倾向性特征，卡方检验结果也显示了两者差异的有效性（x^2 (2)=9.576, p<0.01）。

4.2.4　肯否

本节调查长度形容词直接辖域内的肯定和否定分布情况。对于长度形容词在辖域内充当定语、谓语、状语的情况，依照长度形容词本身的形式或与之组配的形式进行判定。举例而言，对于「髪が短い人」判定为肯定，对于「短く言った」判定为肯定，对于「短く書けなかった」判定为否定。对中日对译语料库中检索到的760个实例按上述思路进行整理后，可得下面表7所示结果。

表7　长度形容词在肯否上分布情况

		否定形式	肯定形式
長い	数量	29	589
	占比	4.7%	95.3%
短い	数量	1	141
	占比	0.7%	99.3%

观察表7可知，无论是「長い」还是「短い」，在直接辖域内均偏用肯定形式，否定形式所占比例很低。对比「長い」和「短い」的否定形式不难发现，「長い」无论是数量还是占比均高于「短い」，两者之

间存在不小差别，卡方检验也显示了两者差异的有效性（x^2 (2)=4.844, $p<0.05$）。

5. 小结

以上针对既有研究的不足，首先从理论层面阐释了长度形容词的义项分布及语义扩展模式上的差异，而后基于语料库方法，从实证层面量化对比了长度形容词在用法上是否具有对称性及不对称的程度。

理论层面的考察发现，长度形容词以空间量度义为原型义，并均可扩展映射到时间概念域和性质概念域。但是，从扩展映射路径而言，「長い」「短い」之间并不均衡对称，因为「長い」在空间概念域和时间概念域均存在域内扩展，而「短い」则未见类似情况。实证层面的量化发现，长度形容词在活用方面未见有效差异，在充当状语成分时差异突出，时间概念域及性质概念中的义项分布倾向相反，在直接辖域内尽管两者均倾向于使用肯定形式，但「長い」的否定形式数量和比例均有效高于「短い」。

综合而言，长度形容词内部在语义和用法上均呈现出了比较明显的不对称性。这一考察结果，一方面检证了本文开头所介绍的“反义词对一般在中心义项对称，在周边扩展义项容易出现非对称性，在使用上肯定范畴的语言形式往往高于否定范畴的语言形式”（Clark 1977;王　1994;王　2004;沈　1999;石　2001）等的论断，另一方面也说明了词典中以语义反义对称为前提进行词条解释的欠妥当性。

为论证的明晰性，本文的考察仅限定在了长度形容词上。在与长度相关的表达中，还有「長」「短」这样的汉字词。对于汉字词「長」「短」在构词能力上的差异，本文未及考察。此外，如4. 2. 3小节考察所示，性质概念域下「長い」整体上偏于贬义判断，而「短い」则偏于褒义判断，这似乎违背了Clark（1977）、沈（1999）、石（2001）等提出的小量度一方缺乏认知凸显性，常用于否定结构的规律。背后原因是什么，尚待我们进一步深入展开研究。另外，日语和汉语长度形容词之间的共性及个性问题，也是饶有兴趣的问题。这些将作为今后的课题再予以探讨。

第7章　日语「～ない」型复合形容词的考察

1. 引言

日语的形容词从构造上可分为单纯形容词、复合形容词、派生形容词三类。

单纯形容词由单一语素构成，表达一定语义，且在形态上无法再进行分割，以下示(1)中的形容词为代表。

(1) 寒い、大きい、少ない…

派生形容词由词根与词缀构成，以下示(2)中的形容词为代表。

(2) こ高い、け近い、くだらない…

复合形容词由词根与词根构成，以下示(3)中的形容词为代表。

(3) 幅広い、歩きにくい、しかたない…

上述三类形容词中均含有词尾为「ない」的形容词，如(1)中的「少ない」，(2)中的「くだらない」，(3)中的「しかたない」。本文要考察的是「しかたない」这种词尾为「ない」的复合形容词。为行文方便，本文将其命名为「～ない」型复合形容词。

「～ない」型复合形容词中的「ない」在语义层面具有一定的独立性，这既区别于「少ない」这种无法分割的单纯形容词，也有别于「くだらない」这种由动词「くだる」的未然形派生出来的派生形容词，这

一特性也使其在句法功能、极性特征等方面表现出不同于普通形容词的特点。本文将利用语料库收集大量实例并借助量化统计方法对这类形容词的功能用法及极性特征进行考察。

2. 先行研究

本文要研究的「～ない」型复合形容词隶属于复合形容词。复合形容词在数量上多于单纯形容词(森田 1980：113)，但遗憾的是，迄今为止关于日语复合形容词的研究相对较少，关于「～ない」型复合形容词的研究更是寥寥可数。截止目前，仅发现了秋山(1951)、田村(2006)、日本语记述文法研究会(2007)等有限的研究。

秋山(1951)探讨分析了构成日语形容词的接尾辞。对于现代日语中含有「ない」的形容词，秋山(1951：84–85)分为了下面(4)所示的三种类型，并指出a、c两类形容词中的「ない」接近于接尾辞，b类形容词中的「ない」是独立的形容词。

(4) 秋山(1951)对含有语素「ない」的形容词的分类

a．仕方がない、訳もない、飛んでもない、みつともない

b．力ない、骨ない、口ない

c．仕方ない、訳ない

田村(2006)将日语中合成而来的形容词划分为了复合形容词、派生形容词和叠词形容词三大类。对于复合形容词，田村(2006：13)根据构成情况分为了“名词＋形容词”、“形容词词干＋形容词”、“动词连用形＋形容词”三种类型，在此基础上，田村(2006：14)指出“名词＋形容词”这种类型最多。对于本文要研究的「～ない」型复合形容词，田村(2006：17)一概看作由词根与接尾辞「ない」构成的派生形容词，并举出了下面(5)所示的词例。

(5) 田村(2006)列举的含有语素「ない」的派生形容词

飽き足りない、危なげない、がんぜない、心ない、この上ない、仕方ない、所在ない、如才ない、せわしない、詮方ない、詮ない、造作ない、素っ気ない、絶え間ない、大差ない、大事ない、

頼りない、たわいない、つつがない、つまらない、情けない、何気ない、並びない、煮え切らない、似気ない、計り知れない、面目ない、申し訳ない、もったいない、やるせない、余儀ない、よんどころない

日本语记述文法研究会(2007：279)根据内含语素的不同将外形为「～ない」的形容词划分为了两类。一类是构成「动词＋ない」结构的类型，以下面(6)中所示词汇为代表，一类是构成「名词性语素＋ない」结构的类型，以下面(7)中所示词汇为代表。

(6)「动词＋ない」型形容词：
言い知れない、言い足りない、いけすかない、いけない、いたたまれない、思いがけない、くだらない、こたえられない、すまない、たまらない、つまらない、ものたりない、やりきれない…

(7)「名词性语素＋ない」型形容词：
味気ない、危なげない、大人げない、心ない、造作ない、そっけない、情けない、何気ない、面目ない、申し分ない、申し訳ない、否応ない

对于(7)这种「名词性语素＋ない」型形容词，日本语记述文法研究会(2007：279)指出其中的「ない」并非表示否定的接尾辞，而是表示非存在的形容词「ない」。在这一类型中，部分名词性语素保持了原来的语义(如「面目」)，部分名词性语素则有异于原来的语义(如「情け」)。另外，这一类型的部分形容词难以充当谓语，只能用于定语修饰或连用修饰(如「否応ない」、「心ない」)。此外，日本语记述文法研究会(2007：280)还简述了「名词性语素＋ない」型形容词与伴有助词「が」「も」的惯用句(如「しかたがない」、「あられもない」)之间的关联性。

3. 问题意识、所用语料

上节简要介绍了「～ない」型复合形容词的有关考察。可以说，前人的这些研究都在不同程度上揭示了这类形容词的特征。但是，本文认为在以下几个方面尚存不足。

第一是分类标准的问题。秋山（1951）的分类方法夸大了语素「ない」的不同之处，在某种程度上忽视了复合形容词作为一个形容词所具有的整体性特点。与之相对的是，田村（2006）则未考虑语素「ない」的个性特征，仅仅依据外在特征进行了简单化的分类。可以说，分类标准的混乱，导致了同一形容词被归入不同类别的问题，导致了内部异质性词汇的混杂。

第二是考察对象的问题。如前所述，日本语记述文法研究会（2007）对作为接尾辞的「ない」和作为形容词的「ない」进行了区分，并将形为「～ない」的形容词分为了「动词＋ない」和「名词性语素＋ない」两类。但是，对于诸如「またとない」这种非名词性语素与「ない」构成的形容词并未予以涉及，这就影响了对「～ない」型复合形容词全貌的把握。

第三是考察分析的问题。从上述简介可知，前人的相关研究主要停留在对有关形容词的分类层面，日本语记述文法研究会（2007）虽提及到了该类形容词的一些句法功能特征及带有助词的惯用句的关联性，但也仅仅是蜻蜓点水似地一带而过，并未展开系统深入的考察挖掘。

鉴于上述问题，本文将以「～ない」型复合形容词为研究对象，利用语料库收集实例并借助量化统计方法，分析该类形容词在实际语言生活中所表现出的句法功能及极性特征，并和类义惯用句的语法功能进行对比，以期对今后的相关研究提供更多的实证支持。

本次调查主要使用了两种语料。第一种语料是日本三省堂出版的《新明解国语辞典(第五版)》，该词典是日本销售量最大的小型国语词典，共收录词条约7.3万条。本文主要使用该语料调查确定现代日语中的「～ない」型复合形容词。第二种语料是日本国立国语研究所构筑的《现代日语书面语均衡语料库》，该语料库内含1亿430万语料，内容涵盖书籍、报刊、杂志、白皮书、博客、教科书、法律等多种文体，能够反映现代日语的使用现状。本文主要使用该语料抽取例句来探讨「～ない」型复合形容词在句法功能及肯定否定极性等方面的特征。

上节提到，秋山（1951）和日本语记述文法研究会（2007）在认定形为「～ない」的复合形容词时均注意到了「ない」作为形容词性语素和作为接尾辞的不同。本文在开展研究时也沿用这种观点，根据形容词性语素「ない」与接尾辞「ない」性质的不同，将合成词中由名词性语素、形容词性语素或副词性语素与形容词性语素「ない」构成的词认定为复合形容词，动词性语素与接尾辞「ない」构成的词认定为派生形容词。在此基础上，本文通过对《新明解国语辞典(第五版)》进行了逆序查询。

经检索发现，《新明解国语辞典(第五版)》中形为「～ない」的形容词共80例，涵盖了单纯词和合成词的所有类别。在这80例形容词中，单纯词10例、派生形容词23例、复合形容词47例，具体检索结果如下表所示。

表1　《新明解国语辞典》中形为「～ない」的形容词

分类	词 例	数量
单纯形容词	稚い、危ない、汚い、ない、拙い、忙しない、切ない、少ない、忝い、いわけない	10
复合形容词	違いない、仕方ない、申し訳ない、もったいない、情けない、なんでもない、さりげない、余儀ない、何気ない、限りない、やむない、この上ない、そっけない、極まりない、あっけない、絶え間ない、頼りない、おぼつかない、味気ない、忍びない、おとなげない、またとない、心ない、ふがいない、やるせない、たわいない、はしたない、つつがない、如才ない、所在ない、危なげない、口さがない、あられもない、詮ない、心もとない、面目ない、よんどころない、ぞうさない、がんぜない、大事ない、定めない、詮方ない、術ない、由ない、並びない、似気ない、おおけない	47
派生形容词	敢えない、争われない、いなめない、いけない、得ない、思いがけない、顧みない、かねない、くだらない、冴えない、しまらない、しれない、救われない、すまされない、すまない、そぐわない、絶えない、たまらない、始まらない、はばからない、満たない、ものたりない、ゆかない	23

从表1可知，在《新明解国语辞典(第五版)》所收录的形为「～ない」的形容词中，复合形容词的数量最多。另外，观察这些复合形容词可知，名词性语素与形容词性语素组合而成的居多，前项语素与后项语素多构成主谓关系，这和田村（2006：14）所指出的结论基本一致。

4.「～ない」型复合形容词的考察

前文提到，迄今为止对「ない」型复合形容词的研究尚停留在类型的划分层面，对于其句法功能的分析、极性特征的挖掘及与类义惯用句的对比分析均不充分。鉴于此，本节将结合语料库收集的实例并借助量化统计方法对相关问题展开论述，以期对今后的相关研究提供更多的实证支持。

4.1 句法功能

一般而言，形容词可以修饰限定名词，可以通过词形变化后修饰限定其他用言，可以在句末充当谓语，形容词的这三种功能在日语学界分别被称为"连体"、"连用"、"谓语"用法。但需要注意的是，形容词的这三种功能分布并不均衡。关于形容词语法功能分布的不平衡性，仁田（1998）曾有过研究。

仁田（1998：34）指出，形容词的功能用法和形容词的类型有关，表示事物性质特征的属性形容词主要起到"连体"功能，表示评价、判断的形容词和表示感情、感觉的形容词主要起到"谓语"功能。

那么，「～ない」型复合形容词的三种功能是如何分布的呢？为此，本文以《现代日语书面语均衡语料库》为语料，以表1中的47个「～ない」型复合形容词为对象进行了检索，检索时充分考虑了表记形式及活用变化。经检索，共发现20 582个用例。这些用例按"连体""连用""谓语"进行归类整理后，相关结果可做如下表2汇总。

表2 语料库中「～ない」型复合形容词的功能分布

	用例数	比例
连体	3204	15.57%
连用	5146	25.00%
谓语	12232	59.43%

表2显示了《现代日语书面语均衡语料库》中「～ない」型复合形容词的功能分布情况。从表2可知，「～ない」型复合形容词的功能分布并不平衡，这类形容词的"连体"用法和"连用"用法相对较少，在句中主要担当"谓语"功能。

橋本、青山(1992)指出，在日语形容词中，同时具备"连体"、"连用"、"谓语"用法的只有31.4%，缺失"连体"功能的形容词约占2.4%，缺失"谓语"功能的形容词约占4.5%，缺失"连用"功能的形容词约占61.7%。

那么，「～ない」型复合形容词中是否存在功能缺失现象呢？为此，本文对《现代日语书面语均衡语料库》中检索到的「～ない」型复合形容词的用法完备或缺失情况进行了进一步的整理，相关结果可汇总为如下表3。

表3 「～ない」型复合形容词句法功能完备或缺失情况

	词数	比例	词例
三种用法均检索到	37	78.72%	間違いない、仕方ない、情けない、何気ない…
连体用法未检索到	2	4.26%	大事ない、おおけない
连用用法未检索到	9	19.15%	極まりない、またとない、くちさがない、大事ない、よしない、ならびない、似気ない、おおけない
谓语用法未检索到	5	10.64%	余儀ない、心ない、頑是ない、似気ない、おおけない

表3显示了《现代日语书面语均衡语料库》中「～ない」型复合形容词三大用法的完备或缺失情况。从表3可知，同时检索到"连体"、

“连用”、“谓语”三种用法的占整体的78.72%，缺失“连用”功能的占整体的19.15%，这两个结果和前面提及的橋本、青山（1992）的调查结果——同时具备三大功能的占31.4%、缺失“连用”功能的形容词约占 61.7%有很大差异，这也从侧面说明了「～ない」型复合形容词的特异性。

结合表2和表3来看，「～ない」型复合形容词的大部分词例句法功能全，但分布不平衡。那么，当「～ない」型复合形容词同时具备“连体”、“连用”、“谓语”功能时，这三种功能之间又呈现何种关系呢？为此，本文抽取同时具备三种功能且用例总数在前十位的「～ない」型复合形容词对三种功能分布关系进行了调查，调查结果如下图1所示。

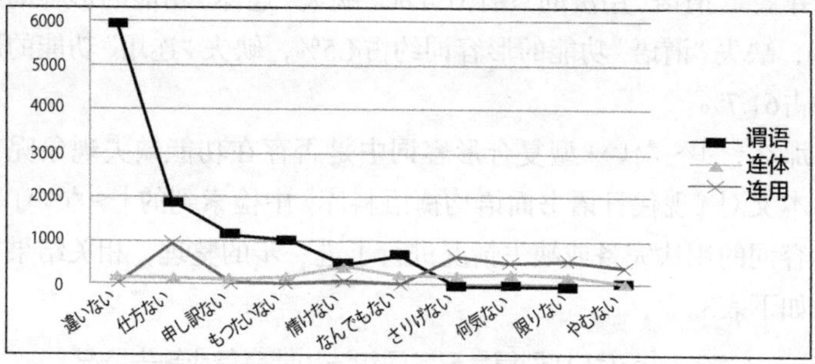

图1　「～ない」型复合形容词功能完备时的功能分布图

图1的X轴以充当谓语功能的使用频率作为基准排列，其变化趋势粗略地反映了「～ない」型复合形容词句法功能间的相互关系。从图1可以看出，「～ない」型复合形容词句法功能是不平衡的，处于中间部分的词例句法功能分布相对较均衡；除做定语的连体功能相对稳定外，随着作谓语的句法功能使用频率的下降，连用修饰功能总体呈上升趋势，这一现象说明「～ない」型复合形容词的谓语功能与连用修饰功能在某种程度上具有互补性。

4.2　极性特征

极性是语言学中的一个重要语法范畴，通常指命题情态的肯定和否定的两极。对于肯定和否定这两个对立的极性，Otto Jespersen（1924）曾指出，两者在逻辑层面上是对称的，但在自然语言中却并不完全对称，存在有肯定无否定或有否定无肯定的情况，这种肯定与否定的不对称现象普遍存在于词汇、句法、语义、语用等各个层面。日语学界关于肯定与否定极性不对称性的研究主要集中在句法层面，关于词汇层面的研究相对较少。日本语记述文法研究会（2007：212）曾以部分动词及寒暄语、惯用句等为例说明了肯定与否定的不对称，但并未提及形容词。鉴于此，本文下面结合语料描写「～ない」型复合形容词在极性方面的倾向性特征。

为了弄清「～ない」型复合形容词在极性方面的倾向性特征，本文对《现代日语书面语均衡语料库》中检索到的20 582个用例按用法及词形进行了统计，相关结果可汇总为表4。

表4　语料库中「～ない」型复合形容词的极性分布

	谓语	连体	连用
肯定形	12 218	3 203	5 146
否定形	14	1	0

表4显示了《现代日语书面语均衡语料库》中「～ない」型复合形容词在三大用法上的极性分布情况。从表4可知，在「～ない」型复合形容词"连体"、"连用"、"谓语"用法上，均存在极其明显的极性不对称。从统计结果来看，「～ない」型复合形容词在实际语言生活中一般倾向于使用肯定形式，很难使用其否定形式。

当然，从表4同时可知，在实际语言生活中，也有极少数使用否定形式的情况。统计发现，《新明解国语辞典(第五版)》所收录的47个「～ない」型复合形容词在《现代日语书面语均衡语料库》中使用否定形式的有6个词，其具体情况可做如下汇总。

表5　语料库中「～ない」型复合形容词否定形的使用情况

词例	总用例数	否定形例数	否定占比
しかたない	2 985	3	0.10%
さりげない	864	1	0.12%
情けない	966	3	0.31%
もったいない	1 147	5	0.44%
頼りない	282	1	0.35%
大人げない	105	2	1.90%

表5显示了在《现代日语书面语均衡语料库》中使用否定形式的「～ない」型复合形容词的情况。从表5可知，「～ない」型复合形容词否定形式使用频率极低。那么，这些词的否定形式一般用于什么情况呢？通过对上述6个词的15个否定形式用例进行分析可知，其否定形式一般用于以下三种情况。

第一种情况是用来表示反问或反驳语气，这种情况占实际语例的绝大多数。

(8) 子供が大切だから、離婚できないのは仕方なくないですか？彼女のこと本気なら、離婚するはずって言う意見がよく出ていますが、奥さんはさておき、子供はやはり別格です。彼女も大切なんですが、理解できませんか？ダブル不倫です。(Yahoo!知恵袋)

(9) 「ああ、もったいない。せっかく描いたのに」「もったいなくない。上手いくせに、課題でも平気でこういう絵を描くから美術の成績が悪いんだよ」消されていく絵を見ながら綾子は大きな声で笑った。私は今度こそ黒板消しをクリーナーにかけた。(島本理生『小説推理』)

(10) またベビーと同じデザインで大人用のサイズもあるので、ママと赤ちゃんのおそろいリングなんていうのもかわいいかと思います。せっかくのベビーリングですから、仕舞ったままっていうのはもったいなくはないですか？一度ご覧になってみてください。(Yahoo!知恵袋)

(11) 梨子はその腕を振り払った。「杉村さん、恥ずかしくない？奥さんがお金持ちで、そのお金にたかって生きてるの、男として情けなくない？奥さんが妾の娘なら、杉村さんは男妾じゃない！」「やめろ。おまえ自分が何言ってるのかわかってんのか？」(宮部みゆき『誰か』)

第二种情况是用在否定性比较句中，这种情况往往伴随要求否定形式呼应的副词「ほど」、「全然」等。

(12) できあがった作品を改めて読むと、どれもこれも、私ども夫婦の姿そのものになってしまった。もちろん、小説のほうはかなり誇張されていて、私は次郎丸ほど頼りなくはない一つもりだし、カミさんのほうも、小雪ほど猛々しくはない。（浅黄斑『人妻小雪奮戦記』）

(13) むこうさんに罪はないし、わたしだっていつまでもこだわるほど大人げなくない。眺望は思ったとおり、素晴らしかった。三百六十度のパノラマを堪能しつつ、わたしはさりげなく、さりげなく、ガラスの反射を利用して彼の観察までする。（瀬川貴次『実録・カトレア寮の怪』）

(14) それで服を着せられ、強引に支度させられたのだ。でも、白状すれば、四十五キロしかない病人にしては、私はそれほどみっともなくはなかった。コナー先生が治療を何日かお休みにしてくれたおかげで、気分だってよかった。（近藤　麻里子『ラスト・ダンス』）

(15) 昨日の電話よりはるかに緊張して、横井君の教室をさりげなく覗く。周りから見たら、それは全然さりげなくなかったかもしれない。でもそれが今の私の精一杯他のさりげなさだった。ふと覗いた教室に、いつもと変わらない横井君の姿があった。（松岡やよい『いってきます！』）

第三种情况是在元语否定形式中使用。Horn（1985）将自然语言中的否定分为以命题内容为否定对象的描写性否定（descriptive negation）和以叙述表达为否定对象的元语否定（metalinguistic negation）两大类，元语否定通常不受一般句法条件的限制。

(16) フェイスパックシート（百均）をジャブジャブにして、お風呂上りにパックしています。もったいなくないし、しっとりウルウルになって美容液を使った後のようになりますよ。キャンドゥーの「豆乳ローション」も愛用中。（Yahoo!知恵袋）

(17) 癌だったから、仕方ない。仕方ないけど、仕方なくない。いつも、悔いが残る。残されたものは。いつも辛い。だけど生きなくてはならない。だって、生まれてきたから。人は、何かになりたがる。それは、そういう細胞を。生まれてもってきたから。だけど、私は、思う。（Yahoo!知恵袋）

上面阐述了「～ない」型复合形容词在极性上的不对称特征，并描写了何种情况下可使用否定形式。事实上，「〜ない」型复合形容词除了几乎不使用否定形式这一特征之外，其本身在是否具有对立的肯定形式方面也表现出了倾向性特征。

本文利用《现代日语书面语均衡语料库》调查发现，一些「〜ない」型复合形容词如「心ない」、「情けない」、「限りない」等具有与之形式对立的肯定表达方式，换而言之，部分「〜ない」型复合形容词具有与之对立的「名词性语素＋ある」这种形式。

(18) これに対して、地元名護市は市長以下猛反発をした。しかし、大田知事は、海上基地問題は第一義的に国と地元自治体の問題であり、地元自治体の意向を受けて県は総合的判断を行う、と傍観者的態度をとった。これは名護市民をはじめ、心ある沖縄県民の強い批判をあびた。（新崎盛暉『政治を民衆の手に』）

(19) この清正の意外な信じられない言葉に戸惑いを見せる二人を、清正は笑みを浮かべてじっと見つめる。二人は思わず同時に平伏した。なんと大きな広い心を持った方だろう。今まで見た事のない清正の情けあるその心に、戦慄さえ覚えていた。（加藤直『雪原の夢』）

(20) 右のグラフのように，発電に使用されるエネルギーの半分以上が石油や石炭，天然ガスといった地下資源で，これらのエネルギーは，再生して使用することができません。限りある資源を有効に使わなければ，電気を使えなくなる日がくるかもしれません。（石田晴久『新しい技術・家庭　技術分野』）

但需要注意的是，上述情况仅为极少数。此外，从实际使用状况来看，上述「心ある」、「情けある」、「限りある」已不再有任何形态及功能的变化，某种程度上可以说已固化为连体词。

张（1995 : 83）在研究汉语语言单位的标记问题时指出，一般情况下肯定和否定呈现对称。但是，像“无聊”这种自带否定的语言单位不能通过程式化操作出现“有聊”这种语言单位[1]。对于这种肯定和否

1　类似情况还有“*得已——不得已”“*有记名投票——无记名投票”（张，1995 : 83）。另外，张（1995 : 83）还指出，零位对立会随语言发展出现变化。比如，吕（1984）举出的“*婚生子女——非婚生子女”已经不符合现实社会情况，因为“婚生子女”这一说法已经出现在了国家法律条文中。

定的对称缺失现象，张（1995：83）将其称为“零位对立”。结合上面阐述的语言事实可知，日语中的「～ない」型复合形容词从有无对应的肯定形式这一点来看也基本上均属于“零位对立”。

4.3　与类义惯用句的比较

前面结合语言事实阐述了「～ない」型复合形容词句法功能方面的不平衡性及极性方面的不对称性。本节将结合语言事实，进一步对比分析「～ない」型复合形容词与类义惯用句的共性和差异。关于「～ない」型复合形容词与类义惯用句，日语记述文法研究会（2007）和飛田・浅田（1991）曾有所提及。

日语记述文法研究会（2007：280）指出，含有助词的惯用表达形式与形为「名词性语素＋ない」的形容词是连续的，「仕方ない」这种形容词是「仕方がない」省略掉其中的助词「が」后形成的。飛田・浅田（1991：269）则将「仕方がない」与「仕方ない」列为同一词项对其用法进行了说明。

遗憾的是，上述研究在不同程度上强调了「名词＋が＋ない」与「名词性语素＋ない」的相似性，但却忽视了短语与词的构成要素作为不同语言单位所具有的不同特征，以致对两者句法功能的连续性与差异均未能作出明确的说明。正如由本・影山（2009：225）所指出的那样，很多复合词可以与语义相近的短语互换，但是，词终究是词，而不是短语，词所具有的「词语完整性（lexical integrity）」导致其句法功能必定不同于短语。

鉴于此，下面结合语料统计结果描写「～ない」型复合形容词与类义惯用句在句法功能方面的共性特征和个性差异。另外，因为前人研究中多以「仕方ない」与「仕方がない」为例，为统计分析便宜，下面也仅以两者为例行文论述。

从实际语料来看，「仕方ない」同时具备“连体”“连用”“谓语”用法。

(21) 私も、ヒヤッとして、気をつけるようになったこといっぱいあるもん。とにかく、子供たちが車にひかれない世の中になること、すごく大事なことだと思います。ま、言い方悪いかもしれないけど、年寄りは仕方ない部分あります。だってお年寄りは交通ルールを知りません。(Yahoo!ブログ)

(22) 男がかつて仲間であったことを、忘れてしまったんですね。気が変な人だと思われたんですよ。おかしくなったのは、実は町の人たちのほうだったのに。男は仕方なく洞窟に戻り、そこでしばらく一人で暮らしていました。(コエン・エルカ『生き物として、忘れてはいけないこと』)

(23) 社会人なので時間があまりとれません。それでも楽しめますか？それなりに楽しめます。キャラの成長は時間かけられる人よりおそいですが、それは仕方ないです。毎日定時くらいに帰れるのでしたら帰宅後からレベルアップできます 。(Yahoo!知恵袋)

从实际语料来看，「仕方がない」也同时具备“连体”、“连用”、“谓语”用法。

(24) そんなわけで、私はじつに理屈に合わないことばかりやってきました。自分の内なる声に忠実に、などと言えばキザに聞こえそうですが、要するに気がすすまないことはしない、という一点を頑固に守り通して生きてきたのです。たとえば、本当に仕方がないときしか病院に行かない。(五木寛之『他力』)

(25) されば、わしのしていたことも悪いこととは思わぬぞよ。これとてもやはりせねば、飢え死にをするじゃて、しかたがなくすることじゃわいの。じゃて、そのしかたがないことをよく知っていたこの女は、おおかたわしのすることも大目に見てくれるであろ。(加藤周一『国語総合』)

(26) もし、刈谷が善彦と私との間に起こったことを知ってしまって、私を責めるならそれも仕方がない。その時はせめて離婚という形で、自分のしたことの責任をとるほかはない、という程度には、覚悟していたのです。(曽野綾子『この悲しみの世に』)

从表面看，「仕方ない」与「仕方がない」在语法功能方面没有差异。但是，统计后发现事实却并非如此。

表6　「仕方ない」与「仕方がない」语法功能分布状况

	用例	谓语	连体	连用
仕方がない	2 104(100%)	1 922(91.35%)	159(7.56%)	23(1.09 %)
仕方ない	2 985(100%)	1 896(63.52%)	138(4.62%)	951(31.86%)

表6是以《现代日语书面语均衡语料库》为语料，以「仕方ない」与「仕方がない」为对象进行检索后，按"连体""连用""谓语"用法进行整理后的结果。从表6不难看出，「仕方ない」与「仕方がない」在"谓语"及"连体"功能方面的使用频度差异不大，但是在"连用"功能方面出现了明显偏差。从表6数值来看，与「仕方がない」相比，「仕方ない」更容易担当"连用"功能。

此外，在调查时还发现，尽管「仕方がない」在"连体"功能方面的使用频度和「仕方ない」差异不大，但是，「仕方がない」具有一定的灵活性，在修饰限定名词性成分时，往往要变为「仕方のない」这种形式。

(27) 六月五日に今度はフランス東洋艦隊の攻撃があり、長州は攘夷の出鼻をくじかれた。それは仕方のない事であった。当時の近代文明を誇る先進国と、長い間鎖国政策でオランダとしか交渉のない日本では敗れて当然であった。(埜村忠雄『古寺探訪と其の背景』)

(28) 妻ステフィが現役続行を明言、来年で三十五歳を迎え、もはや何も取り逃した栄誉がない彼にとっては仕方のない話だが、本人が否定しているというのに、今季限りの引退説が根強く囁かれていたのがアガシ。しかし、本人のコメント以上に頼もしい発言がニュースになった。(安藤正純『スマッシュ』)

(29) ですがこの店を維持するためには、仕方のない金額だったんです。もともとの借金の担保としてこの店を充てていましたので、失わないためには他から借金してでも返済しなければいけませんでした。そんなことを繰り返すうちに、どんどん借りている額も大きくなってしまって。(貫井徳郎『光と影の誘惑』)

5. 小结

本文以《新明解国语辞典》中收录的「～ない」型复合形容词为研究对象，以《现代日语书面语均衡语料库》为语料，借助量化统计方法，调查分析了该类形容词在实际语言生活中所表现出的句法功能及极性特征，在此基础上，以「仕方ない」与「仕方がない」为对象，尝试分析了「～ない」型复合形容词与类义惯用句的语法功能差异。

经考察发现，「～ない」型复合形容词功能分布并不平衡，这类形容词多担当“谓语”功能，“连体”和“连用”用法相对较少，部分形容词还存在功能缺失现象。此外，该类形容词语法功能完备时，谓语功能与连用修饰功能在某种程度上具有互补性。「～ない」型复合形容词在实际语言生活中一般倾向于使用肯定形式，很难使用其否定形式。从「仕方ない」与「仕方がない」的对比结果来看，两者在“谓语”及“连体”功能方面的使用频度基本相同，但是在“连用”功能方面出现了明显偏差。

如前所述，学界对于「～ない」型复合形容词的研究积淀尚浅，本文可谓是在前人基础上进行了尝试推进。为论证的明晰性和便宜化，本文最后仅选取了前人研究中多提及特定形式与类义惯用句进行了对比，今后还有必要对其他「～ない」型复合形容词与类义惯用句的语义功能关系进行系统探讨。此外，在汉语中也存在相当多的由否定语素构成的词汇。这些否定语素对词的句法功能及极性会产生怎样的影响，日语及汉语之间是否有共性或个性差异，这些将作为今后的研究课题进行更加深入的考察。

第8章　日语归属性名词的考察

1. 引言

主题和主语的关系是语法研究的热点，在日语中由于形式标识凸显，前人多以带有主题标识和主语标识的「～は～が～」句式为切入点探讨两者之间的关系。在「～は～が～」句式中，除了广为人知的「象は鼻が長い」这种句式外，还有「カキ料理は広島が本場だ」这样的句式。

观察「カキ料理は広島が本場だ」可知，该句式的句首名词「カキ料理」（“X”）、解说部中的主语名词「広島」（“Z”）和谓语名词「本場」（“Y”）均为名词性成分，而且谓语名词「本場」（“Y”）在语义上归属于句首名词「カキ料理」（“X”）。换而言之，“X”和“Y”之间在语义上存在着「X ノ Y」这样的关系。

本文将这种在语义上归属于其他名词的词类称为归属性名词[1]，并以其为对象探讨不同类型的归属性名词在「カキ料理は広島が本場だ」（XハZガYダ）句式中的位置移动性和原因。此外，为凸显日语归属性名词在该句式中的特点，也为了探讨不同语言间的共性及个性差异，本文最后也对汉语相应的名词进行考察。

2. 先行研究

对于归属性名词所构成的「カキ料理は広島が本場だ」（XハZガYダ）句式，日语学界多有探讨，根据侧重点的不同，迄今的研究可概括为下述两类。

1　“归属性名词”这一术语借鉴自寺村（1977 : 274），但内涵及所指不尽相同。

第一类是对该句式转换生成的探讨，这类研究始于三上（1960），其后野田（1981，1996）、菊地（1997）、西山（1990、2003）、尾上（2004）基于各自学说进行了发展。

三上（1960）结合主题化考察了该句式的生成。三上（1960：9-12）指出，「カキ料理は広島が本場だ」以「広島がカキ料理ノ本場」为底层结构，当底层结构谓语名词句中的定语成分「カキ料理」通过主题化前提到句首后可形成「カキ料理は広島が本場だ」这类句式。

野田（1981）考察了该句式的生成和构造特点。在生成方面，野田（1981）与三上（1960）意见相同。除此以外，野田（1981：53）还指出，处于该句式谓语位置上的名词必须表示事物的某一重要侧面，如果是下面（1）（2）中的「感想」「一つのパターンー」这种非重要侧面的名词难以形成该类句式。

(1) *彼女たちは、「日本の男性記者はみなさん、わ行儀が良くて扱いやすい」というのが感想だ。（野田 1981：53）

(2) *ロッキード社は、経営危機の中で、正常な商行為を越えた無理な販路開拓をして飛躍をする、というのが、一つのパターンー。（野田 1981：53）

野田（1996）在野田（1981）的基础上进一步考察了该句式的功能。野田（1996：45）指出，「カキ料理は広島が本場だ」在理论上有两种解释，一种是被问及「カキ料理はどこが本場」时的回答，一种是对「カキ料理」的属性描述。在两种解释中，前者更为自然，此时解说部分的「～が」是关注的焦点。

菊地（1997）在野田（1981，1996）的基础上，考察了该句式的构句条件。对于构句条件，菊地（1997）从谓语部分的性质、状况叙述度、重要度等四个角度进行了说明，同时指出，该句式谓语位置上的名词必须表示事物的某一重要侧面，是谓语部分的性质、状况叙述度的内在要求。

西山（2003）在批判野田（1981，1996）和菊地（1997）的基础上，探讨了该类句式的成句条件。西山（2003：262—290）认为，野田

（1981，1996）和菊地（1997）的考察在理论层面将严格的语法条件和灵活的语用条件混为一谈，在事实层面上忽略了相关反例的存在，因为「端役」这种对「ドラマ」而言难说是重要侧面的名词可构成该句式（如例（3）），而「首飾り」对「娘」尽管很重要却难以构成该句式（如例（4））。

(3) このドラマは田村正和が端役だ。（西山 2003 : 266）
(4) *娘はこれが首飾りだ。（西山 2003 : 268）

针对前人不足，西山（2003 : 262–290）指出，在指定句「Y がX のZ だ」中，当 "Z" 为非饱和名词[1]，"X" 表示 "Z" 的参数时方可构成所对应的「X はY がZ だ」句式。

尾上（2004）在探讨日语双重主语句的类型及扩展时提及到了该类句式。尾上（2004 : 12–21）指出，日语中存在两种类型的双重主语句，一种是由于谓语的特殊性形成的，一种是由于一个主语分裂为 "整体" 和 "部分" 而形成的。「カキ料理は広島が本場だ」是第二种双重主语句（5）的变种，当（5）的解说部中的两个名词为一致关系，通过位置转换可形成（6）[2]。

(5) カキ料理は本場が広島だ。（尾上 2004 : 19）
(6) カキ料理は広島が本場だ。（尾上 2004 : 19）

第二类是对该句式解说部中谓语名词语序的考察，这类考察极其有限，目前仅有須永（2006）的个案考察。須永（2006）以上面（5）这种名词作谓语的双重主语句（XハYガZダ）为对象，结合主语名词 "Y" 和谓语名词 "Z" 的特点探讨了解说部中谓语名词的语序。須永（2006 : 123）指出，当谓语名词 "Z" 为数量名词或性质形容词或 "Z" 可修饰限定 "Y" 时不可构成「XハZガYダ」；当主语名词 "Y" 可省略

1　西山（2003 : 269）指出，"饱和名词" 是指「俳優」这种语义自足，凭借自身即可确定语义外延和指示对象的名词。"非饱和名词" 是指「主役」这种仅凭自身无法确定语义外延和指示对象的名词。

2　对于一致关系时位置转化的动机等，尾上（2004）未有提及。

或是具体存在个体时，虽然可构成「XハZガYダ」但在语感自然度上弱于「XハYガZダ」；当主语名词“Y”表示句首名词“X”的某一侧面时，虽然可同时构成两种语序的句式，但「XハYガZダ」在语感自然度上弱于「XハZガYダ」[1]。

3. 问题意识、所用语料

上节综述了迄今对「カキ料理は広島が本場だ」句式的主要研究。研读现有文献不难发现，前人以三上（1960）的主题化为发端，通过野田（1981，1996）、菊地（1997）和西山（1990，2003）之间的论争，逐渐明晰了该类句式在语法、语义和功能上的主要特征。但是，现有研究多偏重对转换生成的阐释，缺乏对该句式其他方面的探讨。須永（2006）虽然结合尾上（2004）的考察探讨了该句式谓语名词的语序问题，但其研究属于较为传统的倚重内省式语法判断的考察，受此限制，对语言事实的把握不够精准，对语言现象的挖掘也并不充分。

鉴于此，本文将以归属性名词为对象，以其在「カキ料理は広島が本場だ」（XハZガYダ）句式中的位置移动性为切入点，探讨各类型归属性名词所能构成的句式语序。此外，为凸显日语归属性名词在该句式中的特点，也为了探讨不同语言间的共性及个性差异，本文最后也将结合日语的考察结果对比分析汉语中的相应词类及句式。

在调查时，日语部分主要使用了新潮社1995年出版的《新潮文庫の100冊》、1997年出版的《明治の文豪》以及《朝日新闻》（1998-2001）等电子数据[2]；汉语部分主要使用了北京大学的现代汉语语料库[3]、《半月谈(1980–2000)》、《人民日报(2000)》等电子语料。此外，根据需要也辅助使用了日本国立国语研究所的现代日语书面语均衡语料库及网页语料库梵天[4]。

1 详细阐释可参考朱（2010：8-9）。

2 对于《明治の文豪》和《新潮文庫の100冊》重合的文章，检索时不重复计算。

3 网址为：http://ccl.pku.edu.cn:8080/ccl_corpus/

4 网址为：http://bonten.ninjal.ac.jp/

4. 日语归属性名词的类型和位置移动性

本节以日语中的归属性名词为对象，以其位置移动性为切入点，探讨各类型归属性名词所能构成的句式语序，并比较「XハYガZダ」句式与「XハZガYダ」句式在使用频度上的差异。

日语中的归属性名词很多，根据它们在句中与其他名词的位置互换性，本文将其分为A、B、C三类展开论述[1]。

首先看A类归属性名词。A类归属性名词以下面（7）中所列举的名词为典型。

(7) ＜表示社会角色＞主役、主人、著者、創立者、幹部、院長…
　＜表示特长兴趣＞専門、専攻、特技、本業、趣味…
　＜表示发源起源＞本場、原産地、主産地…
　＜表示亲属关系＞父親、母親、息子、娘…

观察实际语料可知，A类归属性名词在解说部中既可出现在主语位置，也可出现在谓语位置。换而言之，A类归属性名词既可形成「XハZガYダ」句式，也可形成「XハYガZダ」句式。

(8) a. 一方、イギリス海軍は船員が主役だった。砲戦の成否が、船をどのようにして砲撃に有利な場所にもっていくかいう操艦にかかっていたから、そのような対立がなかった。（加瀬英明『イギリス衰亡しない伝統国家』）
　b. 一方、イギリス海軍は主役が船員だった。砲戦の成否が、船をどのようにして砲撃に有利な場所にもっていくかいう操艦にかかっていたから、そのような対立がなかった。

(9) a. 著者のハーバート・ビックス教授は、大正・昭和時代の天皇制や戦争と日本社会、日米国際関係論が専門。現在は一橋大学で平和社会論の講座を担当している。（Yahoo!知恵袋）
　b. 著者のハーバート・ビックス教授は、専門が大正・昭和時代の

1　此处分类参考了西山（2003）。西山（2003：269-270）将“非饱和名词”划分为了“角色”“职位”“关系”“亲属”“其他”等五类。本文的“归属性名词”类同于西山（2003）的“非饱和名词”，但西山（2003）的“非饱和名词”中不包括本文提及的第二类归属性名词。

天皇制や戦争と日本社会、日米国際関係論。現在は一橋大学で平和社会論の講座を担当している。

(10) a. 学問や仏教は中国が本場であり、先進国であったからだ。それだけではない。農耕技術における灌漑用水の開削や、都市計画をはじめ建造物の設計や実際の建築などでも、数々のすぐれた技術を日本にもたらした。(村井章介『蒙古襲来と北条時宗』)

b. 学問や仏教は本場が中国であり、先進国であったからだ。それだけではない。農耕技術における灌漑用水の開削や、都市計画をはじめ建造物の設計や実際の建築などでも、数々のすぐれた技術を日本にもたらした。

(11) a. ワサビは、どこから渡来したものでもなく、日本の特産である。同じアブラナ科の多年草に、ワサビよりずっと花茎の長いワサビダイコンがある。こちらは欧州が原産地だ。(『朝日新聞』1993年4月18日)

b. ワサビは、どこから渡来したものでもなく、日本の特産である。同じアブラナ科の多年草に、ワサビよりずっと花茎の長いワサビダイコンがある。こちらは原産地が欧州だ。

(12) a. この御料人お菊殿と申す方は、甲州油川(信玄の側室)が母で、仁科五郎殿(盛信。信玄五男)と同じ腹であられ、信玄公の御在世の時より、信州仁科(大町市)という名族の跡を継ぐことに決まっておられた。(春日惣二郎(著)/腰原哲朗(訳)『残照』)

b. この御料人お菊殿と申す方は、母が甲州油川(信玄の側室)で、仁科五郎殿(盛信。信玄五男)と同じ腹であられ、信玄公の御在世の時より、信州仁科(大町市)という名族の跡を継ぐことに決まっておられた。

A类归属性名词在构成「XハZガYダ」句式时，如上面(8)-(12)中的a组诸例所示，"Z"均为纯粹的名词，难以出现「ノ」「コト」等形式名词。

对于本文所命名的A类归属性名词，須永(2006：123)曾指出，当这类名词表示具体存在的个体时，其所构成的「XハYガZダ」句式要比「XハZガYダ」句式更为自然。按此推理，「XハYガZダ」句式在

实际语言生活中的使用频度应该高于「XハZガYダ」句式。那么实际情况又是如何呢？为弄清该问题，本文以A类归属性名词为对象，在语料库中进行了检索确认。

表1　A类归属性名词所构成的两种句式的使用频度统计

句式	数量
XハZガYダ	26
XハYガZダ	0

表1是以新潮社1995年的《新潮文庫の100冊》、1997年的《明治の文豪》以及《朝日新闻》(1998—2001)和《天声人語》(1985—1993)等电子数据为资料，以A类归属性名词为关键词[1]，对其构成的「XハZガYダ」句式和「XハYガZダ」句式进行统计的结果。观察表1可知，在上述电子语料中，A类归属性名词所构成的「XハZガYダ」句式共有26个实例，而「XハYガZダ」句式则未发现实例[2]，这和須永(2006)基于内省的判断结果有明显差异。

以上阐述了A类归属性名词所构成的句式。下面再看B类归属性名词。B类归属性名词与数量相关，以下面(13)中所列举的名词为代表。

(13) ＜表示数量量度＞殆ど、全て、大部分、多数、大半、半分、一部、～割…

观察实际语料可知，和A类归属性名词一样，B类归属性名词既可出现在解说部分的主语位置，也可出现在谓语位置。换而言之，B类归属性名词和A类归属性名词一样，可同时构成「XハZガYダ」及「XハYガZダ」两种语序的句式。

1　为统计便宜，检索时仅选取了「主役」「父親」「専門」「原産地」四个词，对于其他语例则采用随机抽检方式进行验证，验证结果显示倾向一致。

2　鉴于母语者能造出妥切的例子，同时日文谷歌中存在「令嬢は父親が在アルジェリア大使…」等实例，我们不能判定A类归属性名词不能形成「XハYガZダ」。但是，在网页上检索时发现，A类归属性名词形成「XハYガZダ」十分有限，这也侧面印证了表1中的统计倾向。

(14) a. 市が把握している88年以降の支給例は火災と交通事故がほとんどで、犯罪被害で適用されたケースはなく、市民にも忘れられた形になっていた。(『朝日新聞』2001年1月9日)

b. 市が把握している88年以降の支給例はほとんどが火災と交通事故で、犯罪被害で適用されたケースはなく、市民にも忘れられた形になっていた。

(15) a. 明治以来、自治体の仕事は国からの機関委任事務が大半だった。中身は国が決め、議会も住民も口を挟めなかった。今後は、その六割が自治事務となる予定だ。(『朝日新聞』1998年12月12日)

b. 明治以来、自治体の仕事は大半が国からの機関委任事務だった。中身は国が決め、議会も住民も口を挟めなかった。今後は、その六割が自治事務となる予定だ。

(16) a. その時の中国人留学生は、中等よりもやや上層の家庭出身の人が大部分で、さらに政府の公費を受け取ることもでき、彼らの日常生活水準は日本の普通の知識人の生活を上回った。(段躍中『現代中国人の日本留学』)

b. その時の中国人留学生は、大部分が中等よりもやや上層の家庭出身の人で、さらに政府の公費を受け取ることもでき、彼らの日常生活水準は日本の普通の知識人の生活を上回った。

(17) a. 協議会の推計によると、輸出量は年間約7万2000トンで、中国向けが半分以上という。浙江省が特に多いほか、福建省、江蘇省、広東省などにも陸揚げされているという。(『朝日新聞』1998年4月26日)

b. 協議会の推計によると、輸出量は年間約7万2000トンで、半分以上が中国向けという。浙江省が特に多いほか、福建省、江蘇省、広東省などにも陸揚げされているという。

(18) a. 対中輸出の半分は電気機器、一般機械。半導体など電子部品の輸出は5割増だ。対中輸入は繊維製品が3割、事務用機器など機械機器が26%、食料品が11%。(『朝日新聞』2001年2月21日)

b. 対中輸出の半分は電気機器、一般機械。半導体など電子部品の輸出は5割増だ。対中輸入は３割が繊維製品、26%が事務用機器など機械機器、11%が食料品。

前面提到，A类归属性名词在实际语言生活中多用于「XハZガYダ」句式。那么B类归属性名词实际情况又是如何呢？为弄清该问题，本文以B类归属性名词为对象，在语料库中进行了检索确认。

表2　B类归属性名词所构成的两种句式的使用频度统计

句式	数量
XハZガYダ	77
XハYガZダ	32

表2是以新潮社1995年的《新潮文庫の100冊》、1997年的《明治の文豪》以及《朝日新聞》（1998—2001）和《天声人語》（1985—1993）等电子数据为资料，以B类归属性名词为关键词，对其构成的「XハZガYダ」句式和「XハYガZダ」句式进行统计的结果。观察表2可知，在上述电子语料中，B类归属性名词所构成的「XハZガYダ」句式共77例，「XハYガZダ」句式共32例。换而言之，B类归属性名词在两种句式的使用频度上呈现了和A类归属性名词相同的特征。

以上描述了A、B两类归属性名词在句式构成及所构句式使用频度上的共性特征。下面看A、B两类归属性名词在所构句式上的个性差异。两类归属性名词之间的个性差异主要有两点。

第一个差异和解说部主语标识「ガ」的省略性相关。B类归属性名词构成「XハYガZダ」句式时，如下面（19）-（23）所示，主语标识「ガ」允许省略[1]。与之形成对照的是，在A类归属性名词的相应句式中不存在该类现象。

(19) 明治以来、自治体の仕事は大半国からの機関委任事務だった。中身は国が決め、議会も住民も口を挟めなかった。今後は、その六割が自治事務となる予定だ。

(20) しかし、市が把握している88年以降の支給例はほとんど火災と交通事故で、犯罪被害で適用されたケースはなく、市民にも忘れられた形になっていた。

(21) その時の中国人留学生は、大部分中等よりもやや上層の家庭出身

1　对于该现象，野田（1996：39）也曾有所提及。

の人で、さらに政府の公費を受け取ることもでき、彼らの日常生活水準は日本の普通の知識人の生活を上回った。

(22) 協議会の推計によると、輸出量は年間約7万2000トンで、半分以上中国向けという。浙江省が特に多いほか、福建省、江蘇省、広東省などにも陸揚げされているという。

(23) 対中輸出の半分は電気機器、一般機械。半導体など電子部品の輸出は5割増だ。対中輸入は3割繊維製品、26%事務用機器など機械機器、11%食料品。

第二个差异和解说部主语表达形式的多样性相关。B类归属性名词所构成的「XハZガYダ」句式，如下面(24)-(29)所示，解说部主语可以出现「ノ」「コト」等形式名词。与之形成对照的是，在A类归属性名词的相应句式中不存在该类现象。

(24) 性分化異常症例は原発無月経を主訴とすることが多く，性分化異常の鑑別は原発無月経の診断によることが大半である。定義上は原発無月経は十八歳を過ぎても月経の発来をみないものである。(矢嶋聰『NEW産婦人科学』)

(25) これらの事業は、施設の建設と維持管理をPFIで行うのが大半だ。施設が必要とする機能だけを示して設計や仕様を民間に任せれば、より安く建設できるほか、維持管理も効率的でコストも抑えられる、といったメリットがある。(『朝日新聞』2001年8月27日)

(26) むかしから狩猟の対象になっていて，絶滅が心配されています。日本のトキの絶滅、生物の絶滅は，ひとつの原因によるのではなく，いろいろな原因が重なって起こることがほとんどです。トキの絶滅もそうです。(内山裕之『生き物とすみかの関係を知ろう』)

(27) B組の関の仲間は上級の高等学校を志望するのがほとんどである。いわゆる旧制のナンバースクール、一高(現・東大)、三高(京大)、五高(熊本大)、六高(岡山大)が人気の中心で、これらに匹敵する存在として、海軍兵学校と陸軍士官学校があった。(森史朗『敷島隊の五人』)

(28) 商品・サービスについての消費者の苦情は年々増加している。この苦情は、消費者と販売店などの事業者との間の相対交渉により処理されているのが大部分であるが、公的機関等においても苦情処理が行われている。（経済企画庁『国民生活白書』）

(29) 一般に商船は、戦時は別としてほとんど単船で航海するが、海軍艦艇のほうは二隻以上の編隊行動をとることが大部分だったし、原則でもあった。そしてこんな場面での操艦が、ことに艦隊の精練な航海屋や艦長たちの腕の見せ所でもあった。（雨倉孝之『海軍オフィサー軍制物語』）

以上描述了A、B两类归属性名词的句式构成、共性特征及个性差异。下面再看C类归属性名词。C类归属性名词多表示抽象概念，以下面（30）中的名词为典型[1]。

(30) a. 特征类：特徴、特色、利点、取り柄、弱点、欠点、難点…
b. 目的类：目的、目標、目当て、狙い…
c. 限度类：限度、限界、上限、最後、底値…
d. 中心类：中心、焦点、主流…
e. 前提类：前提、基盤、条件、決め手、鍵…
f. 原因类：原因、結果、きっかけ、動機、発端…

C类归属性名词均可出现在解说部谓语位置，极易构成「XハZガYダ」句式。另外，观察实际语料可知，在C类归属性名词所构成的「XハZガYダ」中，"Z"可通过「ノ」「コト」等形式名词来表述。

(31) 自然破壊に対する自然保護の叫びは、自然を客体として、どう扱うべきかという発想からではなく、保守的なセンチメンタリズムに裏付けられているのが特色である。（中根千枝『適応の条件』）

(32) 前回のケネディラウンドは関税引下げが中心であったのに対して，今回の交渉は関税引下げと並んで非関税措置の軽減や貿易の枠組みに本格的に取り組んだことが特色でる。（通商産業省『通商白書』）

(33) ぼくの出不精は、もっぱら膝の負担を避けるのが狙いだったか

1　该分类及命名参考了野田（1996：46-47）。与之不同的是，根据所构句式特征，本文将野田（1996）的部分名词归入了前面的A、B类归属性名词。

ら、眼球を車輪にして自在に動きまわれるのであればそれに越したことはない。立体地図の旅は、空中遊泳術を身につけたようなものである。（安部公房『方舟さくら丸』）

(34) 提携は、三菱電機が得意な汎用（はんよう）メモリーＤＲＡＭと、松下グループが強みを発揮するロジック（論理素子）を組み合わせて新しい半導体製品をつくることが狙い。（『朝日新聞』1998年12月19日）

(35) おばあちゃんの日記は、この日で記してあるのが最後だった。おしゃれさんだったおばあちゃんらしく、日記の最後の文面が、美容院だったとは。本当に、おしゃれな人だったんだと、改めて感じた。（惠子『孫孝行』）

(36) 私は文筆業なので、原稿をFAXで送るのが中心だが、それだけではすまなくて、絵や写真や資料などを出版社に渡すという用事も案外多い。それで、週に2、3回はバイク便を利用している。（中野翠『犬がころんだ』）

(37) 給付行政としての側面を持つ文化行政は、国民の自由な文化芸術活動に対し、間接的に支援することが中心である。このことはまた、前に見た「給付行政に対する権利性」という点では、「文化活動の自由が存在するのみで、国民の側の給付への権利性が希薄な場合」に相当することを意味する。（根木昭『文化行政法の展開』）

(38) 六〇年たった今の時代の翻訳界は、原著に忠実に訳すことが主流ですので、私もそのようにモンゴメリの意志にそって全文を訳し、多彩な文学引用も巻末で解説しました。（福島みずほ『戦争と憲法危機の時代に政治をあきらめない』）

(39) そこで本機はハードディスク部分を本体から着脱可能にした。地図の更新は、使用者自身が自宅で行なうのが前提だ。更新作業にはパソコンと別売りのＤＶＤ地図ソフトが必要だが、高度な知識は必要ない。（中沢雄二『サライ』）

(40) たとえば、「ゆきのなかの　こいぬ」の発問七は、子どもが倒置法を学習していることが前提である。倒置法になっている文を通常の文に直すことができる。また、その逆もできるということがなければ、発問七は、無意味である。（大森修『授業づくりへの道』）

(41) しかし、この病気は健康的な生活を送っていれば、それほど簡単にはかからない。もの忘れが多くなるのは、病気というより、いわば脳の体力が落ちているのが原因だ。脳を鍛えるトレーニングを心がければ、すぐにでも回復できることが多い。（大島清『もの忘れを防ぐ朝1時間のワークブック』）

(42) 4月には一万七千円を下回り、その後も軟調な相場展開が続いている。株価の低迷は基本的には株式市場の需給バランスが崩れていることが原因である。また、90年後半から一部地域で始まった地価の下落は継続しており、広範な地域に波及した。（経済企画庁『経済白書』）

以上描写了C类归属性名词构成「XハZガYダ」句式的情况。下面看C类归属性名词能否构成「XハYガZダ」句式。观察实际语料可知，部分C类归属性名词，也可构成「XハYガZダ」句式。

(43) この一連の作業が滞ってしまい失敗することを機能性尿失禁と呼びます。代表的な原因は。アルツハイマーや老化による痴呆です。これらは原因が原因なので治療が難しく、オムツになってしまうことが多いようです。

（http://www.yamaguchi-naika.com/suko4-7/page2.html）

(44) 三人目の元カノであるカルメン（ジェシカ・ラング）との再会について物語る前に、一つ書いておかないといけない事があるとですね。ドン（ビル・マーレイ）の旅は、何せ目的が目的なので、終始、女っ気のない一人旅であります。

（http://blog.livedoor.jp/kagome_2005/archives/50618829.html）

但是，能构成「XハYガZダ」句式的C类归属性名词极其有限。本文以上面（30）中的C类归属性名词为关键词，在上文提到的新潮社及朝日新闻社的电子语料中未发现「XハYガZダ」句式的存在，在以国立国语研究所构筑的大型网页语料库“梵天”为语料调查时也只是发现了上述由“原因”“結果”“目的”构成的「XハYガZダ」句式[1]，但数

1　使用日文谷歌检索时的结果和此处基本一致（检索时间为2017年8月1日）。另外，为调查资料限制，朱（2010：11）指出能构成「XハYガZダ」的C类归属性名词仅有「原因」「目的」两个，藉此予以修正。

量极其有限。观察上面(43)-(44)可知，这些例子均出现在博客等非正式的媒介，在使用时仅限于主谓同形这种特殊的情况[1]。

以上考察了日语不同类型的归属性名词所能构成的句式及特点。基于上述考察不难发现，A、B两类归属性名词所构成的「XハYガZダ」句式在使用频度上低于「XハZガYダ」句式，C类归属性名词容易构成「XハZガYダ」句式但难以构成「XハYガZダ」句式。综合而言，日语的归属性名词在「～は～が～」句式中出现时，一般倾向用作解说部谓语，构成「XハZガYダ」句式。

5. 日语归属性名词和汉语相应名词对比

上节探讨了日语归属性名词所能形成的句式及使用频度上的特征。为进一步凸显日语归属性名词的特点，也为了探讨不同语言间的共性及个性差异，本节将结合上节的考察结果，对与日语归属性名词对应的汉语词汇进行考察，考察的重点是相应的汉语词汇能形成何种语序的句式，日汉语间存在什么差异。

如上节所述，日语中的A、B两类归属性名词可构成「XハYガZダ」句式。汉语中的对应词汇和日语一样，也能形成类似语序的句式。

(45) 市场经济这台大戏，主角是企业。(《报刊精选》1994年)
(46) 我是话剧创作员，正业是写话剧。(《作家文摘》1995年)
(47) 巴拿马草帽产地是厄瓜多尔，不是巴拿马。(《读者》2004年)
(48) 我们党的领导干部，大部分是中学生或大学生。(《人民日报》1993年)
(49) 二队队长刘长春，爱人是公共汽车售票员。(《报刊精选》1994年)

上节提到，日语中的A、B两类归属性名词还可构成「XハZガYダ」句式。那么汉语中与之对应的词汇能否形成类似的句式呢?

(50) 市场经济这台大戏，企业是主角。

1 須永(2006：129)认为，与本文C类归属性名词相当的「くせ」也可构成「XハYガZダ」。但本文在检索时未能发现实例，这也验证了内省研究方法的局限性。

(51) 我是话剧创作员，正业是写话剧。
(52) *巴拿马草帽厄瓜多尔是产地，不是巴拿马。
(53) *现在我们党的领导干部，中学生或大学生是大部分。
(54) *二队队长刘长春，公共汽车售票员是爱人。

如上面(50)–(54)所示，除表示角色的词类外，汉语中的对应词汇不能构成「XハZガYダ」句式。综合(45)–(54)可知，与日语A、B两类归属性名词对应的汉语词汇一般倾向使用「XハYガZダ」这种语序。

下面看与日语C类归属性名词相应的汉语词汇。本文在第4节将日语C类归属性名词细分为了“特征类”“目的类”“限度类”和“中心类”“基础类”“原因类”等6组。在汉语中，与前三组对应的词汇不能形成「XハZガYダ」而只能形成「XハYガZダ」[1]。

(55) a. 西洋文明后来居上，一路领先，特征是断裂、暴发与突变。(《读书》195期)
*b. 西洋文明后来居上，一路领先，断裂、暴发与突变是特征。
(56) a. 破产，目的是优化存量资产，避免资源浪费。(《报刊精选》1994年)
*b. 破产，优化存量资产，避免资源浪费是目的。
(57) a. 全部买断30个奖杯的冠名权包括文化衫、礼品袋的宣传权，底价是250万，拍卖师喊了一会没人买。(《报刊精选》1994年4月)
*b. 全部买断30个奖杯的冠名权包括文化衫、礼品袋的宣传权，250万是底价。

饶有兴趣的是，在汉语中，与后三组“中心类”“基础类”“原因类”对应的词汇也可出现在句末形成「XハZガYダ」句式[2]。

1　上面(55)–(57)中的b组句子如果在句末名词前添加定语修饰成分语感自然度会提高(如：西洋文明后来居上，一路领先，断裂、暴发与突变是最主要的特征)。添加定语成分后这样的句子之所以成立，大概和句末名词中包含了修饰性成分而叙谓性有所增强有关。但需要注意的是，这样的句子虽然成立，但最正常自然的语序依旧是「XハYガZダ」这样的语序，这依旧符合本文的主要论点。

2　施(2001 : 166)指出，“中心类”和“基础类”可出现在句末，“原因类”伴有定语时也可出现在句末。但如(63)所示，定语成分并不是该类词汇出现在句末的必要条件。

(58) 中华五千年，统一是主流，维护国家统一是中华民族世代为之奋斗的目标。(新华社2004年新闻稿)

(59) 加快现代化建设进程，团结是基础，拼搏是关键。(《思想政治》)

(60) 一个国家，一个地区，事业要发展，民族要兴盛，人民要富裕，稳定是前提。(《报刊精选》1994年)

(61) 肺癌发病率猛增，室内污染是原因。(《北京青年报》2005年2月)。

但需要注意的是，与“中心类”“基础类”“原因类”对应的汉语词汇依旧多用「XハYガZダ」这种语序，像(58)-(61)这样的句子只是少数、在实际语言生活中的使用频度不是很高，本文在以《半月谈(1980-2000)》和《人民日报(2000)》为语料进行检索时仅发现了2例，也从侧面说明了它们的使用倾向特征。另外，这样的句子似乎是最近十几年才开始较多使用，而且一般多用于文章标题或标语，在正文中出现的几率很少。

6. 小结

以上考察了日语不同类型的归属性名词所能构成的句式及特点，并在此基础上对汉语对应词汇和所形成的相关句式进行了考察。

基于对日语的考察不难发现，A、B两类归属性名词所构成的「XハYガZダ」在使用频度上低于「XハZガYダ」，C类归属性名词容易构成「XハZガYダ」但难以构成「XハYガZダ」。综合而言，日语的归属性名词在「～は～が～」句式中出现时，一般倾向用作解说部谓语，构成「XハZガYダ」句式。日语的这种倾向，是句子成分长度和名词的指示性、叙谓性综合作用的结果。如前所述，B、C类归属性名词出现在解说部谓语位置时，「ガ」前面的“Y”多使用形式名词，句子成分长度较长，这恰恰符合佐伯(1975：107)所指出的较长的句子成分出现在前面这一倾向。另外，归属性名词虽然兼有指示性和叙谓性，但观察前文提及的词类不难发现，归属性名词整体上叙谓性强于指示性，根据野田(1996：102)所指出的叙谓性强的名词容易作谓语的主张，也可推导出日语归属性名词容易构成「XハZガYダ」句式。

基于对汉语的考察不难发现，与日语A、B两类归属性名词对应的词汇倾向使用「XハYガZダ」这种语序，一般难以使用「XハZガYダ」这种语序。与日语C类归属性名词对应的词汇虽然可以使用「XハZガYダ」这种语序，但主流语序依旧是「XハYガZダ」。综合而言，汉语中的归属性名词一般倾向使用「XハYガZダ」这种语序，整体上和日语归属性名词的使用倾向相反。日语和汉语间的这种差异应该和两种语言在外部形态上的不同有一定的关系。我们知道，汉语是孤立语，句子成分间的关系主要靠语序来表达。所以，当归属性名词出现在句末时，则导致了语义关系上的混乱。与之相对的是，日语是粘着语，其句子成分间的关系主要靠助词来表达。由于有了这种外部语法手段，归属性名词出现在句末时，虽然和句首名词间的距离比较远，语言主体也很容易识别辨认和句首名词的关系。

为论证的明晰性和便宜化，本文仅以日语归属性名词在「～は～が～」句式中的语序位置特点进行了考察，并附带和汉语进行了对比。对于归属性名词所构成的「～は～が～」句式的衍变形式未能进行分析，对于这些句式中的主题和主语的关系等问题，也未能进行涉及，这些将作为今后的研究课题进行更加深入的考察。

第9章　日语连用形名词的考察

1. 引言

现代日语中的动词可通过连用形类转为名词，本文将这种类转后的名词称为连用形名词。连用形名词从形式上可分为两种，一种由单纯动词类转而来，以下示(1)-(3)为代表。

(1) もちろん金網を水にさわるように手で下げることもできます。こうした金網の動きがよくわかるように軸の上方に紙の旗をつけます。さて、ここで、金網を水面の下へ沈めて、そして手を離してみます。(野口広『シャボン玉の科学』)

(2) 以上のような二つの特徴から考えると，子どもの心理療法として適切なものは遊戯療法ではないかと思われます。遊戯療法はことばというよりも、遊びを媒介とした心理療法です。しかも，遊びはそれ自体が楽しいものですから，うまく使えば治療の継続も容易になります。(桜井茂男『子どものこころ』)

(3) 一分間に二万回転もする天輪、その早さから三分の二秒という早さを感じること、十分の一ミリが手の感触でわかることなど、精密機械の扱いになれるのは大変でした。(大林和子『新世紀に語り継ぐ戦争』)

另外一种由复合动词类转而来，以下示(4)-(6)为代表。

(4) マンションのときはやっていなかった、収集日のゴミ出しというのを経験するようになった。そうすると、何だか町内の雰囲気がギスギスしているような印象を覚えたというのですね。(景山民夫『すべては愛に始まる』)

(5) 緩やかな改善をみせていたが，鉱工業生産の動向等を反映して製造業を中心に改善傾向に足踏みがみられる。他方，対米ドル円相場は9月下旬以降，大きく上昇し，国内経済の上にもその影響が出始めている。（農林統計協会『農業白書』）
(6) 一夜明けて六月二十九日、金曜日、ダルタニャンは従者を連れて、約束通りシャトレ塔に来ていた。軍隊が長いので、元銃士には早起きの習慣があり、加えて根が几帳面な性格なので、きっちり朝の七時にはトンネルを潜っている。（佐藤賢一『二人のガスコン』）

在上述两种连用形名词中，本文要研究的是第一种，即单纯动词类转而来的连用形名词。这种连用形名词和普通名词虽词类范畴相同，但在实际使用中却呈现了与普通名词不同的语法特征。比如，部分连用形名词难以自由地充当话题或谓语。

(7) *走りは体に良い。（影山 2011 : 51）
(8) *私の趣味は泳ぎです。（田中 1990 : 73）

那么单纯动词类转而来的连用形名词有哪些类型，在句法使用上有哪些制约和特征，在类转能产性上有哪些倾向，都是饶有兴趣的问题，本文将基于语料对这些问题进行探讨。

2. 先行研究

如前所述，本文要研究的连用形名词由类转而来。动词连用形向名词的类转能产性低，规则性不强，在构词领域的研究并不太多，但也有部分学者予以了关注并开展了一些研究。这些研究从研究史的角度可分为传统的日本语学研究和结合语义视角的形态学研究。

传统的日本语学研究，以山田（1936）、宮島（1956）、西尾（1961）、鈴木（1964）、玉村（1970）、柴田（1983）、金（2003）等为代表，此类研究多关注类转后的形态并对连用形名词的形态、语义、句法功能等进行了描写。

山田（1936）可谓是动词连用形名词研究的发端者。山田（1936 :

559–560）将动词连用形作名词的形式命名为「居体言」，并结合「やけだされ」「姫御前のあられもない」「西光がきられの事」等具体实例指出，部分伴有副词尾[1]的动词连用形可类转为名词。

宮島（1956）重点梳理了动词连用形名词的类型。根据语义内涵，宮島（1956）将日语动词连用形名词划分为了①表动作事件义、②表结果义、③表动作主体义、④表动作工具义、⑤表动作场所义、⑥表动作时间义、⑦表动作受事义等7种类型。

西尾（1961）较为系统地探讨了动词连用形名词。西尾（1961）划定了连用形名词的范围，基于外形对连用形名词进行了分类，同时根据语义差异将连用形名词分为了8大类。此外，西尾（1961）还探讨了连用形名词和原动词的有缘度，与近义汉字词名词的关系，从语义和音节分析了复合形式比单纯形式更易类转的原因，同时还指出了连用形名词中存在的句法限制以及连用形名词的语感及文体上的倾向等。

鈴木（1964）以结构为“名词＋动词连用形”的复合词（下称“NV复合词”）为对象，探讨了复合要素间的关系及类转后名词语义的关联性。对于连用形名词的能产性，鈴木（1964）认为单纯词已无新的造词能力，而复合词还具有较强的能产性。

玉村（1970）在分析和语词汇的造词能力时考察了连用形名词。对于单纯形式的连用形名词，玉村（1970）从语义、词源、类转难易度等角度进行了分析。对于NV复合词，玉村（1970）根据N和V之间潜在的格关系将NV复合词分为了「NヲVスル」等9种类型，并指出各类型的词例数和助词频度基本呈现比例关系。

柴田（1983）以《岩波国语词典》(第2版)的词条中出现的连用形名词为对象，考察了动词的音拍数与类转能产性的关系。柴田（1983）指出，单音拍词和2音拍词因为词形较短，需要添加接头词或类接头词素才能类转；动词词形越长，越难以类转。

国広（2002）关注到了连用形名词的新用法，指出「売り」「飲み」「歩き」等过去一般认为无法类转的词在特定场景下可以使用或出现了新的语义。

1　山田语法中的“副词尾”相当于现代日语语言研究中所称的助动词。

金(2003)以《朝日新闻》(1997-2001)为资料，以《新明解国语辞典》(第5版)词条中出现的单纯动词连用形名词、复合动词连用形名词、NV复合词为对象，调查分析了三者的语义和用法。在考察时，金(2003)按语义将三类研究对象划分为了自动词和他动词，并通过比较指出了倾向性结论。

结合语义视角的形态学研究，以影山(1993，1996，1999，2011)、伊藤·杉岡(2002)、浅尾(2007，2008，2009)及野田(2011)等为代表，此类研究更多关注的是构词法本身，重在探讨类转的一般性规律。

影山(1993：187-193)以NV复合词为主要研究对象，对动词类转后产生的语义概念进行了分类整理，并运用动词的词汇概念结构理论，论证了连用形名词与动词之间的关联性。影山(1999，2011)通过行为链模型，对动词向名词类转的语义变化做出了更加明确的阐述。另外，影山(1993，1996，1999)指出了日语NV复合词中，内部论元可以进入复合词，外部论元无法进入复合词的规则。

伊藤·杉岡(2002)将NV复合词细分为内部论元复合词和附加语复合词，从词性、语义、结构、声调、音声特征、构词等角度分析了二者的区别，并指出前者能产性更高。

浅尾(2007，2008，2009)从基于用法的模型立场出发，运用构式形态论的研究方法，对NV复合词的能产性与语义的相关性进行了描写分析。浅尾(2007，2008，2009)将复合词中能产性较高的模式认定为一个构式，通过语料库抽取了这些构式统计后指出，动词在复合词中的语义越透明能产性越高，呈现出句法型构词的特征。

野田(2011)以构式语法为理论背景，对VV复合动词、NV复合词、VN复合词的语义结合过程及语义扩张模式进行了分析。

3. 问题意识、所用语料

上节简要介绍了有关日语连用形名词的研究。应该说，前人的这些研究从不同侧面揭示了连用形名词的形式、语义、功能、词法等各方面的特征。但是，本文认为在以下几个方面尚存不足。

第一是考察对象不够均衡的问题。统观以往的连用形名词研究，尤其是结合语义视角的形态学研究不难发现，前人多将重点放在了复合形式连用形名词上，探讨NV复合词复合要素间的关系及复合的词法性质的研究居多，但是对单纯动词类转而来的连用形名词的探讨不足。可以说，单纯动词类转而来的连用形名词未得到足够重视，一直处于研究的边缘状态。

第二是连用形名词能产性的问题。从前人研究可知，动词连用形向名词的类转率不高，但对制约类转的研究尚不够充分。西尾（1961）、玉村（1970）、柴田（1983）主要从音节方面给出了一定的解释，认为单音节词和双音节词词形较短，需要添加其他成分使其稳定后才能类转。但从本文所把握的语料来看，这种分析还不够全面，还需要考虑原型动词的性质特征。

第三是考察的精度广度不够的问题。西尾（1961）和玉村（1970）基于母语者的直感指出了一些语法特征的存在，但由于缺乏数据支撑，描写精度和准确度略显欠缺。金（2003）对连用形名词的研究虽有数据分析，但并未从连用形名词的使用环境和使用条件的角度进行考察，没有关注到部分连用形名词句法功能受限的现象。

鉴于以上问题，本文将以单纯动词类转而来的连用形名词为对象，采用语料库收集实例梳理其类型，在此基础上重点考察存在句法制约的连用形名词的句法特征和功能，以期弥补前人研究的不足，为本研究领域提供实证依据。

为掌握连用形名词的实际使用情况，本文通过语料库进行调查。调查时使用了日本国立国语研究所构筑的“现代日语书面语均衡语料库”（下称BCCWJ），检索工具使用了在线检索工具中纳言及NINJAL-LWP for BCCWJ（下称NLB）。在检索时结合日语表记特点使用了正则表达，同时通过人工核对剔除了无关例句。

本文的调查对象出自国立国语研究所公开的BCCWJ词汇表（频度表）[1]。具体而言，依照该词汇表的词频顺序从中抽取了单纯和语名词排名前500位的动词，在BCCWJ中调查了这些动词连用形用作名词时的情况并进行分类考察。

1　详情可参考http://www.ninjal.ac.jp/corpus_center/bccwj/freq-list.html。

4. 日语连用形名词的考察

上节回顾了前人的研究，明确了本文的研究目的，说明了本文的使用语料、检索对象和检索方法。本节中，将结合具体语言事实梳理连用形名词的类型，重点考察其中句法受限的连用形名词的句法功能及其生成情况。

4.1　连用形名词的类型

以往的研究一般将连用形名词按照是否可以独立成词划分为单纯形式的连用形名词和NV复合词。但观察实例不难发现，在以往被认定为单纯形式的连用形名词中，有部分词汇需要在特定句式的辅助下才能成立。鉴于该种情况，本文基于连用形名词类转时的模式和连用形名词成词时的独立性，将连用形名词划分为A、B、C三类。

A类为词素辅助型连用形名词，该类连用形名词难以独立使用，必须在前项词素辅助下才能类转为名词。如：

(9) 具体的には四十五歳から四十九歳までは五十五歳まで勤めたものとしたときの月数をかけた退職金に一千万円の転職資金を上乗せする。五十～五十二歳までは同様の退職金と五百万円の転職資金、五十三～五十四は退職金と三百万円の転職資金を支給するというものである。（江波戸哲夫『左遷！』）

(10) 汚れた場合、掃除などをすることによってできるだけもとのきれいな状態を取り戻すことが必要となる。しかも、最近では健康や衛生の意識が高まってきて、防菌や除菌、殺菌、カビ取り、防虫、殺虫、防臭、消臭など、汚れの除去のみならず衛生面での住まいの管理もまた大切なことになってきている。（八木和久『洗浄の基礎知識』）

(11) CFC等のオゾン層破壊物質の生産規制等に加え、使用済みのCFC等の回収・再利用・破壊が重要を問題となっている。このため、我が国では、平成7年6月に関係省庁による「オゾン層保護対策推進会議」において、CFC等の回収等の促進方策をとりまとめこれに基づき回収等の促進を図っているところである。（八木和久『洗浄の基礎知識』）

B类为句式辅助型连用形名词，该类连用形名词虽有独立的名词词形，但一般要在句式辅助下才能作名词用，理解语义时也需要依存于前后文语境。如：

(12) 全盛期に二百五十軒あった東京・吉原のソープも今では百五十から百六十軒ほど。「この十年は大きな変動はありませんが、客の付きが悪い」そんな中にあって、『ソープランドマガジン』(ライヴズ・アンド・カンパニー)は、いまやソープランド情報を専門に扱う唯一の月刊誌だ。(新潮社『週刊新潮』)

(13) これは、粉ふきいもがスパムの塩分と油分を吸って、ちょうどよい味になります。コツは、スパムを焦げ目がしっかりつくまで焼いて、油を出し、その油で野菜などをいためることです。焼きが足りないとしょっぱいだけで風味がありません。減塩タイプも使ってみてはいかがでしょう？(Yahoo!知恵袋)

(14) 患者さんによっては、まれに5mgに増量後、一時的に怒りっぽくなる、いらいらする、暴力行為が悪化するといった症状があらわれることがありますが、これは脳内神経の伝わりが良くなり、アセチルコリンの作用の一部が強く出た結果と考えられます。(宮崎美子『毎日ライフ』)

C类为独立使用型连用形名词，该类连用形名词在使用时无需其他语言形式的辅助。如：

(15) インド亜大陸で南北の料理が混じり合ったのも、カレーの味つけが東南アジアに及んだのも、考えてみれば、そのような大勢の人々の年月をこえた営みによるものであり、文化というものは、そのようにして異郷にも根づき、さらに新しい発展をとげていくのである。(辛島昇『カレー学入門』)

(16) エリックは道を横切って郵便局まで歩いていった。空はすっかり暗くなっていた。村を追われた難民の波が街に押しよせていた。家族はひと息いれようと立ちどまり、疲れはてた子どもたちは、雪のなかに倒れこみ眠りに落ちる。(中谷和男『手術の前に死んでくれたら』)

(17) 廊下へ出た人たちはひさしの大きなはりを直接体に受けて死亡し

たり怪我をした。出入口付近にいて下敷きになった人たちは「おかあさん」と叫んだり、泣き出したり、励まし合ったりしてたすけを待ったそうである。（山下文男『戦時報道管制下隠された大地震・津波』）

在实际语言生活中，连用形名词的三种类型使用频度不同。为弄清三种类型的实际使用状况，本文对各类型的词例数量进行了统计，并同时按连用形名词所对应的原型动词的自他动词属性进行了分类，相关结果可做如下表1汇总。

表1　连用形名词使用状况及所对应的原型动词的自他性

类型	他动词	自动词	小计
A 词素辅助型	98（32.8%）	39（18.3%）	137（26.8%）
B 句式辅助型	22（7.4%）	35（16.4%）	57（11.1%）
C 独立使用型	117（39.1%）	103（48.4%）	220（43.0%）
总词例	237	177	414[1]

从表1可知，在连用形名词的三种类型中，C独立使用型连用形名词占比最多，A词素辅助型连用形名词次之，B句式辅助型连用形名词占比最少。此外，从连用形名词所对应的原型动词的自他性来看，除C独立使用型连用形名词中自动词和他动词的类转率比较接近外，其他两类所对应的原型动词在自动词和他动词的类转率方面出现了一定差异。

自动词和他动词在类转率上的差异暗示了进一步探讨原型动词类型和连用形名词关系的必要性。为此，本文结合工藤（1995：73–80）的日语动词分类，对三种连用形名词所对应的原型动词进行了统计，相关结果可做如下表2汇总。

1　本文选取的调查对象为动词连用形500例，其中有自他两用动词12词（持つ、受ける、開く、伴う、張る、運ぶ、利く、構う、迫る、増す、注ぐ、振う），因在类转时存在差异，故分开统计，最终总词数为512词。在这512词中，有414词在BCCWJ中检索到了名词用法，余下的98词未检索到名词用法。

表2　连用形名词各分类下的原型动词类型

动词类型	A类	B类	C类	小计
外在运动动词	134	55	197	386
内在情态动词	1	1	18	20
静态动词	2	1	5	8

从表2可知，内在情态动词和静态动词类转词例较少，即便类转，也多集中在C类这种情况。外在运动动词词例最多，类转时兼有三种模式。

4.2　句式辅助型连用形名词

上节考察了连用形名词的类型及现实语言生活中的使用情况。从上节内容及文献综述来看，在连用形名词的三种类型中，句式辅助型连用形名词整体占比最少，用法较为特殊，一直没有得到充分的关注。鉴于此，下面主要以句式辅助型连用形名词为对象进行考察，考察的重点为句式辅助型连用形名词的类型、句法功能。

4.2.1　句式辅助型连用形名词的类型

观察句式辅助型连用形名词实例可知，根据连用形名词和其他语言形式的结合度，可分为两种类型。

第一种是可构成惯用语的类型，以下面的（18）-（20）为代表。

(18) 彼らの表情からは、二人の存在を疑っているのかどうかは判らない。「匈奴の衆が、このような山中に来るとは、珍しいのう」年長者らしい男が、探りを入れるように匈奴の言葉で問いかけた。これで、双方の力関係が判るというものである。（塚本青史『張騫』）

(19)「ああ！こんなにいそいでさえいなければ、人を追いかけているときでなければ、いますぐにも、あなたと決闘するところだが…。」「おいそぎの大将、こっちは、にげもかくれもしないから、いつでもお相手するぞ。」（桜井成夫『三銃士』）

(20) その時、驚いたんだが、この世の中には、自分と同じように、いわゆるエリートコースを歩いていて、突然、それから転げ落ちた人間が、意外に多いということなんだ。そういう人間は、なまじ教養があるし、体力には自信がないから、つぶしが利かない。(西村京太郎『怒りの北陸本線』)

一般而言，惯用语的搭配比较固定，整体表达一个语义，所以一般不能随意将惯用语中的组成要素替换为近义词或反义词，也不能在惯用语中间插入副词或通过副助词凸显惯用语中的名词(村木 1991：225)。从下面的(21)-(23)的语法性判断来看，连用形名词构成的惯用语也继承了这些特点。

(21) *探りを出す
(22) *逃げも隠れもあまりしない
(23) *潰しも効く

第二种是临时生成的非惯用语类型，以下面的(24)-(26)为代表。

(24) 二人の子どもを自転車に乗せて、買い物に行くと、最初のころはお店の人たちから「ママはどうしたの」と、よく聞かれた。今では、「今日のサバは<u>生き</u>がいいよ」と、声をかけられるまで、貫録がついてきた。(小川節子『私の子育て・子離れ』)

(25) 八百屋さんの店頭にも春野菜が続々とならび、とてもにぎやかです。今では、一年中手に入れられるキャベツですが、これから5月ごろまで出まわるキャベツは「春キャベツ」といって、<u>巻き</u>がやさしくてやわらかく、アクが少ない、季節限定のキャベツです！(みなくちなほこ『ガルヴィ(GARRRV)』)

(26) そういうことをもう少し率直に論議しなくてはいけませんね。出版社に著者を育ててもらう。書店は読者を育てる。「読書推進運動」というのは<u>聞こえ</u>がいいけど、体力も時間も必要で、ある組織や個人にできることではない。この業界全体が一緒にならないとできない。(田中茂樹『一冊の本』)

临时生成的非惯用语类型对上下文的依赖度较高，和其他语言形式的关系相对松散，可以相对自由地和其他语言形式组合，这一点从下面的(27)–(29)也可得到印证。

(27) その上、もともと鈍感なタイプだから、そのランをすぐさま「観察室」と呼んでいるところへ植えこんだ。これはずんぐり低い赤塗りの住居の南側の壁によせて建てた温室だ。大事な新しい品種が手に入るといつも必ずこの中へ植える。生きのわるい奴だと特にそうする。(中西秀男『ザ・ベスト・オブ・ジョン・コリア』)

(28) 皮に1枚ずつ両面に熱湯を霧吹きでふりかけて戻し、海老、アボカド、キュウリをのせて巻いていく。合わせたソースをつけていただく。海老のプリプリ感と、ネットリとしたアボカドの甘みがサイコーやんけっ。味はうまいんだけど、ちょっと巻きが弱かったのか、一口食べると、ポロポロっと…(Yahoo!ブログ)

(29) 利用価値が高い相手というと聞こえは悪いが、役に立ってくれることは確か。あなたの喜ぶ顔はその人にとっても喜びなのです。あなたの喜ぶ顔はその人にとっても喜びなのです。友情の証として遠慮なく受けてOK。困ったら、まずこの友達に相談するのがベター。(鏡リュウジ『an・an』)

附带提及的是，临时生成的非惯用语类型在实际语言生活中似乎占的比例更高，这一点从下面表3可以清晰看出。

表3　句式辅助型连用形名词的类型

类型	他动词	自动词	小计
惯用语类型	10(45.5%)	7(20%)	17(29.8%)
非惯用语类型	12(54.5%)	28(80%)	40(70.2%)

表3是对BCCWJ中检索到的句式辅助型连用形名词按惯用语词例和非惯用语词例进行统计后的结果，在统计时也附带对连用形名词所对应动词的自他性进行了统计。从表3可知，临时生成的非惯用语类型整体占比高于惯用语类型，非惯用语类型多类转于自动词。附带提及的是，非惯用语类型类转来的自动词以有对自动词居多。据统计，在表3中28个自动词类转而来的非惯用语类型中，有21例为有对自动词，有7例是无对自动词，这也从侧面说明了该类连用形名词的一些特点。

4.2.2　句式辅助型连用形名词的句法功能

上节阐述了句式辅助型连用形名词的类型，本节将描写句式辅助型连用形名词的句法功能。另外，鉴于构成惯用语的连用形名词和其他语言形式的关系比较固定，整体性较强，此处以表3中的40个非惯用语类句式辅助型连用形名词为重点进行探讨。

日语里名词的主要句法功能包括：①后接「が」「を」等格助词，充当句子的格成分；②后接「は」等提示助词，充当句子的话题；③后接「だ」等判断助动词，充当谓语；④后接助词「の」，充当定语修饰成分（鈴木 1972 : 185–201；益岡、田窪 1992 : 33）。下面结合上述功能梳理句式辅助型连用形名词的句法功能。

首先看句式辅助型连用形名词后接格助词的情况。和普通名词一样，句式辅助型连用形名词可以后接格助词「が」，充当句子的主语。如：

(30) 4本の指に二十五回ほど巻きつけ、真ん中を結べばでき上がり。ウール毛糸でもいいのですが、乾きが悪いので、アクリル百%の毛糸でつくるのがオススメ。酢水スプレー、ふだんのおそうじに使うには、水で2～3倍に薄めた酢をスプレー容器に入れておけば、汚れにシュッと吹きつけられて便利。（佐光紀子『家じゅうキレイ！』）

(31) 一方で小潮の干潮時には、帯状に寄りつつ、打ち上げ物が砂中から数多く露出しています。その差を自分の目で確かめてください。1年を通して日中で潮の引きがいちばん大きいのが4月～6月。ふだん海の中に隠れている部分が出現写真は春の大潮時の干潮と満潮の比較。（池田等『ビーチコーミング学』）

(32) 私はあせって椅子から立ち上がる。「あわてるんでない」ねえちゃんは深く息を吸って、吐いた。「あわてる乞食は貰いが少ない。おばさんちに、姪が遊びにきていて、パン食べているというごくありふれた状況にすぎないのだからして」というねえちゃんの目は虚ろだ。（伏本和代『ラクになる』）

(33) 真向法をはじめられて、あるとき東京駅の階段で、あまりにも足の運びが軽いのに驚きました。そこではじめて、満足の意味が「味識」されたと、語っておられたことがあります。からだをとおしてその意味が理解されたということです。(真向法協会『若さを保つ健康体操』)

(34) 水道管のなかに水垢がたまるように、尿の成分中の物が固まりついて、尿路をふさぐと、おしっこの出が悪くなる。それが腎臓や膀胱や胆のうにたまると、月日の経つうちに石が大きくなる。結石は人間だけではない。生きとし生ける動物にはすべてできる宿命である。(李家正『怪奇伝承集』)

另外，和普通名词一样，句式辅助型连用形名词可以后接格助词「を」，充当句子的宾语。如：

(35) 会場からくすくすと笑いが漏れた。ヨーロッパの地方のオークションでは、下見のときにピンテストで絵の具の乾きを確認したり、唾をつけてワニスの状態を見ようとする野暮なビッダーが多く存在するのだった。(夏季真矢『ココ・シャネルの向日葵』)

(36) 深瀬は開発一部の部長を呼び捨てにした。「中林か」父親が元通産大臣だったという中林は社長や専務のひきを得て、深瀬と同い年でありながらとうに開発一部の部長になっていた。おそらく、中林を傷つけないために全社を挙げてバックアップをするということなのだろう。(小杉健治『それぞれの断崖』)

(37) アテーサE - TSにくらべて進化してるのは、おもにコーナリング中の制御。加速状態ではアクセル開度や横G、タイヤの回転速度に応じた最適なLSD効果を発揮し、減速状態では前後Gの大きさによってLSDの効きを変化させて、ステアリング特性を最適化する。(三栄書房『Option』)

(38) まるでどうしてもそれが必要だというかのように。わたしは、へたなトゥルカナ語ながら、ことばを尽くして彼女の意欲と編みかけのマットの出来を精一杯誉めた。が、彼女は眼を上げようともしなかった。もの思いに沈み、ふさぎ込んでいるようにも見えた。(田口俊樹『哀しいアフリカ』)

(39) まじめで素直な人柄が表れている。趣味をたずねると「音楽を聞くこと」と少しはにかんだ。「世界大会でもいい滑りをしたい。自己ベストを出せるように頑張ります」と弾けるような笑顔で抱負を語った。(山形県上山市『市報かみのやま』)

需要注意的是，句式辅助型连用形名词后接格助词时存在不平衡性。据统计，所有的句式辅助型连用形名词均在BCCWJ中有后接「が」的实例，但「食い」「降り」「燃え」「沸き」「分かり」「聞こえ」「伝わり」等7个词在BCCWJ未发现后接「を」的例子。如下表4所示，整体来看，句式辅助型连用形名词后接「が」的用法要比后接「を」的用法活跃。

表4　句式辅助型连用形名词后接「が」「を」的比较

类型	数量	比例	词例
后接「が」＞后接「を」	36	90.0%	乾き、生き、引き、持ち
后接「が」＜后接「を」	4	10.0%	振り、運び、付き、滑り

日本语记述文法研究会(2009：7–8)指出，格助词「が」「を」属于句法格。据此推理，后续格助词「が」「を」应该是所有名词的基本功能，而此处观察到的后续「を」的缺失或不发达，也侧面说明了句式辅助型连用形名词用法的局限性。

以上描写了句式辅助型连用形名词后接格助词的情况，下面再看该类连用形名词后接提示助词「は」充当话题的情况。如下面(40)–(44)所示，句式辅助型连用形名词可以后接「は」充当话题。

(40) 冷媒ライン中にサイトガラスは備わっていないので，なにかヒントになればと思い，R十二ガスを二百g注入したが，変化はなかった。注入前も後もクーラの効きは相変わらずよく，水の量も多く，コンディションは良好と判断せざるをえない。(鉄道日本社『整備日誌アラカルト』)

(41) さぞ鼻が高いでしょう？あなたが結婚を申しでた動機を探り当てるまでに、わたしは成長したんだから。たしかに頭のめぐりは遅いかもしれないけれど、それほどばかでもない。あなたは後見人として、わたしの幸せを守る使命を最後まで果たそうとしたのよね？(宮崎真紀『誘惑は禁止！』)

(42) 「ダイの大冒険」の稲田さんが描かれている、「ビィト」。どんなお話ですか？面白いですか？ぶっちゃけるとキャラがドラクエじゃない「ダイ」。おもしろいけど、月刊誌なんでストーリーの進みは遅いかな…(Yahoo!知恵袋)

(43) パソコンを常に立ち上げてたりしていたらやはりパソコンの持ちは悪くなります！最新のOSに対応しながらパソコンいじっていますが次回のWINDWSのOS開発コード、ロングホーンはさすがにパソコン内部は全て替える事になりそうですが・・・(Yahoo!知恵袋)

(44) 黒1の側のカカリは面白くありません。黒1に白2、黒3に白4で、とりあえず攻めを見せられます。左辺には打ち込みづらくなるでしょう。この場合も、黒1の肩ツキは考えもの。白2とこちらにハワれ、黒2に白6以下十までワタってこられそう。(誠文堂新光社『定石の選び方』)

需要注意的是，尽管句式辅助型连用形名词可以通过后接「は」充当话题，但在实际语言生活中语言主体更倾向于让其后接「が」充当主语。

表5　句式辅助型连用形名词后接「が」「は」的比较

类型	数量	比例	词例
后接「が」>后接「は」	37	92.5%	覚え、開き、張り
后接「が」<后接「は」	3	7.5%	聞こえ、運び、降り

表5是对BCCWJ中检索到的句式辅助型连用形名词按后接「が」「は」进行统计后的结果。从表5可知，与充当话题相比，绝大多数句式辅助型连用形名词在充当主语方面更为活跃。日本国立国语研究所曾在2001年至2005年间以200万字的现代杂志为对象开展语言调查，分析了日语文字、词汇、语法等实际使用情况。根据其调查结果显示，在助词类别中，词频从高到低依次为「の」、「に」、「は」、「を」、「と」、「が」(主格)、「で」、「も」、「から」、「が」(接续)。其中，助词「は」的使用频度为29 590，使用率为79.6846‰，主格助词「が」的使用频度为19 282，使用率为58.9231‰。也就是说，从日语整体来看，助词「は」的使用频度约为「が」的1.5倍左右。从表5来看，句式辅助型连用形名词后接「が」的使用频度高于「は」，这也从侧面反映了此类连用形名词对「が」的偏好倾向。

以上描写了句式辅助型连用形名词充当格成分和主题的情况，下面再看此类连用形名词作谓语的情况。句式辅助型连用形名词可以后接「だ」等判断助动词充当谓语。

(45) 三頭いるように見える。蹄の跡は、放牧地の先、東の平原のほうからやってきて、同じ方向へともどっていた。雪は相変わらずの降りだ。明るくなってきたとは言え、三十間先は、もう灰色の闇と言っていい。その闇の先に目をやりながら、従太郎は言った。(佐々木譲『北辰群盗録』)

(46) ちょっとコブシが高すぎる。コブの中でのウェーデルン。コブを吸収していく段階ではかなりバランスの良い滑りである。そこで二点ほど注意したい。一つは外腕、とくにコブシの位置がやや高すぎる。(ノースランド出版『基礎スキーtry & try』)

(47) 線路にしかけられた爆弾(目暮のイメージ)ほんの1カットだけ目暮の脳裏に浮かんだ、想像上の爆弾。全体は映らないが、映らない部分も描かれた。丸い速度計を備えており、実際にしかけられた爆弾よりも簡素な作りだ。(青山剛昌『名探偵コナン全映画パーフェクトガイド』)

(48) 過日もオーストリア軍のアルヴィンツィ将軍をアルコレで撃破して、フランス軍に晴れの勝利をもたらしていた。華々しい戦果を突きつけられれば、面会が今日まで遅れたことに文句もいえなくなるのだが、やはり待たされる身にすれば、あまり愉快な運びではない。(佐藤賢一『オール讀物』)

(49) スーリアが、連れた人影に訊いた。共にやってきたはずなのだが、その相手が歩いていたかどうかは分からなかった。今だって、足音も、気配もない。まるで異次元をゆくかのような進みであった。「傷…ダ…」答えを告げる声だけがあった。(三田誠『虎は歪める』)

但需要注意的是，句式辅助型连用形名词充当谓语时前面一般伴有定语修饰，如果缺失定语修饰，则句子难以成立。另外，并非所有的句式辅助型连用形名词都可以作谓语。据统计，在40个句式辅助型连用形名词中，「もらい」「焼き」「食い」「覚え」「乾き」「効き」「伝わり」「沸き」「燃え」「分かり」「持ち」「寝」「収まり」「生き」等14个词未在BCCWJ中检索到用作谓语的例子。换言之，有超过三分之一的句式辅助型连用形名词未在BCCWJ中检索到用作谓语的实例，这也

说明了该类名词在充当谓语功能方面不够发达。

最后看句式辅助型连用形名词充当定语修饰成分的情况。句式辅助型连用形名词可以后接格助词「の」，充当定语修饰成分。

(50) セザンヌのファンデって質はいいですか？使ったことのある方、使用感や持ちの具合教えてください。オイリー肌にはむかないでしょうか？高いファンデを使い続けていましたが、ちょっとしたきっかけでパウダーファンデを「水あり」で使うようになりました。(Yahoo!知恵袋)

(51) 生き返った人間の短い生の体験から、そんな批判が突出して出て来るというのは、かえって不自然でもあろう。もっとコミカルなトウェインの姿を描くことによって、この作品は出来のよさを示しているといえる。(亀井俊介『現代アメリカ像の再構築』)

(52) 1月から投球を再開したが、調整段階で生じる筋肉の張りが例年よりも遅れて出たのだという。今後はマッサージ方法などを工夫し、張りの解消を待つ4、5日は本格的な投球を控えて、背中と肩を休養させ、その後、再び実戦練習に合流するつもりだ。(共同通信社『河北新報』)

(53) 二百万画素と百三十万画素では、写りのキレイさに、どのくらい差がでますか？パソコンの画面上で見る限り、それほどの差異は感じないように思います。ただ、拡大したり印刷するとなると、やや荒さが目立つかもしれません。(Yahoo!知恵袋)

(54) おさしみ、ローストビーフ、エヴァンタイユのスープ、天ぷらは深川から、と差し入れが絶えず、功もよく食べてくれた。その日は、芸術座出演中の江原真二郎さんが、出の合間を縫ってお見舞いに来てくださった。大好物のパパイヤをたくさんいただく。(木村梢『功、大好き』)

但需要注意的是，并非所有的句式辅助型连用形名词都可以充当定语修饰成分。据统计，在40个句式辅助型连用形名词中，「もらい」「降り」「進み」「乾き」「効き」等未在BCCWJ中检索到充当定语修饰成分的实例，这也从侧面说明了该类名词在充当定语修饰成分方面的弱化。

5. 小结

本文基于语料库检索结果，梳理了单纯动词连用形名词的类型及所对应的原型动词的自他性，在此基础上，重点考察了句式辅助型连用形名词的类型和句法功能。

考察发现，连用形名词可划分为三种类型，其中独立使用型占比最多，词素辅助型次之，句式辅助型占比最少。从连用形名词所对应的原型动词的自他性来看，除独立使用型中自动词和他动词的类转率比较接近外，其他两类所对应的原型动词在自动词和他动词的类转率方面出现了一定差异。另外，内在情态动词和静态动词类转词例较少，即便类转，也多集中在句式辅助型。句式辅助型连用形名词可以后接格助词充当主语、宾语或话题、定语修饰成分或借助助动词的力量作谓语，但在后接格助词时存在不平衡性，在作定语修饰成分或谓语时存在功能缺失或不够发达的现象。

如前所述，前人虽对日语连用形名词有一些考察，但整体积淀尚不丰厚，本文可谓是在前人基础上进行的一个尝试推进。受周边现象和用法影响，考察中对某些语言现象未能作出语言原理上的解释。另外，对于日语连用形名词充当谓语时的极性特征、时态特征未能进行探讨，对于单纯动词和复合动词之间在类转为名词时的共性特征和个性差异等问题，也未能作出探讨，这些将作为课题继续研究。

第10章　日语同名词主题显现的考察

1. 引言

众所周知，日语上文中出现的名词在下文中很容易被省略，这种现象在名词充当主题时尤其显著。

(1) 父ハ茶ノ間ヘハハイラナカッタ。(ϕ父ハ) 降リノ間ニ坐ッタ。(三上 1960：117)

上面(1)中的「父」由于在前句中出现过，所以在后句进行了省略。对于这种上下文名词主题相同或反复时的省略，本文称之为同名词主题省略，并将其标记为「Nハ…。(ϕNハ)…」，其中的“ϕ”表示省略。

同名词主题省略是最为普遍的省略处理方式，是实现句子简洁性和前后句子衔接顺畅的重要手段，具有重要的表达效果和交际功能。但需要注意的是，上下文名词主题相同或反复时未必总是出现省略现象。

(2) 気持ち悪いですか。やっぱり，ぼく，気持ち悪いですか。生まれて初めて好きになった人にもそう言われました。でも，それは普通の時で，ダンスしてるときじゃなかった。ぼくはお医者さんに勧められて，健康の為にダンスを始めました。(周防正行『月刊シナリオ』)

上面例(2)下划线处的「ぼく」在前面已经出现过，但在后句中并未被省略，依旧被提示为主题，而且如果省略的话句子自然度会降低[1]。对于这种上下文名词主题相同或反复时的未省略现象，本文称之为同名词主题显现，并将其标记为「Nハ…。(*Nハ)…」，其中的“*”表示显现。

同名词主题显现属于上下文名词主题相同或反复时的周边性处理方式，和同名词主题省略相比，有关同名词主题显现的研究相对滞后。回顾研究史可知，同名词主题省略的研究自三上(1959)便已开始，而对同名词主题显现的研究直至砂川(1990)才得以明确。砂川(1990)之后的一些学者陆续探讨了同名词主题显现的制约要素和使用功能等问题，但是，受研究手段和研究范围的制约，迄今为止的研究虽取得了一些成果，但对同名词主题显现这一周边性现象特征的揭示和功能的把握并不充分。鉴于此，本文将基于语料库方法，探讨同名词主题显现在类型分布、构成名词性质、指示距离、句式构成特征、显现功能等方面的倾向性特征。

2. 先行研究

同名词主题显现和同名词主题省略有着密切联系，但两者的成果积淀并不均衡。统观迄今为止的研究可知，同名词主题省略的研究比较丰富，而同名词主题显现的研究则相对滞后。

同名词主题省略的研究始于三上(1959)，在此之后，久野(1978)、畠(1980)、日向・日比谷(1988)、砂川(1990)、大塚(1995)、甲斐(1995，1997，1999)、恵谷(2002)、曾(2005，2006)、刘(2012，2016)等均有详略不同的探讨。鉴于同名词主题省略非本文研究重点，此处仅重点介绍三上(1959)、久野(1978)、日向・日比谷(1988)的有关研究。

三上(1959：104)指出，上文出现的名词主题具有穿越句子的能力，名词主题尽管是十分重要的构成成分，但如果语言主体认为读者了解该主题的话可以省略，没有必要在句中反复提及，这种主题省略

1　相关阐述可参考甲斐(1999b：147)。

的情况可称之为略题。对于略题的范围，三上（1959：123）举出了三种情况：一是前文主题持续发生影响时，二是虽未提示出来但在前文已成为关注焦点的单词充当主题时，三是语言行为者对主题达成默契共识时。

久野（1978：103）指出，当前后句子的主题相同时，可在后句省略主题。在此基础上，久野（1978：103-114）把主题的省略分成了反复主题省略、主语作为先行词的主题省略、新主题省略、异主题省略等四大类，同时探讨了各类主题省略的条件。

日向・日比谷（1988：67-70）根据省略主题的特征，将主题省略分为了两种。一种是既有主题的省略，一种是句中成分升格后的主题省略。既有主题的省略指的是上文已提示的主题在充作下文主题时的省略，由于此时上下文为同名词主题，日向・日比谷（1988：67）指出这种类型容易实现省略。句中成分升格后的主题省略指的是前句中的焦点名词在后句虽升格为主题但被省略的情况，日向・日比谷（1988：67）指出这种情况虽可以实现但实际不多。

同名词主题显现的研究始于砂川（1990），其后的清水（1995）、曽（2005）、刘（2008，2013）亦开展了相关研究，但和同名词主题省略相比，研究比较滞后，成果积淀也不丰厚。

砂川（1990：33）指出，通过「ハ」提示的主题有两种情况，一种是可以省略但不省略的情况，一种是如果省略则无法理解主题而必须明示的情况。砂川（1990：33）将前者称为主题非省略，将后者称为主题不省略。对于导致主题非省略的原因，砂川（1990）概括总结为"其他登场人物的介入""文脉的前后不整合""时空间的阻隔""故事讲述者和书写者的错位""讲述方式的变化""书写者视点的变化"等六种情况。

清水（1995：28）指出，主题显现包括主题的义务性提示和任意性提示两种情况，在实际使用中任意性的主题显现为少数，所以多数主题显现有其相应意义。此外，清水（1995）结合益岡（1987）关于事象叙述句和属性叙述句的分类，对同名词主题省略和显现的上下文类型进行了总结。清水（1995）通过考察指出：前后句均为事象叙述句时多出现主题省略；前后句均为属性叙述句时主题省略和显现都会出现；前为属性叙述句后为事象叙述句时多出现主题省略；前为事象叙述句后为属性叙述句时，多出现主题显现；前为事象叙述句后为属性叙述句时，主题省略受到较大制约等倾向性特征。

曾（2005）在砂川（1990）的基础上，以新闻报刊为资料，探讨了第一人称代名词用作主题时的省略和非省略现象。通过考察，曾（2005）指出第一人称代名词用作主题时的省略和非省略倾向与其他的主题省略及非省略条件类似。

刘（2008）辨析了主题的非省略和不省略之间的差异，总结了主题的省略及非省略的规律和原则。在此基础上，刘（2013）结合砂川（1990）的论述，通过内省方法探讨了主题非省略的定位及功能特征。通过考察，刘（2013）指出，主题非省略这一概念虽来自于主题省略，但具有区别于主题省略的独立性和特质性；主题非省略的功能可从主题的凸显性和句子衔接性两个角度描述。

3. 问题意识、所用语料

上节回顾了有关同名词主题省略和显现的主要研究成果。从上述内容不难发现，这些成果虽然在同名词主题显现的理论阐释和现象描述方面取得了一定的成果，但是在研究对象的定位、研究方法的更新以及研究探讨的深度等方面还存在诸多问题。

第一，附属性的定位思维不利于研究的深入和拓展。长期以来，同名词主题显现被定位为同名词主题省略的周边现象，这种周边性定位给相关研究的开展和深入带来了诸多影响。首先，作为同名词主题省略研究附属的定位让人容易忽略同名词主题显现本身的独立性和特质性；其次，同名词主题显现这一概念的附属性定位使得主题显现与语法层面上的主题不省略产生了歧义和交叉，使得研究对象容易陷入混乱；最后，附属性的定位使得同名词主题显现这一概念并未得到足够重视，以至于各种说法并行，影响研究成果的系统性和体系化。

第二，传统型的研究方法不利于实证研究的推进。迄今为止关于同名词主题显现的研究比较偏重于内省的方法，通过小说或者是其他个例进行的定性分析占据了主要地位。这些研究方法及成果为了解和认识这种语言现象的基本类型、使用功能和制约条件起到了重要作用。但是，这种周边性语言现象的使用现状和使用倾向，包括新出现的使用类型等方面的研究需要扩大研究数据的范围，需要结合定量分析，需要导入语料库语言学研究的思维模式。

第三，偏向性的研究内容不利于多层次特征的把握。迄今为止的研究中对句式类型或者助词功能等的研究偏多，对主题部分的名词性质、前后名词主题间的物理间隔等要素的考察不够。此外，各个论点的特征有偏有重，无法得到高度的融合，缺乏体系性，在把握同名词主题显现的整体特征方面显得力不从心。

鉴于先行研究中关于同名词主题显现的定义不够明确、研究方法相对滞后、研究内容体系性部分缺失等现状，本研究将首先明确名词主题显现的定位，在充分确立其独立性和周边性的基础上，基于语料库方法考察其使用倾向、使用特征及功能要素等方面的特征。通过考察，本文力图弄清同名词主题显现的类型、同名词主题显现的构成名词性质、同名词主题之间的指示距离、上下文的句式构成特征及同名词主题显现的功能要素等五方面的特征。

同名词主题显现的研究为篇章语言学的范畴，对句子的认定需要明确的标志和标准。考虑到口语中句子结束判定的不确定性和书面语语料中句子结束判定的高度一致性，本研究选定日本新潮社1995年出版的《新潮文庫の100冊》为检索语料。

在使用上述语料进行检索时，主要按照五个步骤进行了数据处理：（1）把新潮文库中所有文本的编码从Shift-JIS转到UTF-8；（2）使用MeCab 0.996 ＋ UniDic 2.1.2对所有文本进行形态素解析；（3）保留形态素解析结果中语义素和词性信息，并把文件整理为一行一句的形式；（4）制作句子层次的bi-gram文件；（5）抽取前后两句中包含相同「Nハ」的行。

按上述步骤检索后共得到5 850条数据。在这5 850条数据中，有834条经核查不是同名词主题显现的数据。此外，还有3 237条代词用作主题的数据。鉴于代词在使用方面的特定性及数据处理的便宜性，本文未将这些人称代词、指示代词和反身代词充当主题的例子列入研究对象。经上述处理后，有1 779条数据列为本研究的正式数据。这1 779条数据在《新潮文庫の100冊》中的基本情况可做如下表1汇总[1]。

表1　《新潮文庫の100冊》中的语料检索情况

数据条目	作家数	作品数	例子数	句子数	文字数
总数	67位	211部	1 779例	3 616句	168 881字
每位作家的平均例子选出数	26.55例				
每部作品的平均例子选出数	8.43例				
每个例子的平均文字数	94.93字				
每个句子的平均文字数	46.70字				

另外，为解决本文第3小节提出的五个问题，对检索到的1 779条数据按如下思路进行了整体的处理和标记。在名词性质方面，参考庭（2014）所进行的名词分类，分别以普通名词、固有名词、数量词、形式名词、动作性名词和名词短语进行标记；在指示距离的计算方面，根据本文4.4小节提到的方法，以句节为单位计算上下文中同一主题之间的距离，计算时每句节按照数字“1”来计算，以此类推；在句式判定方面，参考益岡（1987）和清水（1995）中关于句子类型的界定，分别标记属性叙述句和事象叙述句；在功能要素判定方面，参考砂川（1990）和刘（2013）的观点，总体按照积极性要素和消极性要素的大类和下位分类标记。

4. 日语同名词主题显现的考察

本节将基于语料库中整理出的1 779个实例为对象，从基本类型、名词性质、句式搭配、指示距离、功能要素等五个方面对同名词主题显现进行考察。考察的基本思路是，通过总结基本类型来把握使用特征；通过分析同名词主题的名词性质来把握构成状况；通过考察句式搭配来考证清水（1995）的结论；通过考察指示距离把握两个名

1　表1中的文字数为电脑自动统计数值。另外，因出现了同名词主题连续三句或四句显现的特例，故句子数超过例子数的2倍。

词主题间的距离间隔所呈现的特征；通过对功能要素的考察来分析其实现的制约条件。

4.1 显现类型

同名词主题显现根据在实际语言生活中的使用形式和语义特征可划分为两种类型。

第一种类型是严格按照「Nハ…。（Nハ）…」这一基本结构使用的类型，本文将其命名为“一般性使用”。一般性使用以下面的(3)(4)为代表。

(3) 友達はそれを信じなかった。友達はかねてから国元にいる親達に勧まない結婚を強いられていた。彼は現代の習慣からいうと結婚するにはあまり年が若過ぎた。（夏目漱石『こころ』）

(4) その日、日本のすべてのアンパンからヘソが、こつぜんとなくなってしまったのである。植田先生は、東北のある中学校の理科の先生である。その日、植田先生は中学一年生に蛙の解剖法を教えていた。（井上ひさし『ブンとフン』）

第二种类型是未依照「Nハ…。（Nハ）…」这一基本结构使用的类型，鉴于其实际使用中的多样性，本文将其命名为“多样性使用”。多样性使用根据具体的使用情况，又可下分为七小类。

第一类是名词主题在一个句子中不止一次地显现使用的情况，本文将其命名为“一句连续使用”，以下示(5)(6)为代表。

(5) 助役はそう言って、運行表を机にひろげた。無数の線が錯綜している紙の上を、助役は指でたどっていたが、「あっ，ありますよ。わずかな時間ですが，十三番線にも列車がなくて，十五番線にはいっているあさかぜが見える時がありますね。なるほど，こんな時もあるんだなあ」と，助役は，めずらしいものを発見したように謡った。（松本清張『点と線』）

(6) 光秀はあおむけざまにころび、しかしながら起きあがろうとした。そこを光秀は脇差に手をかけて抜き打ちにしようとしたので、光秀は人に介添えされてその場を逃げた。（司馬遼太郎『国盗り物語』）

第二类是名词主题在接下来的两个句子中都显现使用的情况，本文将其命名为“两句连续使用”，以下示(7)(8)为代表。

(7) ブンはパーだった。ブンはミニスカートとセーターをぱっと脱いだ。ブンはまるはだかであった。（読者諸君！このページに「のりしろ」がある。大急ぎでこのページを貼りつけてしまおう。理由は…おわかりでしょう？）（井上ひさし『ブンとフン』）

(8) わたくしは兄を心から愛しておりました。兄は本当に純潔な、美しい魂を持っていた人でした。兄は若く死にました。しかし汐見さんの心の中では、兄はいつでも生きていたのでございます。（福永武彦『草の花』）

第三类是名词主题在接下来的三个句子中都显现使用的情况，本文将其命名为“三句连续使用”，以下示(9)(10)为代表。

(9) 内大臣は、このことを聞いて、心から、よかった——と思った。大将に愛されて気楽に暮らすほうが玉鬘の幸福であろうと、内大臣は考えている。源氏は宮仕えをすすめているらしいが、内大臣は必ずしも賛成ではなかった。思う通りになったので、内大臣は娘のために喜んでいた。（田辺聖子『新源氏物語』）

(10) お松は居なかった。自分はお松は使にでも行ったことと思って気にもしなかった。お松は居なかった。毎晩のように竈の前に藁把を敷いて自分を暖まらしてくれた、お松が居ないので、自分は始めてお松はどうしたのだろうかと思った。（伊藤左千夫『守の家』）

第四类是上文同时存在两个不同的主题，在接下来的句子中两个主题又同时出现交替使用的情况，本文将其命名为“两名词主题交替”，以下示(11)(12)为代表。

(11) 今日は最初の一杯は水のようで二杯目までは全然酔わず、三杯めでいい気持になってきた。男は女を、女は男を求める。エディプス・コンプレックスをもちながら男は女を求め、女は男を求めてさまよう。（高野悦子『二十歳の原点』）

(12) トルストイは、ベエトオヴェンのクロイチェル・ソナタのプレストをきき、ゲエテは、ハ短調シンフォニイの第一楽章をきき、それぞれ異常な昂奮を経験したと言う。トルストイは、やがて「クロイチェル・ソナタ」を書いて、この奇怪な音楽家に徹底した復讐を行ったが、ゲエテは、ベエトオヴェンに関して、とうとう頑固な沈黙を守り通した。(小林秀雄『モオツァルト』)

第五类是上下句的两个主题名词虽然形式上相同，但是在语义上存在一定差异的使用情况，本文将其命名为“同名词异义主题”，以下示(13)(14)为代表。

(13) 勿論Kはそれをあまり好みませんでした。ある時はふいと起って室の外へ出ました。又ある時はいくら呼んでも中々出て来ませんでした。Kはあんな無駄話をして何処が面白いと云うのです。(夏目漱石『こころ』)

(14) あるものは影のように蹲っていた。あるものは並んで話し話し歩いていた。弁護士は悄然首を垂れて、腕組みして、物も言わずに突立っていた。(島崎藤村『破戒』)

第六类是上文出现的名词主题在下一句虽然作为主题出现，但是主题之后的内容省略掉的使用情况，本文将其命名为“主题后内容省略”，以下示(15)(16)为代表。

(15)「先生はだべっているんじゃありません。先生は……」(山本有三『東京』)

(16) しかし、弓はどうなさる？弓は？(中島敦『名人伝』)

第七类是除上下文的名词主题之外，整个句子都是重复使用的情况，本文将其命名为“主题句重复使用”，以下示(17)(18)为代表。

(17) けれども、「はやわが汽車は離れたり。」「はやわが汽車は離れたり。」(山本有三『路傍の石』)

(18) 悪いものは悪い。一人の作者でも、いい作品はいい、悪いものは悪い。総なめに、いいとか悪いとか、決めることはないさ。(曽野綾子『太郎物語』)

以上梳理了同名词主题显现的类型，下面将对这些类型进行量化统计，以期揭示同名词主题显现在类型层面的倾向特征。按前述分类，对1 979个例句进行整理后，相关结果可做如下表2所示汇总[1]。

表2　同名词主题的显现类型与使用情况

使用类型		出现次数（出现比率）	
一般性使用		1 663（93.17%）	
多样性使用	一句连续使用	122（6.83%）	18（1.01%）
	两句连续使用		52（2.90%）
	三句连续使用		3（0.17%）
	两名词主题交替		8（0.45%）
	同名词异义主题		21（1.18%）
	主题后内容省略		2（0.11%）
	主题句重复使用		18（1.01%）

从表2不难看出，一般性使用次数为1 663次（93.17%），多样性使用次数为122次（6.83%），前者占压倒性多数。另外，在多样性使用的下位分类层面，两句连续使用、同名词异义主题、一句连续使用和主题句重复使用的使用频率相对其他类型而言使用频率高。

4.2　名词性质

本小节将参考庭（2014）对名词的分类成果，按照普通名词、固有名词、数量词、形式名词、动作性名词和名词短语对显现的同名词主题进行分类统计，以期把握构成同名词主题显现的名词的特征。在此之前，先看各类型名词充当同名词主题现象的情况。

普通名词是指表示一类人或东西或抽象概念的名词，该类名词数量最多，使用最广泛，以下是普通名词用作同名词主题显现的实例。

(19) 将軍は、すっかり顔がつるつるなった。じつにこのとき将軍は、三十年ぶりにっこりした。（宮沢賢治『北守将軍と三人兄弟の医者』）

1　因有例句同时分属不同类型，故出现总数大于例子总数。以下类似情况不再一一说明。

(20) 国民は勝利に酔っていた。講和条約に不満をとなえて、暴動を起こした連中もあったが、なんと言っても、国民は勝利に酔っていた。(山本有三『東京』)

固有名词指人、地方、组织、机构等特定实体的名称，这类名词在形式上和普通名词区别不大，在语义上相对固定，以下是固有名词用作同名词主题显现的实例。

(21) これが「東京」か、と彼は思った。東京ははねている。東京は踊っている。彼はちょっと目がくらみそうになった。(山本有三『東京』)

(22) 必死に子路の袖を控えている二人の眼に、涙の宿っているのを子路は見た。子路は、漸く振上げた拳を下す。(中島敦『弟子』)

数量词是指表示数量的词，包含基数词和序数词两大部分，也是名词的重要组成部分，以下是数量词用作同名词主题显现的实例。

(23) ふたりはちょっと身体を動かしただけだった。ふたりはは眠っていた。(新田次郎『孤高の人』)

(24) 百六十万は八千ドルになる。だが、現行の一ドル二百二十円というレートに従えば、百六十万は七千三百ドルにしかならない。つまり、百六十万円は八千ドルであり、同時に七千三百ドルでもあるのだ。(沢木耕太郎『一瞬の夏』)

形式名词是指虽具有名词的形式，但已失去了名词本身独立的语义而蜕变为功能词的名词，以下是形式名词用作同名词主题显现的实例。

(25) 技師になることはたいへんなことだ。研修所出のきみが二十七で技師になることはは研修所卒業生にとって大いにはげみになることではあるが、きみより前に卒業した者にとっては、居ても立ってもおられないような苦渋を味わわされることになるのだ。(新田次郎『孤高の人』)

(26) そんなわけはない。そんなわけは決してありません。今まで一つだったものが二つに分れるんですもの。そっちへ行く気だけが、減るわけです。(志賀直哉『山科の記憶』)

动作性名词是指构成日语「サ変」动词词干或由动词类转而来的动作性较强的名词，以下是动作性名词用作同名词主题显现的实例。

(27) 洗いだしはべつだ。洗いだしは手間はかかるけれど、それをやっている自分に対して誇りを持つことができる。(村上春樹『ハードボイルド』)

(28)「定まりはついているよ」と管理人はいった。「定まりはついているんだ。」(大江健三郎『死者の奢り』)

名词短语主要是指具有偏正结构的名词性短语，以下是名词短语用作同名词主题显现的实例。

(29) 若い時はあんな人じゃなかったんですよ。若い時はまるで違っていました。それが全く変ってしまったんです。(夏目漱石『こころ』)

(30) 闘争する人間は、大岩におちた一滴の雨粒に似ている。しかし闘争する人間は、その過程の中で自己実現を行い、自己の完成に向っているのである。中村よ、私はこの言葉をあなたにおくる。(高野悦子『二十歳の原』)

以上结合庭(2014)对名词的分类成果，分别例举了普通名词、固有名词、数量词、形式名词、动作性名词和名词短语充当同名词主题显现的实例。下面看各类名词在同名词主题显现整体中的分布情况。

表3　同名词主题显现中的名词类型

名词类型	出现频次	出现频率
普通名词	416	23.24%
固有名词	1 226	68.49%
数量词	29	1.62%
形式名词	11	0.61%
动作性名词	12	0.67%
名词短语	96	5.37%

从表3不难看出，固有名词和普通名词最容易用在同名词主题显现，两者的出现次数和比率均远超其他名词词类。名词短语虽可用于同名词主题显现，但整体占比不高。另外，数量词、形式名词、动作性名词的出现次数和比率较低，在同名词主题显现中不太常用。

4.3 句式组合

清水（1995：19）结合益岡（1987）的论点，将句子的叙述类型划分为了属性叙述句和事象叙述句[1]。在此基础上，清水（1995）探讨了句子叙述类型和同名词主题显现及省略之间的关系。但是，清水（1995）的考察偏重内省，缺乏数据支撑。鉴于此，本节将依照清水（1995）的标准，以检索到的1 979个实例为对象，量化统计前后句式的叙述类型，以准确把握句子叙述类型对同名词主题显现的影响。同名词主题显现时，根据上下句子的叙述类型，理论上有四种组合方式。

第一种是前句和后句均为属性叙述句的组合方式，本文将其简记为"属性—属性"组合，以下示（31）（32）为代表。

（31）あれでも日本は小国か。あれでも日本は三等国か。（山本有三『東京』）

（32）この孤独は無益だった。しかしこの孤独は純潔だった。（福永武彦『草の花』）

第二种是前句和后句均为事象叙述句的组合方式，本文将其简记为"事象—事象"组合，以下示（33）（34）为代表。

（33）先生は「私には親類はありませんよ」と答えた。先生の郷里にいる続きあいの人々と、先生は一向音信の取り遣りをしていなかった。（夏目漱石『こころ』）

（34）エレベーターはきわめて緩慢な速度で上昇をつづけていた。おそ

1 属性叙述句内含名词谓语句、属性形容词谓语句及动词谓语句中表示所有、能力、关系的句子及已失去动作性而接近属性叙述的句子。事象叙述句内含动词谓语句、感情形容词谓语句及表示事象的名词谓语句。

らくエレベーターは上昇していたのだろうと私は思う。（村上春樹『ハードボイルド』）

第三种是前句为属性叙述句，后句为事象叙述句的组合方式，本文将其简记为“属性—事象”组合，以下示(35)(36)为代表。

(35) 認識というものはそういうものです。世界は変化するものなのです。世界はたしかにここにこうして実在しておる。（村上春樹『ハードボイルド』）
(36) 行助は小学校の四年生で、修一郎は六年生になった別れ霜の季節だった。考えてみればおかしな話だった、と行助は当時をおもいかえした。（立原正秋『冬の旅』）

第四种是前句为事象叙述句，后句为属性叙述句的组合方式，本文将其简记为“事象—属性”组合，以下示(37)(38)为代表。

(37) 妻は今日中に総てを片づけてくれと云っている。妻は真剣だ。彼は真剣さで妻と争う事は出来なかった。（志賀直哉『痴情』）
(38) お国はいった。お国は、深芳野にとって、自分の体の一部になっているような老女である。（司馬遼太郎『国盗り物語』）

同名词主题显现时上下句子的叙述类型虽然理论上有四种组合，但是各组合在实际语言生活中的使用频度并不均衡。为准确把握句子叙述类型对同名词主题显现的影响，本文对检索到的1 979个实例为对象，按前后句式的叙述类型进行了量化统计，统计结果可做如下表4所示汇总。

表4　名词主题显现时的句式组合

句式类型	出现次数	出现比率
属性-属性	118	6.63%
事象-事象	1 157	65.04%
属性-事象	259	14.56%
事象-属性	245	13.77%

从表4不难看出，在各种组合类型中，“事象—事象”组合的出现次数和出现频率最高，“属性—属性”组合的出现次数和出现频率最低。另外，在剩余的两种交叉类型组合中，“属性—事象”组合和“事象—属性”组合的出现次数和出现频率比较接近，但均不为主流用法。

4.4 指示距离

研究主题的连续性时，指示距离是一个常用的量具方式。砂川（2005：20）指出，某一指示对象的主题性可通过指示距离调查指示对象的分布状况来进行客观性的判断和操作。在此基础上，砂川（2005：48）指出，在日语中，当同一指示词密集、指示距离比较短时，多倾向于省略同一指示词。那么，指示距离和同名词主题显现之间存在什么关系呢？本节将援引Givón（1983）、Hinds（1983，1984）等对指示距离的观点，量化把握同名词主题显现时的指示距离。

Givón（1983：13）、Hinds（1983：58）指出，指示距离是指同为一个指示对象时前后两个名词句之间的句节数。基于此，本文将同名词主题显现时的指示距离规定为前面先行提示的主题和后面显现的同名词主题之间的句节数量。另外，关于句节和句节的计算方法，本文沿用Hinds（1983）的基本思路。具体而言，本文沿用Hinds（1983：86-88）把包含一个谓语要素的小句作为句节的规定。另外，在计算指示距离时，本文使用“/”作为句节间的切分符号，计算句节间的距离时从1开始计算，依次往上累计，具体的处理方式如下所示。

（39）【指示距离为1】

このライオンは下痢しているな。/それに、このライオンは、あちこちに糞をしている。（井上ひさし『ブンとフン』）

（40）【指示距离为2】

母は案外平気であった/。都会から懸け隔たった森や田の中に住んでいる女の常として、/母はこういう事に掛けてはまるで無知識であった。（夏目漱石『こころ』）

（41）【指示距离为3】

栄二はそっちへいって、/用心ぶかく腰を掛けた。/その材木は少し不安定だったが、/栄二は足で平均をとって腰をおちつけ、溜息をついた。（山本周五『さぶ』）

(42)【指示距离为4】

道は左右に蛇のように曲りくねり、/いくつもの枝道にわかれながら、/下方へ下方へと向っていた。/急な坂こそないが、/道は一貫して下りだった。（村上春樹『ハードボイルド』）

基于上述思路和方法，本文对检索到的1 979例同名词主题显现前后的指示距离进行了统计，统计结果如下面表5所示。

表5　各类型使用的指示距离

指示距离	出现次数	出现比率
1	435	24.45%
2	665	37.38%
3	396	22.26%
4	164	9.22%
5及5以上	119	6.69%

从表5可知，指示距离的大小对同名词主题显现的出现有较大影响。具体而言，指示距离较小，即间隔句节数在3及以下时，同名词主题显现较为容易出现。随着指示距离变大，即间隔句节数增多时，同名词主题显现的出现次数在降低。这一倾向和刘（2012）指出的指示距离越短，同名词主题省略越容易出现比较相似。

4.5　功能要素

关于同名词主题显现的功能要素，砂川（1990）、寺倉（1986）、曾（2005）和刘（2008，2013）等进行过详尽不同的研究探讨。但遗憾的是，以往研究多基于内省，对于同名词主题显现时各功能要素在整体中的分布等情况并没有挖掘充分。鉴于此，本研究将参考砂川（1990）对同名词主题显现的功能要素进行分类，在此基础上对检索到的相关实例进行量化统计，以探明各功能要素在同名词主题显现时所起作用大小。

同名词主题显现时的功能要素可划分为两种。一种是积极性要素，一种是消极性要素。下面结合实例进行说明。

积极性要素是指为了更好地体现主题对后句的控制力和影响，语言主体主动选择同名词主题显现的处理方式。积极性要素主要包括名词主题凸显，在该要素作用下，可以更好地凸显和强调主题，使前后句子的衔接性得到更好的体现，如：

(43) 父は首肯いた。父ははっきり「有難う」と云った。（夏目漱石『こころ』）

(44) 厚子は四谷で降りなかった。厚子は吊皮を右手でつかみ、やはり下を向いて立っていた。（立原正秋『冬の旅』）

消极性要素是指为避免主题省略造成句子前后的脱节和控制力的弱化而被动采用同名词主题显现的处理方式。根据具体的使用动因，消极性要素又可下分为九小类。

第一类是为避免时间跨度太大而采用同名词主题显现的类型。此处所说的时间跨度太大是指上下文所述内容存在客观时间跨度大或主观感觉跨度大的情况，如：

(52) 将軍は、すっかり顔がつるつるなった。じつにこのとき将軍は、三十年ぶりにっこりした。（宮沢賢治『北守将軍と三人兄弟の医者』）

(53) これらの国々は、年貢金支払いと軍勢提供には知らぬ顔をきめこむことだけはしたが、自国内の防衛力を高めることには活用しなかったのである。実際、二十年経って再び攻勢に転じてきたトルコの前に、これらの国々はなすすべを持たなかった。（塩野七生『コンスタン』）

第二类是为避免空间跨度太大而采用同名词主题显现的类型。此处所说的空间跨度太大是指上下文所述内容存在客观空间跨度大或主观感觉跨度大的情况，如：

(54) ふたりは動きだした列車に飛び乗って、席には坐らずにデッキに立っていた。京都につくと、ふたりはすぐプラットフォームに飛びおりて、博士の一行が乗っている車輛の方へ走った。（新田次郎『孤高の人』）

(55) 京にはすでに雪はない。しかし摂津の山を奥へ奥へと分け入るにつれて雪は深く、それが都育ちのお万阿にはかえってめずらしかった。（司馬遼太郎『国盗り物語』）

第三类是因为语序出现颠倒而采用同名词主题显现的类型。此处所说的语序出现颠倒是指一些宾语或引用的部分提前到了主题名词的前面干扰了前面主题的影响力和连续性的情况，如：

(56) 俊介は椅子から立ちあがった。ところどころに掻き傷のついた、髪の薄い相手の頭を見おろして、その内部の暗がりにはたして何匹のネズミがのこっていることだろうかと俊介は思った。（開高健『パニック』）

(57) それも尋常一様な働きぶりでは信長はよろこばなかった。身を粉にするような働きぶりを、信長は要求した。（司馬遼太郎『国盗り物語』）

第四类是为避免其他主题影响而采用同名词主题显现的类型。此处所说的其他主题影响是指和上文同名词主题在下文出现之前受到了其他主题影响的情况，如：

(58) その星のあるかなきかの明りで、道の左側に材木の積んであるのをみつけ、栄二はそっちへいって、用心ぶかく腰を掛けた。その材木は少し不安定だったが、栄二は足で平均をとって腰をおちつけ、溜息をついた。（山本周五郎『さぶ』）

(59) 影村は、誰にもわからないように上手にやっているつもりらしいが、そういう噂は、どこからともなく出て来るものだ。影村は田口みやとの情事が明るみに出そうになって来たから、田口みやをきみにおしつけようとしたのだ。（新田次郎『孤高の人』）

第五类是因为其他人物介入而采用同名词主题显现的类型。此处所说的其他人物介入是指表达人物的主题在下文出现之前出现了其他人物介入和干扰的情况，如：

(60) あの子は、独りで歩いて行ける子なのよ。つるちゃんには判らないでしょうが、あの子は、親が心配する必要のない子なのよ。（立原正秋『冬の旅』）

(61) 加藤は会社の廊下で外山三郎を見掛けた。加藤は外山の姿を見かけた途端、廊下を左の方へまがった。(新田次郎『孤高の人』)

第六类是为避免多个主题影响而采用同名词主题显现的类型。此处所说的多个主题影响是指和上文同名词的主题在下文出现之前受到了多个主题的影响的情况，如：

(62) 厨子王はなんとも思い定め兼ねて、ぼんやりして附いて降りる。姉は今年十五になり、弟は十三になっているが、女は早くおとなびて、その上物に憑かれたように、聡く賢しくなっているので、厨子王は姉の詞に背くことが出来ぬのである。(森鴎外『山椒大夫』)

(63) 教官はあまりにもたもたしている生徒が怠けているのではないかと観察しにやってきたのだが、その生徒は見るもむざんに色あおざめ、両の手は徒らに震えながら滅裂な行為をとろうとあがいていることが一目で見てとれる。その真摯の極にある逆上と恐怖の表現に教官は満足し、無言でそこを離れ、辛うじて周二は無事にふたたび行進の列に加わることができる。(北杜夫作『楡家の人びと』)

第七类是因为多个人物介入而采用同名词主题显现的类型。此处所说的多个人物介入是指表达人物的主题在下文出现之前出现了多个人物介入和干扰的情况，如：

(64) 義一は二十六、七、りゅうは十八か九だろう、昌吉というのは三十がらみにみえた。義一は背丈こそ中ぐらいだが、筋肉の緊った敏捷そうな躯つきで、美男といってもいいほどの顔だちであり、それが却って険のあるするどい眼や、歯切れのいい啖呵に凄みを与えた。(山本周五郎『さぶ』)

(65) ぎんはもう母の名を呼ばない。男の手が触れた瞬間からぎんは叫ぶ。(渡辺淳一『花埋み』)

第八类是因为叙述方式变化而采用同名词主题显现的类型。此处所说的叙述方式变化是指下文采用了不同的叙述方式，改变了说法方式或文体的情况，如：

(66) 妻はKの墓を撫でて見て立派だと評していました。その墓は大したものではないのですけれども、私が自分で石屋へ行って見立たりした因縁があるので、妻はとくにそう云いたかったのでしょう。（夏目漱石『こころ』）

(67) 植田先生は市郎をはりたおそうかと思った。しかし、植田先生は立派な教育者だった。（井上ひさし『ブンとフン』）

第九类是因为视点发生变化而采用同名词主题显现的类型。此处所说的视点发生变化是指上下文采用了不同的视点进行叙述的情况，如：

(68) フン先生は蠅を一匹しかつかまえなかった。もし、その日、世界中の蠅をつかまえたとしたら、フン先生は仰天して、腰を抜かしたにそういない。（井上ひさし『ブンとフン』）

(69) 祝物を貰ってある、それをこう早く別れねばならぬのが「かなわん」と云うのだ。理由は明瞭していた。そしてその理由で女は実際困るらしかった。女は泣き出した。（志賀直哉『痴情』）

基于上述分类，本文对检索到的1 979例同名词主题显现的功能要素按照各个类型进行统计，统计结果如下面表6所示。

表6　同名词主题显现中的功能要素

功能型分类	下位概念	出现次数	出现比率
积极性要素	名词主题凸显	575	25.68%
消极性要素	时间跨度太大	22	0.98%
	空间跨度太大	3	0.13%
	语序出现颠倒	141	6.30%
	其他主题影响	349	15.59%
	其他人物介入	633	28.27%
	多个主题影响	47	2.10%
	多个人物介入	146	6.52%
	叙述方式变化	195	8.71%
	视点发生变化	128	5.72%

从表6不难看出，同名词主题显现时受消极性要素的影响（74.14%）远大于来自积极性要素的影响（25.86%）。从各个分项来看，排在前三位的分别为其他人物介入633次（28.27%）、名词主题凸显575次（25.68%）、其他主题影响349次（15.59%），这三个要素整体占比接近70%，是影响同名词主题显现的最主要的功能要素。附带提及的是，本文对1 779例中出现功能要素交叉复合使用的情况按照单一功能要素和复合功能要素进行调查后发现，单一功能要素出现次数为1 349例（75.83%），复合功能要素出现次数为430例（24.17%），由此可知单一要素促使名词主题显现的几率比较高。

5. 小结

本文以名词主题在上下文同时显现时的同名词主题显现为对象，以《新潮文庫の100冊》中抽取到的具有「Nハ…。（Nハ）…」结构特征实例为语料，从同名词主题显现的类型、构成名词性质、指示距离、句式构成、功能要素等五个方面进行了分析。考察的主要结论，可做如下汇总。

第一、在同名词主题显现的使用类型层面，一般性的使用频率比较高；在多样性的使用中，两句连续使用、同名词异义主题、一句连续使用和主题句重复使用的使用频率相对其他类型而言使用频率高；

第二、在同名词主题显现的名词性质层面，最容易出现的是固有名词，其次为普通名词，名词短语有出现但比例不高，数量词、形式名词、动作性名词的出现比例均比较低；

第三、在同名词主题显现的句式构成层面，“事象—事象”组合占比最高，“属性—属性”组合占比最低，其他交叉类型的组合使用频度不高，均不属主流用法；

第四、在同名词主题显现的指示距离层面，指示距离在3及以下时的出现频率最高，超过3以上时出现频率较低；

第五、在同名词主题显现的功能要素层面，受其他人物介入要素影响最高，其次是名词主题凸显以及其他主题影响，三者成为最主要的功能要素，同时单一功能要素促使名词主题显现的几率相对高。

作为和名词主题省略相对的名词主题显现，始终作为同名词主题连续的周边性特征被认知和研究。本文基于语料库方法考察分析发现，作为周边性使用的名词主题显现同样具有比较明显的使用倾向和使用特征。这些倾向和特征为更好地认识和理解其作为语法项目的独立性和特质性提供了新的思路和研究方法。为篇幅所限，本文未能对代名词的主题显现考察分析。另外，对于同为主题突出语言的汉语中的相关现象，也有必要开展对比研究，探寻不同语言之间的共性和个性差异，这些一并作为今后的课题再加以考察。

第11章 日语「かどうか」句式的考察

1. 引言

「かどうか」引导的从句整体与名词相当，可在句中充当主题、主语、定语及谓语等各种成分。

(1) 恵一も、もう成人しているのだ。もちろん経営なんて門外漢だけれども、瑞樹の話を聞くことくらいできたはずだ。それで事態が快方に向かうかどうかはともかく、ちょっとくらいは力になれたかもしれない。（早水しほり『背徳へ誘うくちづけ』）

(2) 整理整頓の方法を習得し、空間を効率よく、きれいに、安全に利用することだともいえます。物の置き方や通路の取り方、工具や材料の扱い方など、ちょっとしたことを実行できるかどうかがカギです。（労働調査会『新入社員教育マニュアル』）

(3) 保健所など関係当局に連絡したあと獣医師により安楽死の処置が取られ、脳の検査で狂犬病であるかどうかの確定診断がおこなわれます。その映画がおもしろいかどうかは見てみなければ分からない。（渡辺英一「獣医さんがおしえる犬の医学百科」）

(4) 公証人は，公正証書が以上の方式に従って作成したものである旨を附記して，これに署名し，印を押すこと。公正証書遺言を作成する場合，もっとも問題となるのは，「口授」にあたるかどうかです。以下の判例を紹介しましょう。（高橋保『法律でみる女性の現在』）

观察上面（1）-（4）不难发现，「かどうか」前面均为肯定形，并未出现使用否定形的情况，查阅《スーパー大辞林（第2版）》等电子词典的释义例句和参考书相关部分的解释用例也情况类似。从理论层面而言，肯定和否定是对称对立的，所以「かどうか」前面允许使用否定形。但是，为什么大家都避而不用否定形呢？在「かどうか」句式中究竟隐藏着什么特点呢？为探明相关问题，下面将通过语料库方法对「かどうか」进行研究，研究时重点考察「かどうか」前接形式的肯否所导致的差异。

2. 先行研究

「かどうか」常常嵌入句中充当谓语补语，构成间接疑问句。因此，关于「かどうか」句式的研究也多出现在间接疑问句的探讨中。鉴于此，下面结合间接疑问句的有关研究综述「かどうか」句式的主要研究成果。

益岡（1992，1997）考察了「かどうか」句式的定位和语法特点，同时和一般疑问句进行了对比。益岡（1992：184）指出，「かどうか」可构成选择疑问句，在句中可做补足成分，后续谓语在语义上多表示信息的“占有”、“交换”、“获取”或“重要性”。在此基础上，益岡（1997：100）指出，和一般疑问句不同，「かどうか」引导的选择疑问句中不可使用接续词，也不能使用礼貌体「ます」。

服部（1992）指出了「か」的三种类型，并考察了各类型的特征和成立条件。在考察时，服部（1992）对「か」和「かどうか」的不同亦有所提及[1]。服部（1992：58）指出，当Q中不包含不定词时，可以使用「Qかどうか」这种形式。但是，「Qか」和「Qかどうか」的使用条件不同。「Qか」容易表示说话人对“Q”所持有的肯定性态度，「Qかどうか」容易表示中立的或者是否定性态度。

江口（1993）探讨了间接疑问句「か（どうか）」伴有格助词和不

1 服部（1992：59）把「か」前面的内容标记为“Q”，把除「Qか」以外的标记为“S”后，根据Q所表述的不确定事件的性质将疑问句分为了三类：一类是对S所作出的评价和表达方法判断的不确定；一类是对详实S信息认识的不分明；一类是对S背后存在情况的知识、判断的不确定。

伴有格助词时的不同解读方式。江口（1993：54-55）指出，对于下面（5）这种伴有格助词的间接疑问句，可以有①「催しの宣伝の方法を提案した」②「どのようにして催しを宣伝するかを議題として提案した」两种解读方式。与之相对的是，对于下面（6）这种不伴有格助词的间接疑问句，不能进行②这样的解读，只能进行①这样的解读。

(5) どのようにして催しを宣伝するかを提案した。
(6) どのようにして催しを宣伝するか提案した。

（江口 1993：54）

森田（1997，2000）探讨了「かどうか」句式的语法定位，并与相关句式开展了对比分析。其中，森田（1997）以「かどうか」和「か」为对象，从助词的使用、语义和功能三个角度对两者进行了辨析；森田（2000）以「かどうか」和「かないか」为对象，从前接句子、后续谓语及后续名词等角度，考察了两者使用语境的不同，在此基础上综述了「かどうか」、「かないか」、「か」三者之间的互换性及语义区别。

藤田（1983，1997）以「か（どうか）」后面不伴有助词但出现谓语的形式为对象，考察了从句和谓语之间的关系、和从句呼应的谓语类型、从句和引用表达之间的差异。藤田（1983，1997）指出，后面不伴有助词的「か（どうか）」和谓语之间存在「係り結び関係（系结关系）」，这类句式应界定为介于连句和单句之间的一种类型，承接该类从句的谓语可划分为如下面（7）中所示的三种类型[1]，该类型的「か（どうか）」和表示引用的「と」有着本质不同。

(7) 未处理：可以和「はたして」「いったい」等副词共现
知らない、わからない、覚えていない、疑問に思う…
已处理：不能和「はたして」「いったい」等副词共现
知っている、わかっている、明かだ…
处　理：可使用诸如「どうしたらよいか考えろ」这种命令形

1 藤田（1997：157）指出，"未处理""已处理""处理"是基于语义进行划分的结果。此处所说的语义要比谓语表述的词汇语义广泛，有时要根据具体的语境进行解释和判断。

教える、尋ねる、量る、聞く、説明する…

（高宮 2003 : 115）

3. 问题意识、所用语料

上节结合间接疑问句，综述了「かどうか」的主要研究成果。通过这些考察，了解了「かどうか」在句法和语义上的一些特征。但是，研读前人成果不难得知，上述考察还存在两个突出问题。

首先，以往的研究多集中在了「かどうか」和相关句式的区分使用及互换条件上，对「かどうか」句式本身的考察还不够充分。从上节介绍可知，益岡（1997）论述了「かどうか」和一般选择疑问句在语气形式使用上的差异，服部（1997）探讨了「かどうか」和「か」在使用条件上的不同，森田（1997，2000）分析了「かどうか」、「かないか」、「か」之间的互换可能性及可以互换时语义上的差异，但这些研究均未对「かどうか」本身进行深入的考察。

其次，迄今为止的部分研究虽和「かどうか」有密切关联，但这些研究多把对象限定在了特殊类型上，将研究视点投向了「かどうか」的后续部分，对前接形式未予以足够关注。比如，藤田（1983，1997）虽以「かどうか」为对象，但仅研究了不借助助词直接和谓语发生关联的类型，对于通过格助词和「かどうか」发生关联的类型未进行考察。另外，藤田（1983，1997）和益岡（1992）虽对承接「か（どうか）」的谓语进行了分类，但对于「か（どうか）」前接形式两者均未有任何涉及。另外，迄今为止的研究在考察时均基于研究者的语感，为内省方法的局限性，这些研究对「かどうか」自身特点的挖掘还不够深入。

鉴于以上不足，本文将通过语料库方法对「かどうか」进行研究，研究时重点考察「かどうか」前接形式的肯否所导致的语法差异。具体而言，本文力图解决两方面的问题。第一个问题是，确认「かどうか」前面是否倾向于使用肯定形，换言之，确认「かどうか」中是否存在着肯定与否定的不对称现象。第二个问题是，如果「かどうか」中存在肯定与否定的对称失衡现象，根据前接形式的肯否会表现出何种差异。

本文在调查时主要使用了新潮社1995年出版的《新潮文庫の100冊》、1997年出版的《明治の文豪》以及《朝日新闻》(1999)等电子数据[1]，根据需要也辅助使用了日本国立国语研究所的现代日语书面语均衡语料库。另外，在整理后续谓语间的语义关系时，主要借助了网络版的Weblio类义语词典[2]。

先行研究中的部分学者如江口(1990)、藤田(1983，1997)指出，应根据后续格助词的有无分开研究「か(どうか)」。

江口(1990)认为，名词即便将后面的格助词去掉依旧可以被定语成分修饰(如(8))，而「か(どうか)」如果将后面的格助词去掉不能被定语成分修饰(如(9))，这说明通过格助词和谓语发生关联的「か(どうか)」是名词句节，而不通过格助词和谓语关联的「か(どうか)」不是名词句节。

(8) a. 直美が知りたがっていた情報を教えてやったよ。
　　b. 直美が知りたがっていた情報教えてやったよ。
(9) a. 直美が知りたがっていたどうすればよいかを教えてやったよ。
　*b. 直美が知りたがっていたどうすればよいか教えてやったよ。

(藤田 1997 : 159)

藤田(1983，1997)认为，和谓语发生关联的「か(どうか)」中有不能添加助词的类型(如(10))，在伴有助词的「か(どうか)」中也存在助词不能省略的情况(如(11))，所以不能将两者混为一谈。

(10) どうしたらいいのか、全くため息が出る。
(11) いつ本当のことを話すかが重要だ。

(藤田 1997 : 159)

上述事实固然存在，但本文认为在探讨「かどうか」句式中的肯

1　对于《明治の文豪》和《新潮文庫の100冊》重合的文章，检索时不重复计算。

2　网址为：http://thesaurus.weblio.jp/。辞典收录了约410万个类义词、同义词和关联词，可自动提取辨别词汇语义关系。

定与否定不对称性时，应更多注重把握该句式的整体特征，因为两种形式的「かどうか」关系密切。

(12) 雨が降るかどうか分からない。(藤田　1997：1)
(13) 雨が降るかどうかは分からない。(藤田　1997：2)

上面例(12)后面虽然未出现格助词，但如例(13)所示，后面可以添加助词，而且从格支配的角度而言，(12)(13)中的「かどうか」所引导的内容均是谓语「分からない」所要求的必须要素，都可理解为相当于名词的句子成分，在语义上也未出现根本性差异[1]。鉴于此，本文在考察时并不根据后续格助词的有无分开研究「かどうか」[2]。

4. 日语「かどうか」句式的考察

上节综述了前人研究，指出了主要不足，明确了研究目的和立场。本节将结合语言事实，考察「かどうか」前接形式的肯否所导致的差异。考察时将首先描写「かどうか」在实际语言生活中的使用频度特征以及在不同时代的分布特征，在此基础上结合语料库的统计结果和母语者的内省判断，描写「かどうか」在后续谓语和发话前提方面的特点。为行文方便，下面将前接肯定形的「かどうか」表述为「肯定形かどうか」，将前接否定形的「かどうか」表述为「否定形かどうか」。

4.1　使用频度

首先看前接形式的肯否对「かどうか」使用频度的影响。为调查前接形式的肯否对「かどうか」句式使用的影响，本文以《新潮文庫の100冊》、《明治の文豪》及《朝日新闻》(1999)为语料进行检索后，按前接形式的肯否进行了整理，相关结果可做如下表1汇总。

1　藤田(1997：159)自身也承认，后接系助词「は」的(13)和不伴有格助词的(12)语义相同。

2　本文根据「かどうか」后接格助词的有无进行尝试分析时也发现并无倾向性结论。

表1 「かどうか」句式的使用频度

形式	肯定形かどうか	否定形かどうか
数量	1 857	60
占比	97%	3%

表1显示了上述语料中「肯定形かどうか」和「否定形かどうか」的检索结果。从表1可知，「肯定形かどうか」占压倒性多数，是「かどうか」句式中的典型用法。与之形成对照的是，「否定形かどうか」则仅占极小的比例，是「かどうか」句式中的周边性语言现象。换言之，「かどうか」倾向于用在肯定形式后面，在「かどうか」句式中存在着肯定与否定的不对称现象[1]。

4.2 时代分布

下面看前接形式的肯否对「かどうか」时代分布的影响。结合语料可知，「肯定形かどうか」和「否定形かどうか」在时代分布上也存在着明显的差异。

表2 「かどうか」句式的时代分布

时代划分	肯定形かどうか	否定形かどうか
明治（1868–1912）	37	0
大正（1912–1926）	28	0
昭和（1926–1989）	616	12
平成（1989–至今）	1 176	48

表2是对新潮社的《新潮文庫の100冊》、《明治の文豪》及《朝日新闻》（1999）中出现的「かどうか」按前接形式的肯否和出现时代进行整理的结果，表中数值为出现的实例数。从表2不难看出，「肯定形かどうか」广泛分布于各个时代，而反观「否定形かどうか」则可清晰地看到，该形式在时代分布上存在着明显的断层现象[2]。

1 田野村（1991：126-127）指出，如果没有特殊理由，语言主体一般会优先使用肯定疑问句而不是否定疑问句。本文此处的考察亦可看做是对该论断的实证支持。

2 由于现阶段历时性语料库匮乏，难以对「かどうか」的语法化过程作出深入分析，此处仅指出该现象。

4.3　后续谓语

本节考察前接形式的肯否对「かどうか」后续谓语的影响。因数据庞大，为整理和统计方便，本节主要使用《朝日新闻》(1999) 中检索到的例句。

4.3.1　后续谓语类型

益岡 (1992 : 184–185) 指出，疑问句可在句中作补足小句，承接这些补足小句的谓语主要有下面 (14) 中所列举的几种类型。

(14) a. 与信息的占有相关的谓语：
知る、わかる、覚える、忘れる、明らかだ、不明だ…
b. 与信息的交换、获取相关的谓语：
知らせる、教える、説明する、尋ねる、質問する、調べる…
c. 表述事件重要性的谓语：
重要だ、問題だ…

(益岡 1992 : 184–185)

藤田 (1983，1997) 指出，「か(どうか)」后面不使用格助词时，后续谓语可划分为下面 (15) 中的三种类型。

(15) 未处理：可以和「はたして」「いったい」等副词共现
知らない、わからない、覚えていない、疑問に思う…
已处理：不能和「はたして」「いったい」等副词共现
知っている、わかっている、明かだ…
处　理：可使用诸如「どうしたらよいか考えろ」这种命令形
教える、尋ねる、量る、聞く、説明する…

(高宮 2003 : 115)

在上述分类中，益岡 (1992) 较为合理。藤田 (1983，1997) 的分类虽然富有启发意义，但在分类标准的统一性上存在问题。如上所述，在藤田 (1983，1997) 的分类中，“未处理”“已处理”是根据与副词的共现可能性进行的分类，“处理”是根据谓语能否变为命令形进行的分类，分类标准明显存在不统一。另外，该分类是针对不借助助词而直接和谓语发生关联的「か(どうか)」的后续谓语的分类，对于借助格助词和谓语发生关联的「か(どうか)」的后续谓语是否适用也值得商榷。鉴于此，在本研究中不采用藤田(1983，1997)的分类，而是以益岡(1992)的分类为基础，主要从信息的关联方式的角度将承接「か(どうか)」的谓语分为了六类[1]，下面结合实例逐一阐述。

第一类是与信息的明确性相关的谓语，该类谓语描述语言主体是否明确了解或把握「かどうか」从句所提示的信息，代表性词汇有「不明」、「曖昧」、「疑問」、「微妙」、「知る」、「わかる」等。

(16) 組長側の要求を過大と判断した両社は、清水建設の関係会社社長に交渉を依頼した。組長側に資金が実際に流れたかどうかは不明だが、関係会社社長に「交渉の報酬」として資金が渡った疑いがある。(『朝日新聞』1999年10月31日)

(17) 人の体細胞を核を抜いた卵細胞へ移植すること(核移植)を禁じているが、卵細胞に牛など動物のものが含まれるかどうか、あいまいだった。(『朝日新聞』1999年11月23日)

(18) 各行とも得意分野に力を注ぐ戦略を打ち出しているものの、都銀は「リテール重視」、信託は「財産管理部門の強化」など方向性は似通っており、低成長下で需要が限られる中、収益を伸ばせるかどうかは疑問だ。(『朝日新聞』1999年5月26日)

(19) 都議会自民党が擁立を目指した田中真紀子代議士らに拒否されたことから、新たな候補者として浮上した。ただ、党内には異論もあり、連休明けの選考委員会で決まるかどうかは微妙だ。(『朝日新聞』1999年1月17日)

(20) サルを使った密売があるのではないかとみている(ロイター)らしい。サルに報道のような能力があるのかどうかは知らないが、事実とすれば、訓練は過酷だったに違いない。(『朝日新聞』1999年7月14日)

(21) 採算性が薄く日本企業からは見放される一方、サウジ側の期待は膨らみ、計画はどんどん肥大化。通産省は先月末、実現困難だと伝えたが、サウジ側が納得したかどうかはわからない。(『朝日新聞』1999年7月14日)

1 明治大学的羽根次郎先生对类型命名提出了宝贵意见。

第二类是与信息的确定相关的谓语，该类谓语表示某一信息的确立需依据「かどうか」从句所提示的信息或主语对「かどうか」从句所提示的信息做出某种决定或处置，代表性词汇有「かかる」、「よる」、「左右される」、「影響される」、「次第」、「任せる」、「決める」等。

(22) 記者会見で外相は「日本は地理的には近くても、実際には非常に遠い国だ」としたうえで、対日関係の姿勢は８月の政府声明ですでに明らかにしたと表明。交渉の再開は「日本が過去の犯罪について清算する意図を持つかどうかにかかっている」と強調した。(『朝日新聞』1999年10月20日)

(23) しかし、どんなに条件を厳しくしても、それだけで法案への懸念をぬぐい去ることはできない。歯止めの措置が実効性を持つかどうかは、法を執行する捜査機関のありように大きく左右されるからだ。(『朝日新聞』1999年5月20日)

(24) 金融行政が自立性を確保できるかどうかは、預金の払い戻しの上限を元本1000万円にするペイオフが2001年4月に解禁されるまでに、金融再生委が金融システム不安を解消できるのか、という問題にも影響される。(『朝日新聞』1999年4月30日)

(25) 問題は、品川区の女性の場合でも生活費が月約８万円かかることで、貯金が底をついたら「生活保護しかない」という。「介護が必要になったら特養に戻れる」と約束するかどうかも、特養の考え方次第だ。(『朝日新聞』1999年6月19日)

(26) 官が先導した技術開発で成功したのは、半導体くらいだ。成長するかどうかは市場に任せ、大幅な規制緩和などで、企業が競争に参加しやすくなる環境整備を急ぐべきだ。(『朝日新聞』1999年6月12日)

(27) 自由貿易にしても、両国政府が交渉に入る前に、意味するところや影響について、それぞれ国内でじっくり議論をし、その上で交渉を始めるかどうかを決める。そんな手順がいい。(『朝日新聞』1999年7月26日)

第三类是与信息的获取相关的谓语，该类谓语表示语言主体为得出某一结论或判断对「かどうか」从句所提示的信息进行核实，代表

性词汇有「調べる」、「調査する」、「チェックする」、「検討する」、「確認する」、「確かめる」、「聞く」、「尋ねる」等。

(28) その後、3つのスポットを平行に移動させたとき、胎児が頭を動かして光を追いかけるかどうか調べている。すなわち胎児の反応は、超音波画像のビデオを撮影し、光を追う動きをするかで確認している。(『朝日新聞』1999年6月12日)

(29) マツダの女性社員1400人のうち、製造部門や総合職などを除いた約1000人が対象。6月ごろから、本人の意欲を聞き取ったり、それに見合う能力があるかどうかを調査したりして、昇格を内定した。(『朝日新聞』1999年8月4日)

(30) 16社の弁護団は、同支店の販売責任のみならず、同支店が米国側の企業と共謀していた可能性があるとして、日米の捜査当局の動向をにらみながら、同支店相手の訴訟を起こすかどうかを検討する。(『朝日新聞』1999年11月13日)

(31) 関口容疑者は、電話で口座の残高照会ができる銀行のサービスを使い、公社のコンピューターから入手した口座名義人の電話番号の下4けたを暗証番号として入力し、暗証番号にしているかどうかを確認していた。(『朝日新聞』1999年4月29日)

(32) 本社調査で、「今の不況であなたや家族の仕事や収入は影響を受けているか」との質問に、「影響を受けていない」と答えた人が23%いた。今回は雇用や収入への不安を感じているかどうかを聞いたが、感じていないという人は15%にとどまった。(『朝日新聞』1999年4月25日)

(33) 尋問はしばらくの間、証人が「保田さんに首を絞め続けるように松本被告人が指示していたように思う」と言っている点に集中した。弁護人は、証人が本当に指示を耳にしたのかどうかを繰り返し尋ねる。弁護人「麻原さんの言葉で、自分の耳で聞いた言葉は」。証人は10秒ほど沈黙して、口を開く。(『朝日新聞』1999年3月12日)

第四类是与信息的重要度相关的谓语，该类谓语表示语言主体对「かどうか」从句所提示的信息做出某种评价，代表性词汇有「焦点」、「問題」、「課題」、「ポイント」、「鍵」、「重要」、「注目点」、「注目される」、「ヤマ場」等。

(34) 東京都知事選は、閣僚経験のある無所属候補を、自民、民主、共産各党の推薦候補を含め知名度のある候補らが追う激戦になっている。前回の青島幸男知事に続き、政党の支援を受けない知事が誕生するかどうかが焦点だ。(『朝日新聞』1999年4月10日)

(35) シニアアナリストは「リストラが続いた後、今度は何で利益を上げるかが課題になり、成長分野の事業を探している。具体的に利益を上げる事業を構築できるかどうかが重要」とみている。(『朝日新聞』1999年6月25日)

(36) 当時の国語の答案に、健吉君が自分で描いた絵がいくつも書き込まれている。授業では、漢字の書き取りや、ことわざの暗記に時間を割かない。子どもたちの頭の中で、文章が映像として動き出すかどうかがポイントのようだ。(『朝日新聞』1999年9月19日)

(37) 詰まっても本塁打になる金属製バットと違い、木製はしんで球をとらえないと飛ばない。韓国にはパワーのある打者が多いだけに、タイミングを外せるかどうかがカギ。(『朝日新聞』1999年9月10日)

(38) いまは、耳の不自由な依頼人が銀行から起こされている訴訟に力を注ぐ。銀行員が依頼人に連帯保証について説明を十分にしたかどうかが争点で、銀行員への尋問を受け持つ1人だ。手話でお互いの意思が直接通うから信頼は厚い。(『朝日新聞』1999年5月5日)

(39) しかし、「雇用対策」としての効果がきちんと生まれるかどうかは今後の課題だ。デジタル化事業は、パソコンなどの情報技術に不慣れな中高年層の失業の受け皿となるばかりではなく、職業訓練にもなるとの期待がある。(『朝日新聞』1999年6月13日)

第五类是与信息的提示相关的谓语，该类谓语在句中主要表示语言主体通过书面或口头的方式向外界公开「かどうか」从句所提示的信息，代表性词汇主要有「発表する」、「公表する」、「報告する」、「記載する」、「書く」、「明言する」、「話す」等。

(40) さまざまな指数算出を手掛けるMSCI(モルガン・スタンレー・キャピタル・インターナショナル社)が、同社の新興国株指数の中に、中国A株(中国本土に上場する人民元建て株)を組み入れるかどうかを発表するからだ。(『朝日新聞』1999年6月20日)

(41) 自民党は徹底的に内部調査をして、「国会議員枠」なるものが存在するかどうかも公表するべきだ。そのうえで嘘をついて株購入のための資金を集めたと確認できたならば、即刻、議員辞職に追い込むべきであろう。(『朝日新聞』1999年7月23日)

(42) 航空管制や旅客サービス、空港への交通機関など6項目について、各空港で何らかの異常があったかどうかを、インターネットを使ってバンクーバー(カナダ)にある事務局のコンピューターに開設したホームページに順次報告。(『朝日新聞』1999年9月19日)

(43) 仲介業者が買主に対して「③重要事項説明」を行う際に、検査済みかどうかを記載します。インスペクションを実施済みの場合はその検査内容を説明することが義務付けられます。(『朝日新聞』1999年9月1日)

(44) 介護居室に移る場合に元の居室の権利が存続するかどうか、部屋の広さが移動前後で異なる場合に差額を返還しているかどうか、も書いてもらう。また、痴ほうの入居者に対する世話ができているかどうかを見るため、痴ほうと判断している人の数と判断基準、痴ほうの人への対応の仕方を報告させる。(『朝日新聞』1999年7月5日)

(45) 酸性雨のpH測定用実験キットを用いて、名古屋市内で採取した雨のpHを測定した。実際に降る雨が酸性雨かどうかを話して、名古屋の空気の汚れを説明した。(『朝日新聞』1999年2月3日)

第六类是一种特殊类型，该类型中的谓语语义弱化，在某种意义上已接近于后置词，代表性词汇有「めぐる」、「含める」等。

(46) 高井警部補をめぐっては、この知人から情報提供の見返りに現金10万円を要求していた疑惑も発覚。ほかにも捜査費名目で別の知人から現金約170万円を受け取った疑いでも調べられており、今後は、収賄罪での立件が可能かどうかをめぐって捜査が進められる見通しだ。(『朝日新聞』1999年11月13日)

(47) 名古屋港では前干潟の埋め立てが中止になるなど、保全の機運が高まりつつある。千葉県はこうした流れに歩調を合わせるように見直し作業を進めてきた。今後、109ヘクタールがぎりぎりの縮小計画かどうかなどをめぐり、議論が活発化するとみられる。(『朝日新聞』1999年6月9日)

(48) コンクリートを外からたたく検査方法で万全なのかどうかを含め、念には念を入れて調べてもらいたい。一部とはいえ運休に踏み切った決断を、「よき前例」としなければならない。(『朝日新聞』1999年11月10日)

(49) 出張等の事実確認・照合・用務内容、訪問先、宿泊先、面談者等が確認できる報告書の提出を求め、重複受給がないかどうかも含めて、用務の目的や受給額の適切性を確認し、必要に応じて照会や出張の事実確認を行う。(『朝日新聞』1999年3月22日)

4.3.2　后续谓语差异

本节将结合上节阐述的谓语类型及语料统计结果，描写「かどうか」因前接形式的肯否表现在后续谓语上的差异。如前所述，第六类后续谓语和其他类型有明显区别，本节不再予以探讨。此外，为数据处理和统计便宜，本节主要使用《朝日新闻》(1999)的结果。

以《朝日新闻》(1999)为语料，以「かどうか」为关键词检索共发现1 224实例。其中，「肯定形かどうか」1 176例，后续谓语的共697例；「否定形かどうか」48例，后续谓语的共42例。结合上节阐述的后续谓语的类别，对后续谓语的697例「肯定形かどうか」和48例「否定形かどうか」进行整理后，结果可做下面表3所示汇总。

表3　《朝日新闻》(1999)中「かどうか」后续谓语的分布情况

后续谓语	肯定形かどうか	否定形かどうか
第一类	207(29.7%)	4(9.5%)
第二类	189(27.1%)	0(0.0%)
第三类	170(24.4%)	34(81.0%)
第四类	112(16.1%)	3(7.1%)
第五类	19(2.7%)	1(2.4%)

表3较为直观地反映了《朝日新闻》(1999)中「かどうか」的使用分布情况。观察表3不难发现，「肯定形かどうか」和「否定形かどうか」在后续谓语上存在两个倾向性差异。

第一个倾向性差异表现在能否和第二类动词发生关联上。如表3

所示，「肯定形かどうか」后面可以使用以「決める」为代表的动词，而「否定形かどうか」后面则很难使用像「決める」这种与信息的确定有关的谓语。这一点不仅可从实际语料中的使用实态看出，从母语者的内省直觉亦可得到证实[1]。

(50) a. 行くかどうか決める。
　　*b. 行かないかどうか決める。

第二个不同表现在是否倾向和特定谓语类型组配使用上。观察表3可知，「肯定形かどうか」除了第五类的实例略少以外[2]，在其他四类谓语上的组配比较均衡，没有出现较大偏差。与之形成对照的是，「否定形かどうか」除了难以后接第二类谓语外，第一、四、五类谓语的实例也明显偏少，而像下面(51)-(56)这种后续第三类谓语的实例则高度集中，这也说明「否定形かどうか」往往和该类谓语组配使用[3]。

(51) 捜査一課などは、同じ会社の顧問と社長の自宅が狙われていることや、爆発物の構造が酷似していることから、同社がトラブルを抱えていなかったかどうかを調べている。(『朝日新聞』1999年11月11日)

(52) また、則定氏が女性同伴で公費出張した疑いがあり、女性への慰謝料支払いを民間の業者に肩代わりさせたとも記述している。最高検は、則定検事長本人やこの業者らから事情を聴き、職務上問題がなかったかどうかを調査する。(『朝日新聞』1999年4月9日)

(53) ネットを巡回して監視する「ロボット」ソフトも開発し、マークの不正使用や営業内容が申請と違わないかどうかも点検する予定だ。相手の顔の見えないネット通販の不安感を和らげる一歩となりそうだ。(『朝日新聞』1999年7月11日)

---

1 在日本国立国语研究所的现代日语书面语均衡语料库中也未能确认到「否定形かどうか」后续第二类动词的实例。

2 一般而言，被提示的信息应有明确的内容，而「かどうか」本身决定了信息内容的不确定性。可能是这一特点，导致了与第五类动词组合出现频度较少的情况。

3 对此森田(2000：7)亦有所提及，但森田(2000)未考察前接形式为肯定时后续谓语的特征，对「肯定形かどうか」和「否定形かどうか」之间的差异也未有任何提及。

(54) レセプトの開示請求の際に医療機関に照会するのは、病名告知がされていない場合などに診療に影響が出ないかどうかを確認するためだ。今回のように支障がない場合はそのまま開示すべきで、訂正要求に応じて返したのは好ましくない対応だった。(『朝日新聞』1999年1月14日)

(55) 様々な設備や装置を使い、複雑な作業工程を経て製品を生み出す。そのようにして作られた製品が期待通りの品質を持っていると言うためには，使われる設備，装置，運用手順に問題がないかどうかを検証しなければならない。(『朝日新聞』1999年3月19日)

(56) 第三段階として，より多くの患者さんを対象として現在行われている標準的な治療薬と治験薬の効果と安全性を比較して優れているかどうかや劣っていないかどうかを検討する。(『朝日新聞』1999年1月27日)

「否定形かどうか」难以和表示信息确定的谓语共现，容易和表示信息获取的谓语共现这一特点和语言主体对「かどうか」所表述内容的主观态度有关[1]。

「肯定形かどうか」可理解为中性的一种表达。比如，当语言主体说「彼が来るかどうか確認」时，可理解为语言主体“仅仅是想了解对方来还是不来，并没希望对方来或不来”。换而言之，在使用「肯定形かどうか」时，语言主体没有倾向性的期待或判断，所以可以对「肯定形かどうか」所表述的内容进行判断或调查。

「否定形かどうか」的情况则发生了一些变化。比如，当语言主体说「彼が来ないかどうか確認」时，可理解为语言主体认为“如果对方来了会出现不便”。换而言之，在使用「否定形かどうか」时，语言主体带有一定的倾向性期待或判断。对于已经具有倾向性期待或判断的内容，难以再使用「決める」等进行判断，但是可以使用「調べる」等进一步调查相关内容。

4.4　发话前提

上节描写了「かどうか」前接形式的肯否所导致的后续谓语上差

1　此处的分析得益于日本女子大学須永哲矢的信件交流意见。

异。在承认这些差异的同时，我们还应该看到，在后续谓语类型上，两者还存在着交叉重叠这一现象。那么，当后续谓语相同时，又是何种因素在影响左右着语言主体对肯定或否定语言形式的选择呢？要回答这个问题，则有必要进一步阐明「肯定形かどうか」和「否定形かどうか」在发话前提上的一些差异。

对于「肯定形かどうか」和「否定形かどうか」在发话前提上的差异，NHK放送文化研究所(2005)曾有过分析。下面结合例子作具体说明。

(57) A：『放送研究と調査』の先月号、ある？
　　B：たぶん、あると思うけど。
　　A：あるかどうか／×ないかどうか確かめてくれる？
(58) A：『放送研究と調査』の先月号、ある？
　　B：たぶん、ないと思うけど。
　　A：あるかどうか／ないかどうか確かめてくれる？

(http://www.nhk.or.jp/bunken/summary/kotoba/term/088.html)

上述两例是客人A走进书店购书时和店员B之间发生的对话。从(57)可知，当发话前提是肯定，即，当店员B回答「あると思う」的时候，客人A只能使用「肯定形かどうか」而不能使用「否定形かどうか」。从(58)可知，当发话前提是否定，即，当店员回答「ないと思う」的时候，客人A既可以使用「肯定形かどうか」，也可以使用「否定形かどうか」。基于此处的分析，「かどうか」前接形式的肯否和发话前提间的关系，可做如下表4汇总。

表4　「かどうか」前接形式的肯否与发话前提的对应关系

	肯定形かどうか	否定形かどうか
发话前提为肯定	○	×
发话前提为否定	○	○

观察表4可知，「否定形かどうか」只能用于发话前提为否定的情况，而「肯定形かどうか」则是一种较为客观中立的表达方式，既可用于肯定的发话前提，也可用于否定的发话前提。也就是说，在发话

前提上，「否定形かどうか」受到了更多的制约。

5. 小结

以上通过语料库方法考察描写了「かどうか」前接形式的肯否所导致的差异。考察发现，「かどうか」句式前面倾向使用肯定形，和「肯定形かどうか」相比，「否定形かどうか」在时代分布上存在断层现象，在后续谓语类型上出现了共现集中倾向，在发话前提上受到了更大的制约。综合而言，在「かどうか」句式中存在着肯定与否定的不对称现象。

受目前日语学界历时性语料库资源匮乏的局限，本文未能对「否定形かどうか」在时代分布上的不均衡性现象做进一步精确的考察。另外，对于「～か否か」「～ないか」等否定疑问句是否存在同样倾向性特征以及和「否定形かどうか」之间的共性和差异等问题，也未进行探讨，这些将作为课题今后予以研究。

第12章　日语「ながら」句式的考察

1. 引言

众所周知，接续助词「ながら」前接动词连用形时有两个基本用法。

第一种用法表示两个动作、作用的同时进行或两种状态的并存，这种用法通常被称为顺接用法，以下示诸例为代表。

(1) 大好きな巨人が負けていると、とたんにムスッとなる。食後のデザートで、数が半端なものが出されると、必ずボクと張り合おうとする。TVを見ながら、知りもしないアイドルの歌を、必死に口ずさもうとする。（乙武洋匡『五体不満足』）

(2) 敗戦当時、だれがいまの日本を予見できたであろうか。戦後、しばらくのあいだ、国民の多くはボロをまとい、すき腹をかかえ、その日暮しに耐えながら日本経済の復興に取組んだ。（田中角栄『日本列島改造論』）

第二种用法表示主句叙述的行为或结果与从句所叙述的基于某种状况预测的结果不相吻合，这种用法通常被称为逆接用法，以下示诸例为代表。

(3) からかわれるとは知っていながら、彼女が唇を向けて来るので私もそれを吸うようにすると、アワヤと云う時その唇は逃げてしまって、はッと二三寸離れた所から私の口へ息を吹っかけ、「これが友達の接吻よ」と、そう云って彼女はニヤリと笑います。（谷崎潤一郎『痴人の愛』）

(4) 初出場の松下がアトランタ五輪金メダリストでもある劉国梁に第1セットを奪いながら、逆転負けした。1－1で迎えた第3セットでは一時17－17に並ぶ場面もあったが、最後は世界トップの力に押し切られた。(『朝日新聞』2001年1月12日)

在上述两种用法中，顺接用法的「ながら」一般被认为从句内部不能出现主语[1]，而且这似乎已被日语语法研究学界所熟知。但收集现实生活中的语言实例可知，事实却并非如此。鉴于此，本文将以顺接用法的「ながら」为研究对象，借助语料库对「ながら」从句中所出现的主语和谓语进行考察，考察重点为主从句主语间的语义关系及从句谓语动词的类别。

2. 先行研究

迄今对「ながら」的研究很多，但是，对于顺接用法的「ながら」从句内部出现主语这一现象的研究极其有限。就本文所把握的资料来看，目前主要有南(1991，1993)和尾上(2001)的相关研究。

南(1991，1993)研究日语句子构造时，根据从句内部要素的包含可能性、从句构成成份间的同现关系及从句间的相互包含关系，对从句的所属阶层进行了分类。南(1991：62–77;1993：78–120)指出，日语从句可分为A、B、C三类，日语句子中存在着与之相对应的A、B、C三个阶段，加上不能够在从句中出现的D阶段，日语句子总计可分为四个阶段[2]。在A、B、C三类从句中，构成成分出现最少的是A类，最多的是C类，B类则居于A、C两类之间。

本文要研究的表示顺接的「ながら」从句在南(1991，1993)的系列研究中属于A类从句[3]。关于该类从句，南(1991：64;1993：96)指

1 关于主语本文沿用尾上(2004)的定义。尾上(2004：8)指出，日语ガ格名词项是主语，表示某一认识事态中的核心。

2 对于日语句子的A、B、C、D四个阶段，南(1991，1993)分别将其命名为描写叙述阶段、判断阶段、提出阶段、表出阶段。

3 除表示顺接的「ながら」外，A类从句中还包括表示顺接的「つつ」、表示状态的「て」、动词连用形的重复形式(如：尻尾を振り振り)。附带提及的是，表示逆接的「ながら」和表示原因、理由的「て」则被归入到了B类从句。

出，一般情况下其内部很难再出现主语[1]。同时，南（1991：74;1993：119–120）在论述中也提及到了下面（5）（6）这种「ながら」从句中出现主语的情况。

(5) 同時に城木は、頭部と胸部を棍棒で殴りつけられたような打撃を受け、意識も霞みながらその場に昏倒した。（北杜夫作『楡家の人びと』）

(6) ひたすらに一途に、近ごろは涙もろくもなって、思わず顔がゆがみそうにもなりながら。（北杜夫作『楡家の人びと』）

但遗憾的是，南（1991：74–75）对这一现象并未进行深入挖掘探讨，仅在行文中指出，这种现象可能是写作者个人习惯造成的，但是对于这种语言现象在语法或语义上的特点有分析的必要。对于这一内容，南（1991：77）还以注释的形式进一步介绍了自己和角田太作对「ながら」从句主语及谓语动词的看法，具体如下面斜体内容所示。

～ナガラ〈非逆接〉の中に現れる主格的な成分は、文法上、意味上何らかの限定された性格を持っているものかもしれない。角田太作氏は、それは部分主語的なもので、それをうける述部は自動詞に限られるのではないかと言われた（直話）。また、こうしたものは、筆者がA類の句に入れた述部が形容詞、形容動詞の句（足音モ高ク、声高ラカニ…）における主格的成分と考え併せて検討する必要がある。（南1991：77）

从以上内容不难看出，南（1991）基于母语者的感觉认为「ながら」从句中出现的主语在语法和语义上具有一定的限定，角田基于母语者的感觉认为当「ながら」从句中出现主语时，从句谓语动词仅限于自动词。但是，两人此后未对该问题进行深入研究。

对于「ながら」从句中难以出现主语的原因，尾上（2001：336–337）曾作出如下解释：从"包摄可能性"的观点来看，能否出现在A类从句，即是能否出现在「ながら」等情态修饰句中。一般而言，情

1 相同论断还见于森山（2000：156），但森山（2000）没有提及「ながら」从句中出现主语的情况。

态修饰成分很容易和句子的谓语关联起来，但像「花が美しく咲いた」这种句子中的「美しい」，实际上也在描写句子主语「花」的存在样态。也就是说，情态修饰成分是以句子主语为语义主语的谓语。描述存在样态的形容词和情态副词之所以可独立成为情态修饰成分的原因即在于此，而情态修饰成分因基本上具有作谓语的资格，所以内中不含主语也是当然的事情。和形容词及情态副词不同的是，动词本身不描述存在样态。使用动词形成情态修饰成分这种特别的情况只能是在A类从句，而此时所采取的策略是，从另一侧面描写主句所表述的同一动作。如「犬が尾を振って走る」这个句子中的「犬が尾を振る」是对「犬が走る」这一主句内容的侧面描写。因为是同一动作的两种描写，所以，两个事态的主句在原理上应该是一致的，所以动词所形成的情态修饰句中难以出现与主句不同的其他主语。

3. 问题意识、所用语料

上节综述了对顺接用法的「ながら」从句中出现主语的主要研究。可以说，这些研究挖掘出了有关顺接用法的「ながら」从句中难以出现主语的一般性倾向。但遗憾的是，迄今的研究尽管认为顺接用法的「ながら」从句中存在出现主语的可能性，但均未进行深入的研究，仅仅将其作为一种例外或今后的研究课题。

针对上述不足，本文以表示顺接的「ながら」为对象，在「ながら」内部原则上难以出现主语这一基本立场的基础上，借助语料库对「ながら」从句中所出现的主语和谓语进行考察，考察重点为主从句主语间的语义关系及从句谓语动词的类别。

本文在调查时主要使用了新潮社1995年出版的《新潮文庫の100冊》、1997年出版的《明治の文豪》、《朝日新闻》（1999—2001）及北京日本学研究中心构建的《中日对译语料库》等多种语料[1]。检索例句时，在综合南（1991 : 65–66）的基础上，遵循了以下三个原则。

第一，必须是「ながら」前接动词连用形时的顺接用法[2]。换言

1　对于《明治の文豪》和《新潮文庫の100冊》重合的文章，检索时不重复计算。

2　顺接和逆接有时难以区分（森田, 1992 : 843）。本文原则上以能否和「ながらも」置换为标准并综合母语者意见进行了判断。

之，「ながら」前接动词但表示逆接的用法以及「ながら」前接形容词、形容动词、名词的形式不在本文的研究范围之内。

第二，主句主语和从句主语必须在句中明确出现。也就是说，像下面(7)(8)这种只出现从句主语或主句主语的句子不在本文的研究范围之内。

(7) 土橋をわたると谷川の深みへ降りる石段へ通じる。そこで大人たちの不精鬚におおわれた、貧しく陰険な顔が緊張にゆがみながら少年を見おろした。彼らは黙りこんだまま少年を見つめていた。(大江健三郎『不意の唖』)

(8) 潮の流れが円を描いていて、知らず知らず彼を島のそばへ流れつかせたのだ。動かぬ手で幾掻きかすると、足が海底に触れた。よろけながらふらつきながら、峻一は岸に辿り着いた。そのまま彼はうつぶせに倒れた。(北杜夫作『楡家の人びと』)

第三，「ながら」从句必须是句子的第一直接构成要素[1]。具体而言，如下面(9)(10)这种包含在连体修饰句及其它从句中的「ながら」不在本文的研究范围之内，如：

(9) 輸送車のわきに一人きり取残され、話しかけたり頼りにすることのできる人間は誰もいず、そして輸送車の上では、いくら声をかけ励ましてやっても応答のない、しかし意識も濁りながら執拗に苦悶をつづけている男が、間断なく、いたましく聞くに堪えぬ呻き声をあげていた。(北杜夫作『楡家の人びと』)

(10) 源氏にあからさまに問いただし、恨み、拗ね、嫉妬の涙に黒髪もむれながら、物狂おしく源氏の膝をゆすぶったりすることは、わが誇りにかけて、死んでもできない。彼女にできることは、最高の身分の貴婦人らしい品位を崩さず、ひややかな沈黙で答えることである。(田辺聖子『新源氏物語』)

依据以上原则，本次调查共检索到28个例句[2]。按照主句主语是

1　关于这一点可参考南(1991：65)。

2　这28个例句在语料中的分布情况是：《新潮文庫の100冊》27例，《朝日新聞》(1999—2001)1例，《中日对译语料库》0例。

有情物还是无情物作大致划分后，检索结果可作如下表1所示汇总。

表1　顺接用法的「ながら」从句出现主语的类型及数量分布

	数量	比例
主句主语为有情物	22	79%
主句主语为无情物	6	21%

考虑到这28个例句在「ながら」的顺接用法中所占比例很小[1]，我们不得不承认南（1991，1993）所指出的一般情况下「ながら」从句中很难出现主语这一结论的正确性。但同时应注意到的是，这些句子分布在不同时代的21个作者的文章中。这既从侧面说明南（1991：74–75）仅将「ながら」从句中出现主语的现象归结为文章作者的个人习惯有失偏颇，也暗示我们对该现象有进一步分析考察的必要性。

4. 日语「ながら」从句中的主语和谓语

本节将分主句主语是有情物和主句主语是无情物两种情况，对顺接用法的「ながら」从句中的主语和谓语进行考察。考察时，先考察主句主语和从句主语间的语义关系，在此基础上考察顺接用法的「ながら」从句中出现主语时的谓语类型。

4.1　主句主语为有情物时

从上节表1可知，主句主语为有情物的占总体用法的79%，是「ながら」从句中出现主语时的最典型用法，故而本节先从此类谈起。主句主语为有情物时根据主从句主语间的语义关系可进一步分为三种类型[2]。

第一种类型[3]为主从句主语间构成整体部分关系[4]的类型，其具体

1　具体比例本文未做统计，但这28个例句源自2万多句子，所以完全可推知该结果。另外，例句绝对数量少也恰恰说明了本文研究对象的周边性，研究对象内部的主语和谓语并非杂乱无章，而是呈现了有序分布，这也从侧面说明了考察的意义所在。

2　类型划分吸收了原东京大学尾上圭介教授和北京外国语大学徐一平教授的一些意见。

3　尾上圭介2004年曾口头提及该类型，但没有对该类型从句中的动词特点作分析。

4　本文的整体部分关系类同于角田（1991：117-164）所论述的所有关系。

特点是主句主语为独立存在的行为个体，从句主语为主句主语不可分割的组成部分，以下示(11)-(15)为典型。

(11) おれは余りのいじらしさに、慰めてやりたいと思うたから、そっと後手に抱き起そうとした。するとあの女はどうしたと思う？いきなりおれをはり倒したのじゃ。俺は目が眩らみながら、仰向けに其処へ倒れてしもうた。俺の肉身に宿らせ給う、諸仏諸菩薩諸明王も、あれには驚かれたに相違ない。(菊池寛『俊寛』)

(12) 若いウベルティーノは、感動に涙があふれそうになりながら、ペガエ門に向った。冷徹な商人であるテダルディも、胸にこみあげてくるなにかを持てあましながら、皇宮ぞいの城壁に向う。ニコロだけは、治療所を商館から船の一隻に移す仕事で、聖ソフィア大聖堂には行く暇がなかった。(塩野七生『コンスタン』)

(13) 次の瞬間、何かが目の前でぱっと眩く爆発した。目くるめく閃光と轟音。瞬発信管附きの敵機の機関砲弾が、城木たちのすぐ前方で炸裂したのである。同時に城木は、頭部と胸部を棍棒で殴りつけられたような打撃を受け、意識も霞みながらその場に昏倒した。(北杜夫作『楡家の人びと』)

(14) 丑松は考深い目付を為ながら、父の死を想いつづけていると、やがて種牛の毛皮もすっかり剥取られ、角も撃ち落され、脂肪に包まれた肉身からは湯気のような息の蒸上るさまも見えた。屠手の頭は手も庖丁も紅く血潮に交れながら、あちこちと小屋の内を廻って指揮する。(島崎藤村『破戒』)

(15) そういえば夕暮の道をこちらに駈けてくる子供らは、いずれもほとんど、或いは完全にその母の手元を離れているのだった——ひたすらに一途に、近ごろは涙もろくもなって、思わず顔がゆがみそうにもなりながら。とびついてくる周二の片手に握られた大きな蜻蛉を認めて、婆やは自分でも嬉しくなって言う。(北杜夫作『楡家の人びと』)

第二种类型为主从句主语间构成集合包含关系[1]的类型，其特点

1 柴谷(1978：209)将整体部分关系归入到了集合包含关系之中。西山(2003)认为，尽管两者极其相似，但实际上有很大的不同，应该将两者区别对待。详情可参考西山(2003：239-240)的有关分析。

是主句主语为多个独立行为主体所形成的集合，从句主语为该集合可分割的组成部分，以下示（16）-（19）为代表。

(16) 水島が肩から吊した竪琴をひきながら先頭にたっています。次の者は、さっき若者たちが投げた花を花束にしてかかえています。そうして、一同は笑い興じて、ある者はビルマの踊りのまねをしてふざけて騒ぎながら、水島を車の上にかつぎあげました。（竹山道雄『ビルマの竪琴』）

(17) つづいてどっと四五人の男の笑い声がしました……たんに彼等は、「さあ、もういいわよ、今度は彼方へ行って見ようよ」と、ナオミが音頭を取りながら、ぞろぞろ繋がって出て来ました。彼等は私には気が付かないで、小屋の前から波打ち際へ降りて行きました。（谷崎潤一郎『痴人の愛』）

(18) それからペムペルは、にぎりこぶしを握りながら、ネリは時々唾をのみながら、樺の木の生えたまっ黒な小山を越えて、二人はおうちに帰ったんだ。ああかあいそうだよ。ああかあいそうだよ。ほんとうにかあいそうだ。わかったかい。じゃさよなら、私はもうはなせない。じいさんを呼んで来ちゃいけないよ。さよなら。（宮沢賢治『黄いろのトマト』）

(19) それから高根圭一が立上り、広い額を光らせながら、まあ今日は上も下もなく無礼講でわっと景気よく飲もうではないか、というようなことを言った。野々宮が乾杯の音頭をとり、二十人ほどの男たちがひくい声で「乾杯」と言った。たいして意味のない儀式が終り、隣り同士たいして意味のないことを喋りながらみんなビールや酒だけはいきおいよく飲みはじめた。（椎名誠『新橋烏森口』）

第三种类型为主从句主语间构成等同关系的类型，其显著特点是从句主语多为反身代词，以下示（20）-（24）为代表。

(20) すべて、煙か灰のように消えてしまったのです。それらは私にとって、無価値なものになりました。いま、大切なのは、宮お一人です。どうか、そうお悲しみにならないで下さい。柏木は自分も涙ぐみながらそういって、宮の頬の涙を吸い取るのであった。（田辺聖子『新源氏物語』）

(21) 危険な時間がちかづいて来る。冬の日は短く、粉雪の夕方はさらに暮れるのが早い。賢一郎は滑って行く登美子の中腰になったうしろ姿を追うて、自分もゆっくりと滑りながら、この女は自分の危機を知っているのかしらと思った。知らないでいるとすれば感受性の不足であり、知っているにしては、まるで恐れを見せない。(石川達三『青春の蹉跌』)

(22) 寒かった、僕は下腹の激しいしこりをもてあましていた。ためらったあと、僕はコンクリート塀の隅で放尿した。教員は僕と並んで自分も放尿しながら僕によびかけた。おい、名前だけでもいってくれよ。僕らはあれを闇にほうむることはできないんだ。霧を透して街娼が僕らを見まもっていた。(『人間の羊』)

(23) 僕は女子学生の濃い隈のある瞼やざらざらした頬の皮膚をまぢかに見、疲れが濡れて重い外套のように躰を包むのを感じた。しかし僕は低い声で笑った。「するとね」と女子学生は自分も声だけ笑いながら粗い睫を伏せていった。(大江健三郎『死者の奢り』)

(24) その夜、太郎は、辰彦に食事の後片づけをさせる間、自分は、ツマヨウジを噛みながら、テレビを見ていた。 そしていかにも、横暴な上級生という感じで、「へへへ」と一人でバカ笑いをしたり、「やった！」と手を叩いたりした。辰彦は仕方なく、コマネズミのように動き廻った。(曽野綾子『太郎物語』)

以上描述了主从句主语间的语义关系，下面再看「ながら」从句中出现主语时所使用的谓语动词的类别。

第一种类型共检索到11个例句。在这11个例句中，从句谓语动词全部为自动词，而且这些动词的动作性、意志性不强，多属表示主体状态变化的非动作动词。鉴于该语言事实，我们可以得出第一种类型的从句谓语动词和意志性、动作性较强的他动词不相融合这一结论。

第二种类型共检索到4个例句。这4个句子的从句谓语动词，既有如上面(16)所示的自动词，也有如上面(17)-(19)所示的他动词，而且这些句子多为意志性较强的动作动词，表示动作主体状态变化的非动作动词较少。

第三种类型共检索到7个例句。这7个句子的从句谓语动词，既有如上面(20)-(23)所示的自动词，也有如上面(24)所示的他动词，从整体来看，第三种类型从句谓语动词的类别特点和第二种类型相同。

通过以上描述我们得知，除第一种类型的从句谓语动词全部为自动词外，其余类型的「ながら」从句中既可以出现自动词也可以出现他动词。换言之，在能否使用他动词上，第一种类型和其他类型出现了截然相反的倾向。

那么为什么会出现这种情况呢？事实上，这一现象和日语双重主语句[1]在深层次上具有一定的相似性，所以我们可借用双重主语句的一些分析对上述现象作出解释。

須永（2004）在对两个主语间具有整体部分关系的动词作谓语的双重主语句进行分析时曾经指出，在表述具体运动时，很难形成双重主语句。如：

(25) ?象は鼻が動いた。（須永，2004 : 2）

对于该现象，須永（2004 : 3）指出，之所以出现这种情况，主要是一个动作主体在同一时间内只能在一个意志的驱使、控制下执行一个动作，动作主体的身体部位不可能在不同意志的控制下进行不同的动作。

前面提到，第一种类型的从句主语是主句主语不可分割的组成部分，而这一特点恰恰和两个主语间具有整体部分关系的动词作谓语的双重主语句的构句特点不谋而合。鉴于此，我们认为第一种类型的从句谓语不能使用他动词的深层原因和双重主语句是相通的。

須永（2004 : 3）还提到，表述具体运动的双重主语句成立时，只能是下面（26）这种第二个主语是独立于第一个主语的个体，但在语义层面又可称之为第一个主语的“部分”的关系者项，因为这种不依

1　尾上（1998 : 90）指出，在形为「XハYガZ」的句子中，「Xハ」是ガ格名词的，以及以此为基础所形成的「XガYガZ」、「YハXガZ」、「YガXガZ」都是双重主语句。上述句子中的「ハ」「ガ」被替换为系助词、副助词、或者不出现助词的，也是双重主语句。在此基础上，尾上（1998）将双重主语句分为了因谓语特殊性形成的类型和两个主语在语义上具有整体部分关系的类型。

附于第一个主语的独立行为个体可以独立的主体意志进行运动[1]。

(26) 太郎は奥さんが家出した。(須永，2004：3)

前面提到，第二种类型的从句主语并不依附于主句主语，第三种类型的从句主语实质上等同于主句主语。尽管两者间存在着一些差异，但在是否是独立的行为主体方面是一致的。作为独立存在的行为个体，自然可以在独立意志的驱动下进行行为动作，所以这两类从句谓语动词可使用他动词也就不足为奇了。

4.2 主句主语为无情物时

从前面表1可知，表示顺接的「ながら」从句中出现主语时，主句主语为无情物的实例比较少，仅占总体用法的21%，是「ながら」从句中出现主语时的非典型用法。本文最后将结合前面所述内容对该种情况进行简单素描。

在4.1小节中提到，主句主语为有情物时，依据主从句主语间的语义关系可分为三种类型，而这些类型同样存在于主句主语为无情物的场合。

首先看主从句主语间构成整体部分关系的类型。该类型共有3例，如：

(27) 左の頬は一面に黒みを帯びた紫色になって、焼けた皮膚が撚れ縮まって附着しながら段々の層状をなしている。左の小鼻のわきが化膿して、かちかちに固まった膿の下から新しい膿汁が出ているようだ。これが自分の顔かと左半面だけ鏡で見ていると、胸がどきどきして来て、ますます見たことのない人相のように見えて来る。(井伏鱒二『黒い雨』)

(28) 海の上は唯狂い暴れる風と雪と波ばかりだ。縦横に吹きまく風が、思いのままに海をひっぱたくので、つるし上げられるように

1 即便第二个主语是独立行为个体，在表述具体动作时，该类双重主语句也不可能无条件成立，因为在很大程度上还要受到解说部语义重要度的影响。比如，「花子は娘が女児を出産した」这种句子要比「花子は娘が女がパーティに出席した」这种句子的语法自然度要高。关于这一点，可参考益岡(1987：65–70)的相关论述。

高まった三角波が互に競って取っ組み合うと、取っ組み合っただけの波は忽ち真白な泡の山に変じて、その巓が風にちぎられながら、すさまじい勢いで目あてもなく倒れかかる。(有島武郎『生れ出づる悩み』)

(29) 着く処に着いてから思い存分の手当をするから暫く我慢してくれと心の中に詫びるように云いながら、君は若い漁夫を卒倒したまま胴の間の片隅に抱きよせて、すぐ自分の仕事にかかった。やがて行手の波の上にぼんやりと雷電峠の突角が現われ出した。山脚は海の中に、山頂は雲の中に、山腹は雪の中に揉みに揉まれながら、決して動かないものが始めて君達の前に現われたのだ。(有島武郎『生れ出づる悩み』)

上面(27)中的从句谓语「付着する」是自动词，在此处表示某种状态，动作性不强。(28)(29)中的从句谓语「揉みに揉まれる」「ちぎられる」是被动态，实质上接近于自动词[1]，其整体表示较强的状态。换而言之，(27)-(29)的从句谓语实质上都是(或都可理解为)表示状态的自动词，这和前面4.1小节中所提到的相关结论完全吻合。

下面再看主从句主语间构成集合包含关系的类型。该类型共有2例，如：

(30) 鏡の底には夕景色が流れていて、つまり写るものと写す鏡とが、映画の二重写しのように動くのだった。登場人物と背景とはなんのかかわりもないのだった。しかも人物は透明のはかなさで、風景は夕闇のおぼろな流れで、その二つが融け合いながらこの世ならぬ象徴の世界を描いていた。殊に娘の顔のただなかに野山のとも し火がともった時には、島村はなんともいえぬ美しさに胸が顫えたほどだった。(川端康成『雪国』)

上面(30)中的「融け合う」是状态性较强的自动词，换而言之，这些从句中的谓语依旧保持了4.1小节所述的主句主语为有情物时的特点。

最后看一下主从句主语间构成等同关系的类型。该类型目前仅发

1　关于被动形式的他动词与自动词的相近性，可参考庵(2001：134-135)。

现了1例，而且从句谓语动词为他动词，这也和4.1小节所述的主句主语为有情物时的特点相同。

(31) ジャパンは自己ポジション（在庫）として東京証券取引所上場株や店頭登録株を持ち、オンライン証券会社などから小口の注文を集めて、自らが値段を提示しながら売り買いの注文を仲介する。売値と買値の差額（スプレッド）が収入になる。既存取引所のような売買代金に応じた手数料（場口銭）は参加証券会社から徴収しないため、証券会社は、コストを安くすることができる。（『朝日新聞』2000年7月20日）

5. 小结

以上以表示顺接的「ながら」为对象，借助语料库对「ながら」中出现的主语和谓语进行考察。考察发现，尽管为数不多，表示顺接的「ながら」中可以出现主语。根据和主句主语的语义关系，「ながら」中的主语可分为三种类型：第一种和主句主语在语义上构成整体部分关系，第二种和主句主语在语义上构成集合包含关系，第三种和主句主语在语义上构成等同关系。根据「ながら」从句主语类型的不同，所使用的谓语动词也具有一定倾向性。考察发现，「ながら」从句主语为第一种类型时，谓语只能是自动词，不能使用他动词；「ながら」从句主语为第二、三种类型时，谓语既可使用自动词，也可使用他动词。

以上是现阶段对表示顺接用法的「ながら」中主语和谓语动词的考察。鉴于本文所考察对象的特殊性，以及数据处理的繁杂性，对于同属南（1991，1993）所提出的A类从句的「つつ」和表示状态的「て」中能否出现主语等情况未能进行考察。另外，如前面所述，此次检索到的相关例句绝大部分都来自《新潮文庫の100冊》。对于不同语料库间何以出现如此大的差异，这种差异是否反映了「ながら」从句的某些特征和特性等问题[1]，也未能进行考察。这些暂作为今后的课题，留待他日他文解决。

1　对于28个例句集中出现在《新潮文库の100冊》这一现象，吉林大学宿久高教授指出这可能和文学作品的描写性有关，大阪大学田野村忠温教授也提出类似见解，今后将进一步丰富语料深入考察。

第13章　日语「たり」句式的考察

1. 引言

现代日语的并列助词可以构成并列结构。并列结构按照前接成分的不同，可以划分为三种类型。

第一种是前接成分为体言的类型，本文将其命名为体言性并列结构，主要由并列助词「と」引导。如：

(1) まっ暗な木村さんのしょさいでは、おそろしいことが起こっていました。からだにぴったりついた、黒いシャツとズボンを着けた黒ふくめんの男が、金庫の前にしゃがんで、なにかしているのです。（江戸川乱歩『少年探偵王』）

(2) 粉状にしたものに水とオイルと塩を混ぜ、おせんべいのように薄く伸ばしてオーブンで5分から7分焼くのだが、三百度という高熱でいっきに仕上げるのが美味しさの秘訣という。（松本葉『どこにいたってフツウの生活』）

第二种是前接成分为用言的类型，本文将其命名为用言性并列结构，主要由并列助词「たり」「し」引导。如：

(3) それは欺瞞ですらなく、狂犬による被害であったが、香保の潔癖が被害を隠したり黙したりすることに耐えられなかった。そして、礎どころか、すべてを失ってしまった。（森村誠一『雪煙』）

(4) この時点でもまだピンときていないんですよ。僕たちの映像が日本中で流れたことも知らないし、そこだけ見たら、ただ僕たち三人が行方不明になったから捜してほしい、と訴えているようにも思えました。（郡山総一郎『人質』）

第三种是前接成分既可以是体言，也可以是用言的类型，本文将其命名为复合型并列结构，主要由并列助词「とか」「なり」引导。如：

(5) お念仏を称えるとか称えないとかそんなものは問題ではないのだ、ということをおっしゃられています。最後に、お念仏ということをいただきますといつも思い出すことがあります。（久堀弘義『仏・法・僧をうやまって生きる』）
(6) その言いぐさはたぶん列強が日本を見る見かたと同じことなのだが、貴様はそいつを受け入れることができるのか？そもそも民族なり国家なりの優劣をどう決めるのだ？（佐々木譲『武揚伝』）

在上述三种并列结构中，本文要考察的是第二种用言性并列结构中由「たり」引导的并列句式，考察的重点是并列项间的语义类型、后接要素、句法功能、前接要素。

2. 先行研究

对于「たり」引导的并列句式，日语学界的一些学者已进行过描述，其中又以森田（1989）、寺村（1991）、森山（1995）、吉永（2007）、中俣（2015）等为代表。

森田（1989：173–174）把「たり」的用法分为了“例示”和“共现”两类，将并列项间的语义关系划分为了四种。一种是（7）这种表示“同一主体连续的行为或状态”，一种是（8）这种表示“不同时间的不同状况”，一种是（9）这种表示“多角度描写某情况的特点”，一种是（10）这种表示“完成某目的需要的方法和手段”。

(7) 彼は腹を立てたり悔しがったりしていた。（森田 1989 : 173）
(8) 風呂は熱かったりぬるかったりだ。（森田 1989 : 174）
(9) 当地は花が咲いたり鳥が鳴いたり、なかなか自然に富んでいる。（森田 1989 : 174）
(10) 辞書を引いたり参考書をみたりして調べなさい。（森田 1989 : 174）

寺村（1991：221–222）将「たり」引导的并列句分为了“非对称性

并立”和“对称性并立”两类。非对称性并立指的是下面(11)这种仅列举几个动作行为的情况，该类别多接形式动词「する」。对称性并立指的是下面(12)这种列举对称性动作、事件、状态的情况，该类别一般难以用形式动词「する」结句。

(11) 土曜日はテニスをしたり、小説を読んだり、ギターを弾いたりして過ごす。(寺村 1991 : 221)

(12) あしたは、雨が降ったりやんだりでしょう。(寺村 1991 : 221)

此外，寺村(1991 : 227)还指出，「たり」能起到的是部分列举功能，「たり」引导的内容必须具有等质性。这里的“等质性”指的是语义上的等质，它超越了形态上的类似。

森山(1995)将「たり」引导的并列句分为了列举多个场景的类型和列举部分场景的类型。列举多个场景的类型以下面(13)为代表，该类型和「し」「とか」引导的并列不同，可以列举时空不同的事态和多个动作主体进行的事态。列举部分场景的类型以下面(14)为代表，该类型实际上背后隐含了多个场景，但在外形上仅仅出现了这些场景中的一部分。

(13) 囚人たちは午前0時に一斉に声を上げたり、鉄格子を揺すったりした。(森山 1995 : 135)

(14) 君、小さい子をからかったりしてはいけないよ。(森山 1995 : 138)

吉永(2007)分析了从口语数据库「KYコーパス」和书面语数据库「作文誤用データ」中抽取出的语料，发现学习者对「たり」的误用可总结为三类。一类是下示(15)这种误将表示动作的句子和表示状态的句子并列的情况，一类是下示(16)这种句尾误用了无法总括前面示例内容的情况，一类是下示(17)这种误用「たり」名词化的情况。此外，吉永(2007)还对「たり」和「とか」等并列助词进行了对比，指出了避免母语干涉的必要性。

(15) *お正月、テレビをみたり、おなかがいたかったりでした。(吉永 2007 : 28)

(16) ?休みの日、友達と遊んだり、本を読んだり、お茶を飲みました。(吉永 2007 : 28)

(17) ?クリスマスには演劇をしたり、歌を歌ったりをします。(吉永 2007 : 28)

中俣(2015)以语法上的“网罗性”和语义上的“集合形成动机”为主线，将日语中的33个并列表达形式划分为了并列助词、接续助词、接续词三大类进行了全面系统的描写。对于接续助词，中俣(2015 : 147–153)将并列项之间的语义关系划分为了“相同形式”、“相同构造”、“相同评价”等11类，其中，由「たり」引导的并列项间的语义关系仅占其中的7种，最多的是“相同评价”。

3. 问题意识、所用语料

上节简要介绍了有关「たり」的研究。应该说，前人的这些研究从不同侧面揭示了「たり」的类型、语义、功能等方面的特征。但是，本文认为在以下几个方面尚存不足。

第一是使用概念的抽象性问题。对于「たり」引导的并列项，寺村(1991 : 227)试图用“等质”来进行解释说明。与之类似的是，森田(1989 : 689–692)与森山(1995 : 5)试图用“同类”来解释「たり」连接的并列项间的语义关系。但是，不论是“等质”还是“同类”，这些概念过于抽象，并不利于把握并列项之间的语义关系。

第二是分类标准的不一致问题。中俣(2015 : 147–153)将并列项间的语义关系分为了11类，并对「たり」引导的并列项间的语义关系进行了分析。但需要注意的是，中俣(2015)的分类关系存在交叉，分类标准存在不统一的问题。比如，中俣(2015)分类中的“相同形式”“相同构造”“相同评价”“理由”这4类借用自Kehler(2002)，“对比”“示例”“一般化”“精致化”这4类是其本人的扩展，余下的3类则是根据实际需要进行的分类。

第三是考察内容的全面性问题。统观迄今的研究可知，既有的研究多关注「たり」的典型形式和用法，但是，对于「たり」的前接要素和后续要素特征的探讨并没有给予太多的关注，没进行相关内容的考察和挖掘，这不利于对「たり」整体特征的把握和研究的纵深发展。

第四是方法的局限性问题。统观迄今的研究可知，既有的研究多基于研究者的语感，以有限的语言材料开展定性分析的居多。但是，为内省方法的局限性和材料的匮乏性所限，这些研究无法把握「たり」的使用现状和使用倾向以及各类型间的关系。

鉴于以上问题，本研究将在借助语料库收集整理大量实例的基础上，考察「たり」引导的并列句式的语义类型、后接要素、句法功能、前接要素。通过考察，本文力图弄清「たり」引导的并列句式的类型层面的使用倾向，不同结构层面的句法特征，构成「たり」并列句式的词性方面的倾向特点等问题。

日本语记述文法研究会（2008：273–275）指出，在一个句子中「たり」可以重复3次以上，但通常以2次为主。本文的前期调查结果也印证了日本语记述文法研究会（2008）的论点。鉴于此，下面在考察时重点以重复两次的「AたりBたり」结构为对象考察。

在调查时，主要使用了北京日本学研究中心构建的《中日对译语料库》中所收录的34本日语原文小说[1]。检索时，在充分考虑音变的基础上，以「たり」为关键词从中抽取到1 210例实例。在后续处理时，排除了「たり」仅使用一次的句子，共得到730个例句，其中「AたりBたり」结构的例句共618个，A、B均为动词的共603个。

陆（1998：353–367）指出，并列组合是最简单的结构。马（2005：2）也指出，并列结构具有超越语言差异的普遍性和趋同性。考虑到本文分析的「たり」主要用来连接动词以表事件间的关系，与汉语并列

1　小说分别是：《あした来る人》《越前竹人形》《雁の寺》《金閣寺》《近代作家入門》《黒雨》《激動の百年史》《高野聖》《こころ》《心の危機管理術》《五体不満足》《飼育》《死者の奢り》《斜陽》《砂の女》《青春の蹉跌》《タテ社会の人間関係》《痴人の愛》《適応の条件》《日本戦後名詩百家集》《日本経済の飛躍的な発展》《日本列島改造論》《マッテオ・リッチ伝》《ノルウェイの森》《ひとりっ子の上手な育て方》《百言百話》《鼻》《野火》《蒲団》《坊ちゃん》《破戒》《羅生門》《友情》《雪国》。

复句[1]的分析有极高的相似性，因此本文接下来将借鉴汉语的研究成果作进一步分析。

4. 日语「たり」句式的考察

前面回顾了迄今的主要研究，明确了本文的研究目的、使用语料及基本立场。在这一小节中，将结合具体的语言事实梳理「たり」引导的并列句式的语义类型、考察其后接要素、句法功能及前接要素方面的倾向特征。

4.1 语义类型

前面提到，不同语言的并列结构存在普遍的趋同性（马 2005：2），所以我们可以借鉴汉语的研究成果来对「たり」引导的并列句式进行类型梳理。

汉语学界认为并列复句描写相关的几个事件或一个事件的几个方面（张（1962）、黄・廖（1991）等）。在此基础上，王（1994）、张（2010）对汉语并列复句进行了如下分类：

表1　汉语并列复句分句间的语义关系

	王（1994）	张（2010）	代表语言形式
语义关系	表同时存在	并存	既…也…、既…又…
	表同时进行	并行	一边…一边…、一面…一面…
	表并存列举	并举	一来…二来…、一者…二者…
	表交替关系	交替	时而…时而…、有时…有时…
	表肯定否定	对照	不是…而是…、不是…是…
	表总分		总说用集合名词，分说用“有的…有的…”照应

1　并列复句有狭义与广义之分，狭义的并列复句是指黎（2007）、黄·廖（1991）、刘·潘（2004）、张（2010）等二分法下“联合复句”(或“等立复句”）中的“并列复句”；广义的并列复句是指邢（2003）三分法下的“并列类复句”。此处的并列复句指的是狭义的并列复句或者相当于邢（2003）中“并列类复句”下的“并列句”。

马（2005：278）以几种语言为对象进行了控变[1]分析和对比研究，通过考察指出，在并列结构中，表示事态“并存”和“同时”发生的是最典型的并列关系，表示“列举”“交替”和“筛选”的则属于延展辐射出来的次高级或高级并列关系[2]。考虑到本文分析的「たり」主要用来连接动词以表事件间的关系，与汉语并列复句的分析有极高的相似性，因此本文接下来将借鉴汉语的研究成果作进一步分析。

「たり」引导的并列句式根据其表述语义的不同，可划分为“并行”、“并存”、“交替”、“并举”、“对照”和“承接”六种类型。接下来，我们以两项并列「AたりBたり」结构中（618例），A、B为动词的结构（603例）为中心进行分析。

并行。并行类表示两种或多种动作同时发生，以下面的（18）–（20）为典型。另外，结合张（2010：645）的分析，并行类可细分为两种情况：“自始至终同时进行互不干扰的动作”和“某一时间内交替进行互有干扰的动作”。（18）中，由「たり」引导的「眺める」和「話す」这两个动作在“叔父”和“丑松”交谈时同时进行且互不干扰；（20）中，由「たり」引导的「バターを塗る」和「ゆで玉子の殻をむく」这两个动作在「僕」和「直子」吃饭时同时进行但互有干扰。

(18) その時獣医が入って来て、鳥打帽を冠ったまま、人々に挨拶する。つづいて、牛肉屋の亭主も入って来たは、屠された後の肉を買取る為であろう。間も無く蓮太郎、弁護士の二人も、叔父や丑松と一緒になって、庭に立って<u>眺めたり話したり</u>した。（島崎藤村『破戒』）

(19) 門口で「御機嫌よう」と言った主婦を思出した。<u>罵ったり騒いだり</u>した下宿の人々を思出した。終にはあの「ざまあ見やがれ」の一言を思出すと、慄然とする冷い震動が頸窩から背骨の髄へかけて流れ下るように感ぜられる。（島崎藤村『破戒』）

(20) 僕はパンに<u>バターを塗ったり、ゆで玉子の殻をむいたり</u>しながら、何かのしるしのようなものを求めて、向いに座った直子の顔

1 关联标记的增删或更改，可导致并列关系变为非并列关系，或者一种并列次类变为另一种并列次类。这种跟偏移方式相对的值变方式叫做“控变”（马2005：278）。

2 其中“筛选”相当于王（1994）中的“肯定否定”及张（2010）中的“对照”。

をときどきちらちらと眺めていた。(村上春樹『ノルウェイの森』)

并存。并存类表示同时存在的相关的性质、状态或动作，以下面的(21)-(23)为典型。并存类中的“同时”是指“同时间段”，即并列项A、B同时进行的时间跨度较长。换而言之，由「たり」引导的并列项在同一空间下共存。

(21) この二人は、ぼくが学生時代に働いていた精神病棟やアル中患者病棟で、わめきちらしたりうめき声をあげたりしていた患者たちのことを思いださせた。もちろん、ぼくにはかれらのいっていることはわからなかった。(今福竜太『旅のはざま』)

(22) そんなときはなるべく停止させずに、ゆっくりそのまま前進します。停止させると、くるりと百八十度回転して走り出したり、腰を左右に動かしたりして、乗り手のバランスを乱してしまうからです。(村上捷治『乗馬ブック』)

(23) プラスにならないものを切捨てる勇気と決断とが必要だった。その事が甚だしく不道徳であったり犯罪であったりする場合はともかくとして、それ以外の場合、余計な人情は足手まといになる。(石川達三『青春の蹉跌』)

交替。交替类表示动作交替反复发生，以下面的(24)-(26)为典型。此类经常使用在语义上对立的反义词，重点在于表示两个动作多次反复发生。

(24) 彼女は少しずつキズキの話ができるようになっていた。ぽつりぽつりと言葉を選びながら、彼女は話した。雪は降ったりやんだりしていたが、三日間一度も晴れ間は見えなかった。三月に来られると思う、と僕は別れ際に言った。(村上春樹『ノルウェイの森』)

(25) それはまだ飲んだことがないけれど、あとは前と同じように、半年ほど寝たり起きたりで、家に来たお客はわたしの部屋の前を忍び足で通り…それから、また何事もなかったように、いつしか母の日常に吸収される。(中村有希『半身』)

(26) 身長は小さくっても喧嘩の本場で修業を積んだ兄さんだと無茶苦茶に張り飛ばしたり、張り飛ばされたりしていると、やがて巡査だ巡査だ逃げろ逃げろと云う声がした。(夏目漱石『坊ちゃん』)

并举。并举类表示列举并存的情况，以下面的(27)-(29)为典型。该类一般在句中或上下文会设定一个事态或一种情况，通过由「たり」引导的并列项对这个事态或情况进行具体说明。

(27) 心にもない御世辞を振り蒔いたり、美しい顔をして君子を陥れたりするハイカラ野郎は一人もないと信ずるからして、君の如き温良篤厚の士は必ずその地方一般の歓迎を受けられるに相違ない。(夏目漱石『坊ちゃん』)

(28) 被爆で殆ど全滅した勤労奉仕の中学生たちは、八月五日の日まで毎日のように家屋疎開の作業を手伝っていた。どの顔を見ても、ずらかったり逃げ隠れしたりするような色は見せていなかった。(井伏鱒二『黒い雨』)

(29)「いいえ、あなたには、そういうところがあるって言っただけなの。お勝手のマッチ箱にルナアルの絵を貼ったり、お人形のハンカチイフを作ってみたり、そういう事が好きなのね。それに、お庭の薔薇のことだって、あなたの言うことを聞いていると、生きている人の事を言っているみたい。」(太宰治『斜陽』)

对照。对照类一般使用同一动词的肯定否定形式，或使用成对反义词形成对比关系，以下面的(30)-(32)为典型。

(30) もちろんそれほど上手くないわよ。専門的な学校に入ってやっているわけでもないし、レッスンだって通ったり通わなかったりでずいぶん我流でやってきたわけだから。(村上春樹『ノルウェイの森』)

(31) 彼はその時、村岡が友達二三人と何か声高に話しながらくるのに出あった。彼は村岡とはある会で一度あったことがあるが、目礼をしたりしなかったりする間がらだった。(武者小路実篤『友情』)

(32) そのうちに、弟のお機嫌をとるために、あなたの著書を弟から借りて読み、面白かったり面白くなかったり、あまり熱心な読者ではなかったのですが、六年間、いつの頃からか、あなたの事が霧のように私の胸に滲み込んでいたのです。（太宰治『斜陽』）

承接。承接类是比较特殊的一类，以下面的(33)–(35)为典型。该类中，并列项之间有明显的时间先后关系，「たり」引导的A项一般先于B项发生。

(33) 東海道の沿岸に住む多くの穢多の種族のように、朝鮮人、露西亜人、または名も知らない島々から漂着したり帰化したりした異邦人の末とは違い、その血統は古の武士の落人から伝ったもの、貧苦こそすれ、罪悪の為に穢れたような家族ではないと言い聞かせた。（島崎藤村『破戒』）

(34) ナオミは衣裳をつけてしまうと、+++「さ、譲治さん、あなたは紺の背広を着るのよ」+++と、珍しくも私の服を出して来てくれ、埃を払ったり火熨斗をかけたりしてくれました。（谷崎潤一郎『痴人の愛』）

(35) こういうことを繰返して、問題を出したり、説明して聞かせたりして、数学の時間を送った。その日に限っては、妙に生徒一同が静粛で、参観人の居ない最初の時間から悪戯なぞを為るものは無かった。（島崎藤村『破戒』）

以上梳理了「たり」引导的并列句式的6种语义类型。其中，“并行”、“并存”、“交替”、“并举”、“对照”五类援用了张(2010)对汉语并列复句分句之间语义关系的命名，鉴于日语和汉语中类似，本文将其定位为典型的并列关系。对于第六类“承接”，如前所述，该类包含时间上的先后关系，本文将其归入非典型并列关系[1]。那么，在实际语言生活中，这6种语义类型又呈现出什么倾向呢？本文以「AたりBたり」结构中A、B均为动词的603例按上述分类进行了整理，相关结果可做如下表2汇总。

1　马(2003：30–31)指出，汉语中的“承接”为并列关系的特殊化，当并列的两个动作或事件存在先后有序的时间关系时，原先的并列关系便自然蒙上承接的意思。

表2 「たり」引导的并列句式的语义类型及使用情况

	语义类型	例句数	比例
典型的并列（576/95.52%）	并行	248	41.13%
	并存	158	26.20%
	交替	109	18.08%
	并举	41	6.80%
	对照	20	3.32%
非典型并列（27/4.48%）	承接	27	4.48%

从表2可知，并行、并存、交替三类占了很大的比例（85.41%），其中，并行和并存两类占了整体的67.33%。如前所述，并行和并存分别表示两个动作在同一时间或同一空间发生，这也体现了时间与空间的并列关系是日语并列关系的基础。此外，此处的统计结果与马（2005）分析汉语并列结构时所得出的结论有一致性，即：并列结构中并存和同时是基本并列关系。

4.2 后接要素

本节将结合实际语料考察「AたりBたり」结构的后接要素。此处所说的后接要素是指「Bたり」后续的表述形式。对于「AたりBたり」结构的后接要素，迄今为止的研究并未予以太多关注。据本文迄今所把握的相关研究来看，仅有寺村（1991）对该结构的后接要素略有提及。

寺村（1991：221–222）将「たり」引导的并列句分为“非对称性并立”和“对称性并立”两类后指出，无论是哪种类型，当「たり」引导的两个并列项相连后，第2个并列项必须再后接「する」或后接「だ」来结句。具体是选择「する」还是「だ」，与句子的叙述类型有关，当整句是以动作、事件进行论述时选择「する」结句，当整句以状态进行描述时选择「だ」结句。

寺村（1991）的论点很富有启示意义。但是，为内省方法的局限，寺村（1991）的考察未能真实反映该类句式的实际情况，也无法让我们了解后接要素的使用倾向。鉴于此，下面以中日对译语料库中

抽出的「AたりBたり」来考察其后接要素。

观察语料可知，除寺村（1991）提及的「する」和「だ」之外，「AたりBたり」结构还有别的后接形式或后接要素。比如，例（36）中后接"、""……"等，起到动词连用形的作用；例（37）中后接助词「と」表示条件；例（38）中后接「という」起到连体修饰的作用；例（39）中后接格助词「を」充当格成分；例（40）中后接助词「で」，表示某种原因；例（41）中后接终助词「さ」，表示某种语气。

(36) 先生はその上に私の家族の人数を聞いたり、親類の有無を尋ねたり、叔父や叔母の様子を問いなどした。（夏目漱石『こころ』）

(37) 目の前で大火災が起こったり、キングコングに襲われたりと、スリル満点のアトラクションに度肝を抜かれるばかりだったが、とくに圧巻だったのは『ジュラシック・バーク』をテーマとした『ザ・ライド』。（乙武洋匡『五体不満足』）

(38) 無視をさせたり、いじめられたりということはなかったが、そこは病院。入退院の出入りが激しく、少しなかよくなってもすぐに退院してしまう。（乙武洋匡『五体不満足』）

(39) どうやら小柄な女の子が悩むか怒るかして、大柄の子がそれをまあまあとなだめているような具合だった。僕は本を読んだり、彼女たちを観察したりを交互にくりかえしていた。（村上春樹『ノルウェイの森』）

(40) もちろんそれほど上手くないわよ。専門的な学校に入ってやっているわけでもないし、レッスンだって通ったり通わなかったりでずいぶん我流でやってきたわけだから。（村上春樹『ノルウェイの森』）

(41) 及ばずながら君のことに就いては、我輩も出来るだけの力を尽すつもりだ。世の中のことは御互いに助けたり助けられたりさ——まあ、勝野君、そうじゃ有ませんか。（島崎藤村『破戒』）

从以上实例可知，「たり」的后接要素和形式多种多样，出现了不少寺村（1991）没有列出的后接要素。对语料库中检索到的「たり」的后接形式和后接要素进行整理后，相关结果可做如下表3所示汇总。

表3 「AたりBたり」后接要素结果统计

后接形式或要素	实例数	比例
する	535	86.57%
标点符号	50	8.09%
と、では(条件)	7	1.13%
だ	6	0.97%
を(は、も)	6	0.97%
モダリティ形式	5	0.81%
という	4	0.65%
できる	3	0.49%
で	2	0.32%

表6是对中日对译语料库中检索到的618例「AたりBたり」结构按后接形式和要素进行统计后的结果。从表6可知，「AたりBたり」结构的后接形式和要素呈现多样性，但是，从数量上而言，后接要素为「する」的达到535例，占整体比例的86.57%；其他后接要素不是「する」仅有83例，仅占整体的14.43%。附带提及的是，后接要素不是「する」的情况，从实际语料来看，主要出现在口语或非正式的说法中，这似乎也是该类的突出特点。

4.3 句法功能

本节将结合前面「AたりBたり」结构后接要素的特点，探讨该结构在句法层面的使用功能。鉴于「AたりBたり」结构后接要素多为「する」，下面先从后接「する」的「AたりBたり」结构谈起。为行文便宜，下面根据需要有时将其表述为「AたりBたりする」。

根据在句中是否直接结句，「AたりBたりする」可划分为Ⅰ型、Ⅱ型两种类型。

Ⅰ型指的是「AたりBたりする」直接用来结句形成并列复句的类型，以下示(42)为代表。

(42) こう疑えば恐しくなって、背後を振返って見ずにはいられなかったのである——ああ、誰がそんなところに居よう。丑松は自分を嘲ったり励ましたりした。（島崎藤村『破戒』）

Ⅱ型指的是「AたりBたりする」作为从句进而形成多重复句的类型，该类型又可进一步下分为若干种[1]，下面分别例举说明。

Ⅱ-1补足从句。该类型主要是「AたりBたりする」后接「こと、の、ところ」等形式名词，构成主语或宾语等。

(43) 私は彼女が一人で得意になっているので、強いて反対はしませんでしたが、この毒々しい装いの女と一緒に、電車へ乗ったりダンス・ホールへ現れたりするのは、身が竦むような気がしました。（谷崎潤一郎『痴人の愛』）

Ⅱ-2名词性从句。该类型主要是「AたりBたりする」修饰后面的名词或名词性短语，以下示(44)为代表。

(44)「虚無的かどうか知らないが」と僕は、女子学生が僕らに全く無関心で黙っている事に、苛立ちながらいった。「僕は一番良く勉強する学生の一人だ。僕には希望を持ったり、絶望したりしている暇がない。」（大江健三郎『死者の誇り』）

Ⅱ-3副词性从句。该类型又可进一步分为テ从句[2]、条件从句、时间从句、目的从句和样态从句等5小类。

Ⅱ-3-1テ从句。该类型主要使用「AたりBたりして、～」这种形式，该结构整体起到从句的作用，后接主句。

(45) 一寸会釈しながら側を通りぬけた。門口に主婦、「御機嫌よう」の声も聞える。見れば下宿の内は何となく騒々い。人々は激昂したり、憤慨したりして、いずれも聞えよがしに罵っている。見れば

1　关于日语复句分类主要参考了日本语文法记述学会（2008）的有关研究。日本语文法记述学会（2008：5-7）将日语的复句分为了“等位、并列从句”“补足从句”“名词性从句”“副词性从句”4大类，“副词性从句”又分为了表示条件、时间、目的、样态的4种从句。

2　此处的「テ从句」参考了佐伯（2015）的观点。

下宿の内は何となく騒々しい。（島崎藤村『破戒』）

Ⅱ-3-2条件从句。该类型主要指「AたりBたりする」后接「と」「たら」「ば」等表示条件的助词的情况。

(46) 人間は元来弱い生きものである。同僚が先に出生したり、厚遇されたりすると妬ましくなる。自分が不遇だと思えばそれをグチり、腹がたてば相手の悪口、陰口をいって自分を正当化しようとする。（甲斐良一『心の危機管理術』）

Ⅱ-3-3时间从句。该类型是「AたりBたりする」后接「時」「前」等表示时间的词，表述主句动作或者状态成立时和其他事态在时间上的关系。

(47) 外国人は家を買ったり、借りたりするとき、「ベッド・ルームがいくつある家が」というように、家の大きさを表現する。それに対して、日本人は「何坪の家か」あるいは、すべての部屋をひっくるめて「いく部屋の家か」というように表現する。（中根千枝『適応の条件』）

Ⅱ-3-4目的从句。该类型是「AたりBたりする」通过后接「に」「ために」等来表示主句动作的目的或主句状态存在的目的。

(48) 私たちは暫くの間、この珍らしい新居にふさわしいいろいろの家具を買い求め、それらをそれぞれ配置したり飾りつけたりするために、忙しい、しかし楽しい月日を送りました。（谷崎潤一郎『痴人の愛』）

Ⅱ-3-5样态从句。该类型是「AたりBたりする」通过后接「ように」「ながら」来描述主句事态的方式或状态。

(49) 暗いさびしい道を、杏子は歩いた。走ったり停まったりしながら歩いた。だれにも行き会わなかった。半里ほどの道のりであったが、幼い杏子には、その道は、無限に長く続いているように思えた。（井上靖『あした来る人』）

以上梳理了后接「する」的「AたりBたり」在句法层面的使用情况。不后接「する」的「AたりBたり」，也可比照上面的思路做相应的整理。只是此时不会出现前面提及的「テ从句」“时间从句”“目的从句”“样态从句”，但多了下面（50）这种与「テ从句」功能类似的“「たり」中顿形”。

(50) いまだに好い町になり切れないで、がたぴししているあの辺の家並は、その時分の事ですから随分汚ならしいものでした。私は露次を抜けたり、横丁を曲ったり_ぐるぐる歩き廻りました。仕舞に駄菓子屋の上さんに、ここいらに小ぢんまりした貸家はないかと尋ねて見ました。（夏目漱石『こころ』）

为把握「AたりBたり」结构在句法层面的使用倾向，本文按上述类型对语料库中检索到的618个实例进行了整理，相关结果可做如下表4所示汇总。

表4　「AたりBたり」结构的句法功能

类型		实例数	占比
Ⅰ型	Ⅰ-1结句	193	31.23%
Ⅱ型	Ⅱ-1补足从句	82	13.27%
	Ⅱ-2 名词性从句	80	12.94%
	Ⅱ-3-1テ从句及「たり」中顿形	151	24.43%
	Ⅱ-3-2条件从句	78	12.62%
	Ⅱ-3-3时间从句	11	1.78%
	Ⅱ-3-4目的从句	4	0.65%
	Ⅱ-3-5样态从句	19	3.07%

表4是对中日对译语料库中检索到的618例「AたりBたり」结构按上述类型进行统计后的结果。从表4可知，「AたりBたり」结构结句时，构成并列复句，不结句时，构成多重复句结构。其中，构成并列复句的占31.23%，构成多重复句的占68.77%。换而言之，「AたりBたり」结构在句法层面构成多重复句是主流用法。

4.4 前接要素

前文提到，「AたりBたり」结构的后接要素为「する」的达到535例，占整体比例的86.57%，这说明「AたりBたり」结构的动词性很强。鉴于此，本节将结合国立国语研究所(2004)的《分类词汇表》的动词分类对该结构的前接词类，尤其是动词类别做进一步考察。

4.4.1 前接词类

本次调查从《中日对译语料库》中检索到730个由「たり」引导的并列句式。分析这些语料可知，由「たり」引导的并列项的中心词可以是动词、名词和形容词[1]。但是，这些词类在并列项中的组合使用并不均衡。

表5 「AたりBたり」结构中心词的词性分布情况

词性		形式	例句数	占比
词性相同(98.90%)	V	V1たりV2たり	603	82.60%
		V1たりV2たりV3たり	93	12.75%
		V1たりV2たりV3たりV4たり	11	1.51%
		V1たりV2たりV3たりV4たりV5たり	3	0.41%
		V1たりV2たりV3たりV4たりV5たりV6たり	2	0.27%
		V1たりV2たりV3たりV4たりV5たりV6たりV7たり	1	0.14%
	N	N1たりN2たり	6	0.82%
	Adj	Adj1たりAdj2たり	3	0.41%
词性不同(1.10%)	V·Adj	VたりAdjたり	2	0.27%
	V·N	VたりNたり	2	0.27%
		VたりNたりVたりVたり	1	0.14%
	N·Adj	NたりAdjたり	2	0.27%
		NたりNたりAdjたりNたり	1	0.14%

表5是对中日对译语料库中检索到的730个「AたりBたり」结构按

1 本文中的形容词包括イ形容词和ナ形容词。

并列项词性进行整理后的结果，表中的V代表动词，N代表名词，Adj代表形容词。从表5可知，在730例中有722例（98.90%）属于相同词类的并列，仅有8例（1.10%）为不同词类的并列。此外，在相同词类的并列中，动词的并列有713例，占整体的97.68%，名词和形容词的并列仅有9例，仅占整体的1.23%，这均充分说明了「AたりBたり」结构并列项中的不同词类组合使用的不均衡性。

此外，「AたりBたり」结构并列项中的不同词类组合使用的不均衡性也意味着不同词类重复并列的不均衡性。这一点，可以从总计词数与区别词数的对比得到充分说明。

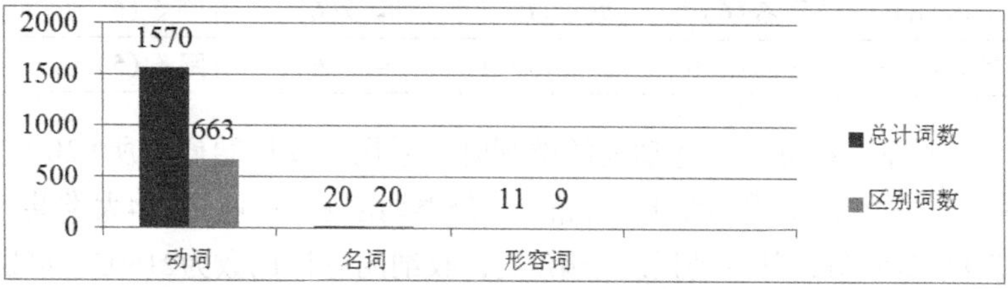

图1 由「たり」引导的并列项的总计词数与区别词数

图1是对中日对译语料库中检索到的「AたりBたり」结构的实例按总计词数与区别词数进行整理后的结果。从图1可知，当由「たり」引导的并列项中心词为名词、形容词时，总计词数与区别词数的比值大约为1 : 1，这说明名词、形容词很少反复使用。当并列项中心词为动词时，总计词数与区别词数的比值为2.37 : 1，这说明同一动词倾向于多次反复使用。

4.4.2　前接动词

从上节内容可知，动词容易充当「AたりBたり」结构中的并列项。那么，什么样的动词容易充当该结构的并列项呢？本节将对该问题进行探讨。为数据处理的便宜，下面仅选取排名前50位的动词为对象进行考察。排名前50位的动词在本次检索到的语料中共使用了709次，占动词总计词数的45.15%，其具体分布如下面表6所示。

表6 并列项中心词中排名前50位的动词（单位：次）

する（106）	なる（56）	行く（51）	見る（44）	来る（35）
聞く（25）	出る（20）	言う（19）	笑う（17）	話す（15）
読む（15）	飲む（12）	入る（12）	遊ぶ（11）	ある（11）
泣く（10）	食べる（10）	考える（10）	かける（10）	悲しむ（10）
出す（10）	眺める（9）	つける（9）	怒る（8）	取る（8）
起きる（8）	見える（8）	打つ（8）	叱る（8）	やる（8）
拭く（7）	入れる（7）	寝る（7）	いじめる（7）	立つ（7）
つく（7）	できる（7）	下る（6）	延ばす（6）	押し付ける（6）
上る（6）	作る（6）	振る（6）	歩く（6）	叩く（6）
教える（6）	褒める（6）	出かける（6）	呼ぶ（6）	踊る（5）

另外，在分析上述动词的类别时，采用国立国語研究所（2004：3-8）《分类词汇表》的分类标准。《分类词汇表》中收录了4大类共计近9万多词条，其中动词属于第2类，收纳的总计词数为21605，区别词数为16704。另外，动词又下分为2.1抽象关系、2.3人类活动—精神和行为、2.5自然物和自然现象等3大类，每类下面还有更详细的下位分类。依照上述分类方法，首先对表6中使用次数最多的「する」「なる」进行整理，相关结果如下面表7所示。

表7 动词「する」「なる」的分类

	分类		形式	使用数	使用率
する	2.1 抽象关系	2.13 样态	イ形容词（连用形）＋する	2	1.89%
			ナ形容词にする	1	0.94%
		2.12 存在	名词がする	1	0.94%
	2.3 人类活动—精神和行为	2.34 行为	动词（意志形）とする	8	7.55%
			动词にする	1	0.94%
			名词とする	1	0.94%
			名词をする	84	79.25%
		2.30 心	名词にする	8	7.55%

（续表）

	分类		形式	使用数	使用率
なる	2.1 抽象关系	2.15 作用	名词（のよう）になる	35	62.50%
			动词(辞书形)ようになる	1	1.79%
			イ形容词连用形＋なる	19	33.93%
			ナ形容词になる	1	1.78%

从表7我们可以看出，动词「する」主要集中在2.3类（人类的活动—精神和行为），特别是2.34类（行为）分布最多，共计94个占88.68%。动词「なる」全部集中在2.1类中的2.15类（作用）。从以上分布情况我们可知，动词「する」「なる」以表示行为、作用的动词居多。

那么，另外的48个动词的分布情况如何呢？为此，我们对表6中余下的动词按上面相同的分类方法进行了统计分析，相关结果如下面表8所示。

表8 其他48个动词的分类

分类		动词	比率
2.1 抽象关系	2.12存在	ある（11）、出す（10）、起きる（1）、取る（2）	4.39%
	2.15作用	かける（7）、つく（7）、つける（9）、できる（7）、やる（1）、歩く（6）、出かける（6）、出る（20）、打つ（8）、行く（51）、叩く（3）、来る（35）、入る（12）、入れる（6）、上る（6）、下る（6）、押し付ける（6）、伸ばす（6）	36.93%
2.3 人类活动—精神和行为	2.30心	悲しむ（10）、見える（8）、見る（44）、考える（10）、怒る（8）、泣く（10）、眺める（9）、聞く（20）、笑う（17）	24.86%
	2.31语言	読む（15）、呼ぶ（6）、話す（15）、教える（1）、聞く（5）、言う（19）	11.15%
	2.33生活	叩く（3）、立つ（7）、起きる（7）、寝る（7）、食べる（10）、飲む（12）、踊る（5）、遊ぶ（11）	11.33%
	2.34行为	いじめる（7）、やる（6）	2.38%
	2.36待遇	褒める（6）、叱る（8）、教える（5）、振る（6）	4.57%
	2.37经济	かける（3）、やる（1）、取る（6）	1.83%
	2.38事业	入れる（1）、拭く（7）、作る（6）	2.56%

从表8我们可以看出，这48个动词主要集中在2.1类（作用）和2.3类（人类的活动—精神和行为），它们所占比例分别是41.32%和58.68%。其中，2.1类中2.15类（作用）所占比例最多（36.93%），而2.3类中2.30类（心）最多（24.86%）。根据表7与表8的统计，我们发现排名前50位动词主要是表示行为、作用的动词。

5.1节中提到，“并行、并存、交替”三类占了很大的比例（85.41%）。“并行”表示的是“两种动作同时发生”，“并存”表示的是“同时存在的相关的性质、状态、动作”，而“交替”表示的是“两种动作多次反复发生”。此外，“并行、并存”两类占了67.33%。而“并行”、“并存”表示的意义均与动作有关。表8中，「たり」前主要接的是表示行为和动作的动词，这也刚好印证了这一点。

5. 小结

以上借助语料库调查结果，描写了「たり」引导的并列项间的语义类型、后接要素、句法功能、前接要素等情况。本文的主要结论，可总结为以下几点：

第一，「たり」引导的并列项间的语义类型可分为“并存”、“并行”、“并举”、“交替”、“对照”、“承接”6类，各类别的使用频度有较大差异。另外，一般认为，「たり」引导的并列项间没有时间上的先后关系，但经考察发现，虽然用例较少，但「たり」表示“承接”的情况确实存在。

第二，「たり」引导的并列结构的后接形式和要素呈现多样性，但后接「する」的比例最多，据此我们认为「たり」引导的并列结构是动词性很强的一种结构。此外，不后接「する」的类别，多用在口语或非正式场合。

第三，「たり」引导的并列结构可构成并列复句，也可构成多重复句，但构成多重复句是其句法层面的主流特征。

第四，「たり」引导的并列项多属相同词类的并列，其中又以动词的并列居多，动词中又以表示行为、作用的动词为主。

以上是现阶段对「たり」引导的并列结构的一些梳理和思考。马

（2005：278）指出，并列结构中存在层级关系，从基础到高级依次为：并存・同时<列举・交替<筛选。为学力所限，本文未对文中梳理的 6类语义关系间是否存在层级关系的问题进行探讨。此外，为篇幅有限，对于「たり」引导的并列结构和日语中其他并列结构、汉语并列结构的异同等问题，也未能进行探讨。这些问题我们将作为今后的课题，在接下来的研究中继续考察。

第14章　终章

本书首先综述了现代日语语言研究的发展和取得的丰硕成果，指出了沿循固有研究方法在传统研究领域和传统课题方面难以取得新成果的现实问题。在此基础上，结合前人学者所指出的今后研究的发展走向，选取了现代日语中成果积淀尚不丰厚、前人先贤多避而不谈或语焉不详的周边性语言现象和用法，借助语料库语言学方法，分动词篇、形容词篇、名词篇、复句篇四个篇章进行了考察，逐一挖掘探讨了每一个案中所潜在的语言事实和规律。

动词篇主要考察分析了连用重复动词（第2章）、名动构造动词（第3章）及存在义动词（第4章）。连用重复动词和名动构造动词从广义而言属于复合动词，但这些动词在日本国立国语研究所构筑的日语复合动词数据库中未被收录，在以往狭义的复合动词研究中鲜有涉及。可以说，本书的相关考察，在某种程度上弥补了前人研究之不足，也促进了日语复合动词研究体系的完善。对于存在义动词，本书择取了以有生物为主语的存在动词「ある」描写了其语义和用法，其中也涉及到了以无生物为主语的存在动词「いる」的用法，相关结论对纠偏既有结论和认识起到了一定作用。

形容词篇考察分析了数量形容词（第5章）、长度形容词（第6章）及「ない」型形容词（第7章）。其中，数量形容词的考察解决了迄今缺失的数量形容词间在用法上的分化和差异的问题；空间反义形容词的考察解决了迄今未被关注的空间反义形容词在义项分布、语义扩展、功能用法上的个性差异问题；「ない」型形容词属于复合形容词，在迄今的研究中近乎未被考察，而本书则分析了其句法功能、极性特征。此外，形容词相关的周边性现象及用法部分的考察，还有效验证了肯定和否定不对称理论，为该理论框架下的研究提供了更多实例。

名词篇考察分析了归属性名词（第8章）、动词类转名词（第9章）和主题显现名词（第10章）。对于归属性名词，以往的研究多侧重其语义分析，缺乏对该类名词语序方面的研究，而本书则基于语料结果描写了其使用倾向。动词类转名词由于能产性低，在构词领域的研究并不太多，对于单纯动词向名词的类转研究更是少见，而本研究则有效弥补了前人研究之不足，也完善了日语动词类转名词的研究体系。主题显现现象迄今为止关注度很低，更谈不上对有关主题名词的系统性和体系化的研究，而本书的研究可谓一个尝试性开始。此外，和动词、形容词相比，有关名词的研究整体比较缓滞，所以本书有关名词的研究均应纳入广义的周边性研究。

复句篇考察分析了「かどうか」构成的间接疑问从句（第11章）、「ながら」构成的情态修饰从句（第12章）、「たり」构成的并列结构从句（第13章）。关于「かどうか」句式的研究，有效验证了肯定和否定不对称理论，为该理论框架下的研究提供了更多实例；对于「ながら」句式的研究，梳理了该句式内部出现的主语和谓语的类型，纠正了既往的偏颇性结论；对于「たり」句式的研究，指出了迄今未发现的使用类型的存在，同时对迄今未给予太多关注的前接要素和后续要素特征进行了梳理。另外，如序章所述，以往的研究多在单句层面展开，关于复句的研究尚不够充分，所以，本书有关复句的研究均应纳入广义的周边性研究。

从以上成果简介不难看出，本书所研究的周边性语言现象和用法，虽然缺失了某些主要语法特性，但也独具一定的语法特征，呈现出较为系统的规律性，既是典型用法规则的有益补充，也是多重性语法规则的主要组成部分。对这些周边性语言现象和用法开展的多层次多维度研究，有效补充完善了特定语法规则体系的理论框架。另外，本研究所涉及的内容均为中国日语学习者不易察觉或容易出错的语言形式或用法。所以，从外语教学实践角度来看，所取得的一些成果也有助于日语学习者对日语的习得。

上述成果的取得，在很大程度上都与语料库的使用有着密不可分的关系。所以在此首先结合前面的考察内容，对语料库语言学方法显现在本研究中的效能予以简述，以进一步唤起日语学界对语料库语言学方法的重视。体现在本研究中的语料库语言学方法的有效性，主要有以下四个方面。

第一，借助语料库的证伪性，可更准确地了解语言事实和规律。此处所说的证伪性，是指证明以往研究结论的不真实性。如序章所述，鉴于传统研究方法所能捕获感知的语言事实的有限性，研究者往往会一叶蔽目，以偏概全，得出一些“伪结论”和“伪规则”。本书第2章中所提及到的表示所有关系变化的动词、表示人的意志性（位置、姿势）变化的动词、主体意志无法控制事态实现的动词、语义素中含有持续语义的动词难以形成连用形重复以及只有变化对象是复数时主体动作、客体变化动词方可形成连用形重复；第3章中所提到的名动型复合动词数量极其有限，难以用在句末表述现实发生的事情、「気付く」不能表示事物属性、动词类转名词难以出现在格助词「が」「を」前面；第4章中所提到的有情物和无情物、指示对象的特定性和非特定性在存在动词上的区分使用；第5章中所提到的除非满足主名词的语义要素中含有数量概念这一条件，否则数量形容词一般不能单独修饰名词；第8章中所提到的C类归属性名词也可充当解说部主语；第12章中所提到的「ながら」从句内部难以出现单独的主语，即便出现也是单纯的例外；第13章中所提到的「たり」引导的并列项间没有时间上的先后关系等都可谓之是“伪结论”“伪规则”。如前面相关部分所述，这些在一定程度上为人所熟知的结论并不准确，而借助语料库可修正完善这些结论。

第二，借助语料库的证实性，可加深对已知语言规律的认识和了解。此处所说的证实性，是指证明以往研究结论的真实性。如序章所述，语法学家基于自己的内省和语感从各个角度开展了多角度研究并取得了丰富的研究成果，但是受研究手段和研究资料的限制，很多结论尚需印证，只有这样，这些语言知识和规则才能为今后研究的深入奠定厚实的基础。从该角度而言，本书的考察也较好地起到了对既有结论的检证考察。比如，第2章的统计结果检证了玉村（1985）和影山（1980）对日语サ变动词不能整体重复的论点；第3章的统计结果检证了角田（1984）对日语名动型复合动词结合规律的论点。此外，前人积淀的部分理论成果如肯定和否定的不对称理论也需要实证研究的支撑，可以说，本书的考察对这些理论成果也起到了实践和实证作用。本书第5章对数量形容词在连体、连用、谓语用法上的分化统计结果、第6章对长度形容词在活用、义项、成分、肯否等指标分布上的统计结果、第7章对「ない」型复合形容词在连体、连用、谓语用法上的分化统计结果、第11章对「かどうか」在使用频度、时代分布、后续谓语的统计结果均证实了肯定和否定这一对立语法概念表现在语言生活中的倾向性规律。可以说，本研究得到的语言事实，在一定意义上为肯定和否定这一对立语法范畴及肯定和否定的不对称研究提供了更多的素材，加深了对这一已知语言规律的认识。

第三，借助语料库的网罗性，可全方位无限逼近语言事实，更好地揭开语言的神秘面纱。此处所说的网罗性，是指语言材料取样的规模化和多样性。本书要研究的周边性语言现象和用法缺失了特定语法范畴中的主要语法特征，在语言形式上多表现为有标，在使用条件上更加苛刻，在使用数量上往往较少，在语言运用上多表现为低频。第2章中提到的丙类连用形重复的连体修饰用法在青空文库中仅检索到1例；第3章中提到的在BCCWJ2008和《青空文库》中未发现「気が付き」的类转名词；第5章中提到的在三年的《朝日新闻》中仅发现4例「多い」直接修饰名词的实例；第7章中提到的「～ない」型形容词在《现代日语书面语均衡语料库》仅有15例使用否定形式；第8章中提到的在梵天网页语料库中仅检索到3例C类归属性名词充当解说部主语的实例；第10章中提到的未依照「Nハ…。（Nハ）…」结构使用的同名词主题显现仅占整体的6.83%；第11章提到的在《新潮文庫の100冊》、《朝日新闻》（1999）中仅检索到60例前接否定的「かどうか」；第12章中提到的在《新潮文庫の100冊》、三年的《朝日新闻》中仅检索到28例出现主语的「ながら」；第13章中提到的在《中日对译语料库》中仅检索到9例「たり」引导的名词和形容词的并列等，均说明了周边性语言现象和用法的特点。鉴于周边性语言现象和用法难以被语言使用者和研究者察觉，这就给研究者把握其使用规律，考察其语法特征带来了极大不便。语料库的规模化和多样性，辅之以检索工具的高效性，恰恰可以弥补传统研究方法上的不足，可较为有效全面地收集周边性语言现象和用法的实例，为详尽占有和充分观察语料，为准确描写语言、尤其是为周边性语言现象的研究提供了便捷性和可行性。

第四，借助语料库的动态性[1]，可开展历时研究，拓展研究视点和角度。此处所说的动态性，是指语言现象的发展变化。语言是有生命的开放性系统。语言，以及隐藏其间的语法，总是在动态变化、不断发展的。不论是在历时还是共时坐标上，语言总是呈现变化之势。所以，我们可以观察了解某一特定语言形式乃至语言本体的发展趋势。本书在第2章综述的按照时代脉络对动词重复形的形式和语义的变化的梳理，考察得出的A、B两类连用形重复和C类连用形重复在词汇化和语法化方面的差异，第3章作为今后课题提出的对于惯用语「気が付く」在语法、句法特征的历时演变问题，第8章对于日语归属性名词对应的汉语名词句式的提及，第11章对「かどうか」从句在时代分布上的考察，均和历时性研究有关。周边性语言现象是捕捉言语衍变的重要线索。从本书的部分考察结果及在考察过程中发现的一些将来的研究课题来看，周边性语言现象往往是典型语言用法的变体，和言语衍变有着千丝万缕的联系。通过对周边性语言现象的考察，可探寻特定语法范畴在不同历史时期和阶段的通时性特征，进一步完善补足对特定语言形式和语法范畴的体系性考察。

当然，通过前面的研究，我们也深刻体会到了基于语料库开展研究时的一些问题。下面结合前面的考察内容，对显现在本研究中的问题予以简述。体现在本研究中的基于语料库研究的问题，主要有三个。

1　此处所说的“动态”一词，在汉语学界有多种理解。如联系历史的发展的属于“历时动态”，语言交际过程中的变化属于“交际动态”，现时语言现象的社区变异、地域变异和功能变异属于“共时动态”。详细的分类及阐述可参考杨海明（2006）。

一是和研究材料相关的问题。不同的研究目的往往需要不同性质和类型的语料库。受人力、物力、财力、技术等诸多因素的影响，目前个人层面对语料库的构建难度较大。近年来，日本国立国语研究所在周密筹划的基础上，陆续建设并公开了一系列大型语料库或专门性数据库，但这些语料库依旧存在不同层面的问题，这些问题在一定程度上影响了考察的深化发展。比如，在对动词相关的周边性用法进行考察时，本书最初计划探讨复合后词类变化的类型，但国立国语研究所的复合动词数据库语法信息不完备，对复合前的词类标注缺失，使得研究无法进行。在对名词相关的周边性用法进行考察时，本书最初计划探讨后接「する」的非动名词词类，但这一用法多出现在现代日语书面语均衡语料库的非核心语料部分，而这一部分的形态素解析准确率偏低，影响了研究的正常开展。再如，对于本书考察中提到的「かどうか」在时代分布上的断层、名动型复合动词和类义惯用语在历时性特征上的对比，由于历时性语料库建设尚未完成，也未能展开深入分析，只能对相关事实进行粗线条描述。

二是和研究领域相关的问题。本书第2章到第13章的考察内容，涉及到了词法层面、句法层面、语义层面、语用层面、篇章层面的类型、功能、用法、文体的问题，也涉及到了单句和复句、肯定和否定、时态和语态、命题和语气、历时和共时等语法范畴或视点的探讨。从表面上看，本书的研究似乎并没有仅仅局限于词汇，而是以词汇为突破口，做了语法结构、句法结构、语篇结构等的探讨。但是，从前面的考察不难看出，第2章中涉及的连用重复的文体特征、第3章涉及的名动型动词再次复合时的后项动词的语义特征、第5、6、7章涉及的数量形容词、长度形容词、「ない」型形容词的句法、语用特征、第8、9章涉及的归属性名词和动词类转名词的句法特征、第10章中涉及的同名主题显现名词的篇章特征、第13章中涉及的并列结构的文体特征等在个案考察中均只占很小篇幅，第11章到第13章虽同为对复句的考察，但也是以词为切入点，整体占比也不高。整体而言，本书的考察并没有摆脱语料库方法多以词汇研究为中心的倾向。

三是和研究方法并举相关的问题。语料库语言学方法是一种基于数据的归纳实证方法。该方法长于计量分析，善于让数据说话。本书在研究中也较为充分地运用了计算机进行量化统计，借助语料库进行定量分析，通过多文本、穷尽性、量化实证的方法直观体现了语言内在特征。这一点，从本书前面各章节所列图表及所列数据得到了充分体现。但是，语料库的庞大、高效检索工具的匮乏、语法信息的缺失和形态素解析的精度等各类问题，也使得研究者只能花费更多的时间去筛选、整理语料，疏于对通过语料获得的各种材料进行思维加工，拙于利用规则方法对统计得出的语言现象的存在机理做出合理的阐释，这一点，从本书前面各章节末尾总结不足时常用的诸如“未能作出解释”“未能阐明原因”等字眼也可窥见一斑。这一问题，一方面和研究者学力有限有关，一方面也和语料库方法重形轻义，重定量轻定性的通病有关。

在上面提到的三个问题中，研究材料方面的问题，可通过今后的语料库建设得到改善；研究领域方面的问题，可通过研究者的努力得到扩展；而最后研究方法方面的问题，可能要借助语料库语言学方法与传统研究方法的融合才能得到解决，因为语料库只能告诉研究者“有什么”和“有多少”，无法直接解释“为什么是这样”。换而言之，语料库只是较为直观形象地呈现了研究对象在实际语言生活中的存在样态和存在数量，对于存在机理的阐释近乎束手无策，这些抽象理论层面的解读，还需要研究者在细致的文本观察和分析的基础上，充分吸收既有的研究成果积淀，有时甚至要依靠研究者自身的语言分析灵感才能实现。总之，在今后的语言研究中，语料库语言学方法和传统研究方法的融合和互补是大势所趋，只有将两者无缝对接和契合起来，只有综合运用两种方法做到相互补位取长补短，才能促进语言研究的深入和发展。

参考文献

第1章　序章

1. 石井正彦.「既成」の複合動詞と「即席」の複合動詞——小説にみる現代作家の語形成[A]. 佐藤喜代治編. 国語論究10現代日本語の文法研究[C]. 東京：明治書院, 2002.
2. 王学群. 現代日本語における否定文の研究——中国語との対象比較を視野に入れて[M]. 東京：日本僑報社, 2003.
3. 加藤彰彦・佐治圭三・森田良行. 日本語概説[M]. 東京：桜楓社, 1990.
4. 金水敏・工藤真由美・沼田善子. 時・否定と取り立て[M]. 東京：岩波書店, 2000.
5. 後藤斉. 言語理論と言語資料——コーパスとコーパス以外のデータ[J]. 日本語学(22-5), 2003.
6. 鈴木浩. 日本語属格の周縁——意味上の主要部を後項に認めがたい型[J]. 文芸研究(88), 2002.
7. 田野村忠温. 日本語研究の限界[J]. 日本語学(14-4), 1995.
8. 田野村忠温. 電子資料と日本語研究[R]. 大阪：大阪外国語大学, 2002.
9. 西山佑司. 日本語名詞句の意味論と語用論——指示的名詞句と非指示的名詞句[M]. 東京：ひつじ書房, 2003.
10. 仁田義雄. 寺村秀夫の日本語文法研究への誘い[J]. 阪大日本語研究(3), 1991.
11. 仁田義雄. 副詞的表現の諸相[M]. 東京:くろしお出版, 2002.
12. 野田尚史. 2002・2003年における日本語学界の展望 文法(理論・現代)[J]. 国語学(55-3), 2004.
13. 野田尚史. これからの文法論の焦点[J]. 日本語学(24-4), 2005.
14. 野村剛史. 1988年と1989年の展望 文法(理論・現代)[J]. 国語学(161), 1990.
15. 藤田保幸. 接続助詞的用法の「～トシテ」について——「複合辞」らしさの生まれるところ[J]. 滋賀大国文(41), 2003.
16. 松下大三郎. 改撰標準日本文法[M]. 東京：紀元社, 1928.
17. 村木新次郎. 第三形容詞とその形態論[J]. 国語論究(10), 2002.
18. 渡辺実. 国語構文論[M]. 東京：塙書房, 1971.

19. 何中清. 英语语料库研究综述——回顾、现状与展望[J]. 外语教学(32-1), 2011.
20. 李华勇. 论语料库语言学的学科地位[J]. 重庆理工大学学报(社会科学)(7), 2014.
21. 梁茂成. 理性主义、经验主义与语料库语言学[J]. 中国外语(7-4), 2010.
22. 刘国辉、陈香兰. "事实"如何胜于"雄辩"——基于语料库量化之"功、过"考察[J]. 外语电化教学(129), 2009.
23. 马博森. 语料库与基于语料库的话语研究[J]. 外国语(32-3), 2009.
24. 石毓智. 汉语语法化的历程——形态句法发展的动因和机制[M]. 北京:北京大学出版社, 2001.
25. 王克非. 双语对应语料库研制与应用[M]. 北京:外语教学与研究出版社, 2007.
26. 卫乃兴. 语料库语言学的方法论及相关理念[J]. 外语研究(117), 2009.
27. 徐一平、曹大峰. 中日对译语料库的研制与应用研究[C]. 北京:外语教学与研究出版社, 2002.
28. 余国良. 语料库语言学的研究与应用[M]. 成都:四川大学出版社, 2009.
29. 朱鹏霄. 语料库及内省法在日汉语言研究中的应用策略探讨[M]. 天津:南开大学出版社, 2012.
30. Prideaux, Gary D. Psycholinguistics: The Experimental Study of Language[M]. London: Croom Helm, 1984.
31. Yamada Masamichi. The Pragmatics of Negation: Its Functions in Narrative[M]. Tokyo:ひつじ書房, 2003.

第2章　日语动词连用形重复的考察

1. 青木博史. 動詞重複構文の展開[A]. 月本雅幸・藤井俊博・肥爪周二編. 古典語研究の焦点[C]. 東京:武蔵野書院, 2010.
2. 安部清哉. 動作の併行表現の歴史——上代動詞終止形重複形・動詞連用形重複形[A]. 川端善明・仁田義雄編. 日本語文法——体系と方法[C]. 東京:ひつじ書房, 1997.
3. 尾上圭介. 南モデルの内部構造[J]. 言語(28-11), 1999.
4. 影山太郎、語彙の構想——日英比較[m]. 東京：松柏社, 1980.
5. 近藤明. 主体変化動詞が重複形になる場合[J]. 金沢大学教育学部紀要人

文・社会科学編(50), 2001.
6. 工藤真由美. アスペクト・テンス体系とテクスト——現代日本語の時間の表現[M]. 東京:ひつじ書房, 1995.
7. 小泉保・船城道雄・本田儿治・仁田義雄・塚本秀樹. 日本語基本動詞用法辞典[M]. 東京:大修館書店, 1993.
8. 此島正年. 動詞の畳語[J]. 湘南文学(9), 1975.
9. 鈴木重幸. 日本語文法・形態論[M]. 東京:むぎ書房, 1972.
10. 玉村文郎. 語彙の研究と教育(下)[A]. 国立国語研究所編. 日本語教育指導参考書13[C]. 東京:大蔵省印刷局, 1985.
11. 玉村文郎. 連用修飾句ナクナクについての覚え書き[J]. 同志社国文学(9), 1974.
12. 張麗縁. 動詞連用形の重複について[J]. 言語科学論集(7), 2003.
13. 張麗縁. 連用形の重複構文について——ナガラ構文との比較から[J]. 国語学研究(44), 2005.
14. 野呂健一. 現代日本語の動詞連用形重複構文[J]. 日本語文法(10-2), 2010.
15. 橋本四郎. 動詞の重複形[J]. 国語国文(28-8), 1959.
16. 蜂矢真郷. 国語重複語の語構成論的研究[M]. 東京:塙書房, 1998.
17. 益岡隆志. 日本語文法の諸相[M]. 東京:くろしお出版, 2000.
18. 南不二男. 現代日本語文法の輪郭[M]. 東京:大修館書店, 1993.
19. 山口尭二. 動詞の重複形式について——「に」「と」を介する形式を主に[J]. 国語国文(29-6), 1960.
20. 朱鹏霄. 现代日语动词连用形重复与「ながら」句式的对比研究[J]. 天津外国语大学学报(1), 2017.
21. 朱鹏霄. 基于语料库的现代日语动词连用形重复的考察[J]. 日语学习与研究(4), 2017.

第3章　日语名动型复合动词的考察

1. 三宅武郎. 基本動詞の転成アクセント法則[J]. コトバ(9), 1940.
2. 伊集院郁子・高橋圭子. 日本語の意見文に用いられる文末のモダリティ——日本・中国・韓国語母語話者の比較[J]. 東京外国語大学留学生日本語教育センター論集(36), 2010.
3. 影山太郎. 日本語複合動詞の言語類型論的意義[J]. 国語研プロジェクト

レビュー(5), 2014.
4. 影山太郎. 名詞+動詞型の複合動詞[J]. レキシコンフォーラム(7), 2016.
5. 加藤弘. 転成名詞について[J]. 東京外国語大学外国語学部附属日本語学校論集(14), 1987.
6. 金田一春彦・池田弥三郎. 学研国語大辞典[M]. 東京:学習研究社, 1977.
7. 金美淑. 日本語の連用形名詞[A]. 田島毓堂・丹羽一彌編. 日本語論究7[C]. 大阪:和泉書院, 2003.
8. 小池清治・河原修一. 語彙探求法[M]. 東京:朝倉書店, 2005.
9. 小泉保・船城道雄・本田儿治・仁田義雄・塚本秀樹. 日本語基本動詞用法辞典[M]. 東京:大修館書店, 1993.
10. 阪倉篤義. 語構成の研究[M]. 東京:角川書店, 1966.
11. 杉本武. コーパスに見る類義表現[J]. 文藝言語研究言語篇(62), 2012.
12. 角田太作. 能格と対格[J]. 言語(13-3), 1984.
13. 角田太作. 世界の言語と日本語[M]. 東京:くろしお出版, 1991.
14. 長嶋善郎. 複合動詞の構造[A]. 鈴木孝夫編. 日本語講座4　日本語の語彙と表現[C]. 東京:大修館書店, 1976.
15. 日本語記述文法研究会. 現代日本語文法4[M]. 東京:くろしお出版, 2003.
16. 野村雅昭. 造語法[A]. 大野晋・柴田武編. 岩波講座日本語9[C]. 東京:岩波書店, 1977.
17. 松田文子. 複合動詞研究の概観とその展望——日本語教育の視点からの考察[J]. 言語文化と日本語教育(5), 2002.
18. 宮崎和人、安達太郎、野田春美、高梨信乃. モダリティ[M]. 東京:くろしお出版, 2002.
19. 沈晨. 关于日语动词连用形向名词类转的研究[D]. 北京外国语大学, 2014.
20. 朱鹏霄. 基于语料库的现代日语名动型复合动词的考察[J]. 日语学习与研究(4), 2018.
21. Bernard Comrie. Syntactic typology: Studies in the phenomenology of language, 1978.

第4章　日语存在义动词「ある」的考察

1. 尾上圭介. 主語と述語をめぐる文法[A]. 尾上圭介編. 朝倉日本語講座6文法Ⅱ[C]. 東京: 朝倉書店, 2004.

2. 北原保雄. 日本語文法の焦点[M]. 東京:教育出版, 1984.
3. 金水敏. 人を主語とする存在表現——天草版平家物語を中心に[J]. 国語と国文学(59-12), 東京大学国語国文学会, 1982.
4. 金水敏.「いる」「おる」「ある」存在表現の歴史と方言[J]. ユリイカ(16-12), 1984.
5. 金水敏. 日本語存在表現の歴史[M]. 東京:ひつじ書房, 2006.
6. 佐久間鼎. 日本的表現の言語科学[M]. 東京:厚生社厚生閣, 1967.
7. 寺村秀夫. 日本語のシンタクスと意味 I [M]. 東京:くろしお出版, 1982.
8. 三上章. 現代語法序説[M]. 東京:くろしお出版, 1972.
9. 三浦つとむ. 日本語の文法[M]. 東京:勁草書房, 1976.
10. 森田良行. 基礎日本語辞典[M]. 東京:角川書店, 1992.
11. 山田孝雄. 日本文法論[M]. 東京:宝文館, 1943.
12. 吴早生. 领属关系研究的方法与视野[J]. 中国社会科学院研究生院学报(3), 2010.
13. 朱鹏霄. 对日语存在表达的再考察——「ある」用于有生物的用法[J]. 日语学习与研究(4), 2003.
14. Chappell. Hilary and William McGregor, Prolegomena to a theory of inalienability, 1996.
15. Nichols. On alienable and inalienable possession, 1988.

第5章　日语数量形容词的考察

1. 荒正子. 形容詞の意味的なタイプ[J]. ことばの科学(3), 1989.
2. 王学群. 現代日本語における否定文の研究——中国語との対照比較を視野に入れて[M]. 東京:日本僑報社, 2003.
3. 太田朗. 否定の意味 意味論序説[M]. 東京:大修館書店, 1992.
4. 尾上圭介. 主語と述語をめぐる文法[A]. 尾上圭介編. 朝倉日本語講座6文法Ⅱ[C]. 東京:朝倉書店, 2004.
5. 寺村秀夫. 日本語のシンタクスと意味 I [M]. 東京:くろしお出版, 1982.
6. 寺村秀夫. 日本語のシンタクスと意味Ⅲ[M]. 東京:くろしお出版, 1991.
7. 仲本康一郎. 現代日本語の形容詞の意味分類[J]. 山梨大学教育人間科学部紀要(16), 2014.
8. 西尾寅弥. 形容詞の意味・用法の記述的研究[M]. 東京:秀英出版, 1972.

9. 仁田義雄. 語彙論的統語論[M]. 東京:明治書院, 1980.
10. 細川英雄. 現代日本語の形容詞分類について[J]. 国語学(158), 1989.
11. 益岡隆志. 基礎日本語文法[M]. 東京:くろしお出版, 1992.
12. 山口佳紀. 古代日本語の文法の成立の研究[M]. 東京:明治書院, 1985.
13. 三上章. 日本語の構文[M]. 東京:くろしお出版, 1963.
14. 森田良行. 基礎日本語辞典[M]. 東京:角川書店, 1992.
15. 陈勇. 语言学研究中的标记理论[J]. 外语研究(6), 2002.
16. 沈家煊. 不对称和标记论[M]. 江西:江西教育出版社, 1999.
17. 石毓智. 肯定和否定的对称与不对称[M]. 台湾:学生书局, 1992.
18. 石毓智. 肯定和否定的对称与不对称(增订本)[M]. 北京:北京语言文化大学出版社, 2001.
19. 王华伟. 现代日语否定表达研究[M]. 青岛:中国海洋大学出版社, 2007.
20. 王立非. 关于标记理论[J]. 上海外国语学院学报(4), 1991.
21. 朱鹏霄. 对日语数量形容词中肯定与否定不对称现象的考察[A]. 日语语言学研究编委会. 日语语言学研究[C]. 杭州:浙江工商大学出版社, 2016.
22. 朱鹏霄. 语料库及内省法在日汉语言研究中的应用策略探讨[M]. 天津:南开大学出版社, 2012.
23. 朱鹏霄. 日语多寡形容词语法特性差异分析——基于语料库的实证研究[J]. 日语学习与研究(5), 2012.
24. 朱鹏霄. 基于语料库的多寡形容词连体修饰用法及分化研究[J]. 外语教学(31), 2010.
25. 朱鹏霄. 对多寡形容词连体修饰用法类型的考察[A]. 李运博编. 汉字文化圈近代语言文化交流研究[C]. 天津:南开大学出版社, 2010.
26. Horn, Laurence R. A Natural History of Negation. The University of Chicago Press, 1989.

第6章　日语长度形容词的考察

1. 漆谷広樹. 複合形容詞の研究——対義形容詞の状況から[J]. 愛知大学文学会文學論叢(150), 2014.
2. 国広哲弥. ことばの意味3[M]. 東京:平凡社, 2003.
3. 新屋映子. 名詞句の性状規定性に関する一考察[J]. 日本研究教育年報(17), 2013.
4. 谷口一美. 認知意味論の新展開メタファーとメトニミー[M]. 東京:研究

社, 2003.
5. 丹保健一. 多義語における語義の区切り方をめぐって——形容詞「高い」「低い」「遠い」「近い」の場合[J]. 三重大学教育学部研究紀要(6), 1991.
6. 服部匡. 極性反義語の用例分布とその解釈[R]. 第2回コーパス日本語学ワークショップ, 2012.
7. 久島茂. 日本語の量を表す形容詞の意味体系と量カテゴリーの普遍性[J]. 言語研究(104), 1993.
8. 久島茂. <物>と<場所>の量の捉え方の統一的理解——<形態>と<方向>の関連」[J]. 国語学(181), 1995.
9. 久島茂. <物>と<場所>の対立——知覚語彙の意味体系[M], 東京:くろしお出版,2001.
10. 飛田良文・浅田秀子. 現代形容詞用法辞典[M]. 東京:東京堂出版, 1991.
11. 西尾寅弥. 形容詞の意味・用法の記述的研究[M]. 東京:秀英出版, 1972.
12. 籾山洋介. 多義語の分析——空間から時間へ[J]. 日本語研究と日本語教育(3), 1992.
13. 森田良行. 基礎日本語辞典[M]. 東京:角川書店, 1989.
14. 山梨正明. 認知言語学原理[M]. 東京:くろしお出版, 2000.
15. 胡琳.「深い、浅い」的认知语义研究[D]. 洛阳外国语学院硕士论文, 2009.
16. 皮奕. “长、短”在修饰与被修饰方面的对称与不对称[J]. 广西职业技术学院学报(1), 2012.
17. 任永军. 空间维度词“高、低(矮)”的认知语义分析[J]. 聊城师范学院学报哲学社会科学版(2), 2001.
18. 任永军. 空间维度词“大、小”的认知语义分析[J]. 聊城大学学报社会科学版(5), 2004.
19. 沈家煊. 不对称和标记论[M]. 江西:江西教育出版社, 1999.
20. 石毓智. 肯定与否定的对称与不对称标记[M]. 北京:北京语言文化大学出版社, 2001.
21. 孙雍长. “长亭”“短亭”考[J]. 语言研究(3), 2008.
22. 王立非. 英语反义形容词的语义标记研究[J]. 外语研究(2), 1994.
23. 王铭玉. 语言符号的标记性及其在反义词偶中的体现[J]. 外语学刊(3), 2004.
24. 杨久成. 论タメ、タメニ、タメニハ的用法差异——前接形式为ソノ条

件下的统计学研究[J]. 解放军外国语学院学报(6), 2011.
25. 杨久成.「長い——短い」非对称性探微[J]. 华西语文学刊(2), 2013.
26. 杨久成. 汉日「长/短——長い/短い」对比研究[A]. 中国日语教学研究会山东分会. 当代日语教学与日本学研究第1辑[C]. 北京:外语教学与研究出版社, 2016.
27. 杨艳兰. 从“长”、“短”不对称现象看词语的选择[J]. 文学教育(5), 2009.
28. 赵雅青. “X长X短”结构的形式语义分析[J]. 文学教育(7), 2009.
29. C1ark H.&E.V. Clark. Psychology and Language: An Introduction to Psycholinguistics. New York: Harcourt Brace Jovanovich, 1977.
30. Langacker Ronald W. Foundationgs of cognitive grammar. Stanford University Press, 1987.
31. Rosch. Studies in the internal structure of categories[J]. CognitivePsychology (4), 1975.

第7章　日语「～ない」型复合形容词的考察

1. 秋山正次. 形容詞を構成する一二の接尾語について[J]. 語文研究(3), 1951.
2. 田村泰男. 現代日本語の複合形容詞・派生形容詞・畳語形容詞について[J]. 広島大学留学生センター紀要(16), 2006.
3. 仁田義雄. 日本語文法における形容詞[J]. 言語(3), 1998.
4. 日本語記述文法研究会. 現代日本語文法3[M]. 東京:くろしお出版, 2007.
5. 橋本三奈子・青山文啓. 形容詞の三つの用法:終止、連体、連用[J]. 計量国語学(5), 1992.
6. 飛田良文・浅田秀子. 現代形容詞用法辞典[M]. 東京:東京堂出版, 1991.
7. 森田良行. 日本語の形容詞について[J]. 講座日本語教育(16), 1980.
8. 山岡政紀. 日本語の述語と文機能[M]. 東京:くろしお出版, 2000.
9. 由本陽子・影山太郎. 名詞を含む複合形容詞[A]. 影山太郎編. 日英対照形容詞・副詞の意味と構文[C]. 東京:大修館書店, 2009.
10. 吕叔湘. 语文杂记[M]. 上海:上海教育出版社, 1984.
11. 文炼. 语言单位的对立和不对称现象[J]. 语言教学与研究(4), 1990.
12. 张国宪. 语言单位的有标记与无标记现象[J]. 语言教学与研究(4), 1995.
13. Horn. Metalinguistic Negation and Pragmatic Ambiguity[J]. Language(61), 1985.
14. Otto Jespersen.The philosophy of grammar[M].London:Allen & Unwin, 1924.

第8章　日语归属性名词的考察

1. 天野みどり. 文の理解と意味の創造[M]. 東京:笠間書院, 2002.
2. 尾上圭介. 主語と述語をめぐる文法[A]. 尾上圭介編. 朝倉日本語講座6[C]. 東京:朝倉書店, 2004.
3. 菊池康人.「カキ料理は広島が本場だ」構文の成立条件[J]. 広島大学日本語教育学科紀要 (7), 1997.
4. 佐伯哲夫. 現代日本語の語順[M]. 東京:笠間書院, 1975.
5. 須永哲矢. 二重主語名詞述語文の語順[J]. 日本語学論集(2), 2006.
6. 寺村秀夫. 連体修飾のシンタクスと意味(3)[J]. 日本語・日本文化(6), 1977.
7. 西山祐司.「カキ料理は広島が本場だ」構文について——飽和名詞句と非飽和名詞句——[J]. 慶応義塾大学言語文化研究所紀要(22), 1990.
8. 西山祐司. 日本語名詞句の意味論と語用論——指示的名詞句と非指示的名詞句——[M]. 東京:ひつじ書房, 2003.
9. 野田尚史.「カキ料理は広島が本場だ」構文について[J]. 待兼山論厳　日本学篇(15), 1981.
10. 野田尚史.「は」と「が」[M]. 東京:くろしお出版, 1996.
11. 三上章. 象は鼻が長い[M]. 東京:くろしお出版, 1960.
12. 施建军. 汉日主题句结构对比研究——兼论主题句的计算机处理[M]. 北京:世界知识出版社, 2001.
13. 朱鹏霄. 基于语料库的日汉特殊句式的对比研究[A]. 现代日语语言学前沿[C]. 北京:外语教学与研究出版社, 2010.
14. 朱鹏霄. 对日语「カキ料理は広島が本場だ」句式语序的考察——以解说部名词的位置互换性为切入点[J]. 日语学习与研究(1), 2010.

第9章　日语连用形名词的考察

1. 浅尾仁彦. 複合語の生産性と文法的性質[R]. 日本言語学会第134回大会予稿集, 2007.
2. 浅尾仁彦. 構文形態論による日本語動詞複合語の記述[R]. 形態論・レキシコンフォーラム, 2008.
3. 浅尾仁彦. 用法基盤モデルに基づいた複合語形成の生産的パターンの抽出[R]. 言語処理学会第15回年次大会, 2009.

4. 伊藤たかね・杉岡洋子. 語の仕組みと語形成[M]. 東京:研究社, 2002.
5. 影山太郎. 文法と語形成[M]. 東京:ひつじ書房, 1993.
6. 影山太郎. 動詞意味論——言語と認知の接点——[M]. 東京:くろしお出版, 1996.
7. 影山太郎. 形態論と意味[M]. 東京:くろしお出版, 1999.
8. 影山太郎. 日英対照 名詞の意味と構文[M]. 東京:大修館書店, 2011.
9. 金美淑. 日本語の連用形名詞[A]. 田島毓堂・丹羽一彌編. 日本語論究7[C]. 大阪:和泉書院, 2003.
10. 工藤真由美. アスペクト・テンス体系とテクスト:現代日本語の時間の表現[M]. 東京:ひつじ書房, 1995.
11. 国広哲弥. 連用形転用名詞の新用法は異常か[J]. 言語31(9), 2002.
12. 柴田武. 日本語の造語のルールとその拡張の可能性——動詞連用形の転成[R]. 言語及び言語使用の客観的評価と、その教育への応用に関する言語学的・情報学的研究, 1983.
13. 鈴木重幸. 教育文庫3 日本語文法・形態論[M]. 東京:むぎ書房, 1972.
14. 鈴木重幸. 語彙教育[m]. 東京:むぎ書房, 1964.
15. 田中寛. 動詞連用形の構文・語彙的な機能 日本語教育の立場から[J]. 文教大学言語文化研究所紀要(3), 1990.
16. 玉村文郎. 現代語における居体言[J]. 花園大学研究紀要創刊号, 1970.
17. 西尾寅弥. 動詞連用形の転成に関する一考察[J]. 国語学(43), 1961.
18. 野田大志. 現代日本語における複合語の意味形成——構文理論によるアプローチ[D]. 名古屋大学大学院国際言語文化研究科日本言語文化専攻博士学位論文, 2011.
19. 早津恵美子. 対応する他動詞のある自動詞の意味的・統語的特徴[J]. 言語学研究(6), 1987.
20. 早津恵美子. 有対他動詞と無対他動詞の違いについて[A]. 須賀一好・早津恵美子編. 動詞の自他[C]. 東京:ひつじ書房, 1995.
21. 益岡隆志・田窪行則. 基礎日本語文法・改訂版[M]. 東京:くろしお出版, 1992.
22. 宮島達夫. 動詞から名詞を作ること[J]. ローマ字世界(487), 1956.
23. 村木新次郎. 日本語動詞の諸相[M]. 東京:ひつじ書房, 1991.
24. 山田孝雄. 日本文法概論[m]. 東京:玉文館, 1936.

25. 沈晨. 日语及物动词连用形做名词时的语义制约[J]. 外语教学与研究(6), 2013.
26. 沈晨. 关于日语动词连用形向名词类转的研究[D]. 北京外国语大学, 2014.
27. 沈晨. 日语连用形名词的话题/主语不对称现象考察[A]. 日语语言学研究编委会. 日语语言学研究[C]. 杭州:浙江工商大学出版社, 2016.

第10章　日语同名词主题显现的考察

1. 恵谷容子. 説明文と随筆の文章における主語の省略[J]. 早稲田大学日本語教育研究(1), 2002.
2. 大塚純子. 談話主題省略と冗長さの減少について[J]. 国文(83), 1995.
3. 甲斐ますみ. 省略のメカニズム——談話の構造と関連性及び聞き手の推論を中心に[J]. 岡山大学留学生センター紀要(3), 1995.
4. 甲斐ますみ. 省略にかかわる談話の構造とリンク[J]. 日本語学論説資料(34), 1997.
5. 甲斐ますみ. 主題と省略[J]. 日本語・日本文化研究(9), 1999a.
6. 甲斐ますみ. 日本語の省略現象[D]. 大阪大学大学院言語社会研究科言語社会専攻博士学位論文, 1999b.
7. 清水佳子. 主題の省略と顕現からみた文連鎖の型——文類型との相関という観点からの考察[J]. 待兼山論叢 日本学篇(29), 1995.
8. 久野暲. 談話の文法[M]. 東京:大修館書店, 1978.
9. 砂川有里子. 主題の省略と非省略[J]. 文藝言語研究言語篇(18), 1990.
10. 曾儀婷. 日本語における主題の省略・非省略について:一人称代名詞をめぐって[J]. 国際協力研究誌(11-1), 2005.
11. 曾儀婷. 日本語に関する主題の省略と非省略[J]. ニダバ(35), 2006.
12. 寺倉弘子. 談話における主題の省略について[J]. 言語(15-2), 1986.
13. 庭三郎. 現代日本語文法概説(ネット版)[M]. http://www.geocities.jp/niwasaburoo/shuyoumokuji.html, 2014.
14. 畠弘巳. 文とはなにか——主題の省略とその働き[J]. 日本語教育(41), 1980.
15. 日向茂男・日比谷潤子. 談話の構造[M]. 東京:荒竹出版, 1988.
16. 益岡隆志. 命題の文法——日本語文法序説[M]. 東京:くろしお出版, 1987.
17. 三上章. 続現代語法序説[M]. 東京:くろしお出版, 1959.
18. 三上章. 象は鼻が長い[M]. 東京:くろしお出版, 1960.

19. 刘泽军. 关于日语主题的省略和非省略[J]. 日语学习与研究(5), 2008.
20. 刘泽军. 关于日语主题省略的研究[M]. 天津:南开大学出版社, 2012.
21. 刘泽军. 关于日语主题非省略的考察分析[J]. 日语学习与研究(2), 2013.
22. 刘泽军. 日语口头表达中主题省略的双关功能[J]. 日语学习与研究(5), 2016.
23. Givón. Topic continuity in discourse: a quantitative cross-language study,1983.
24. Hinds. Topic continuity in discourse: a quantitative cross-language study,1983.
25. Hinds. Topic maintenance in Japanese narratives and Japanese conversational interaction,1984.

第11章　日语「かどうか」句式的考察

1. 江口正. 日本語の間接疑問文の構文論的特徴——数量詞・不定代名詞との類似点について——[J]. 九州大学言語学研究室報告(11), 1990.
2. 江口正. 間接疑問節の2つの解釈[J]. 九大言語学研究室報告(11), 1993.
3. 高宮幸乃. 現代日本語の間接疑問文とその周辺[J]. 三重大学日本語学文学(14), 2003.
4. 田野村忠温. 否定疑問文小考[J]. 国語学(152), 1988.
5. 田野村忠温. 疑問文における肯定と否定[J]. 国語学(164), 1991.
6. 服部匡. 現代語における「～か」のある種の用法について[J]. 徳島大学国語国文(5), 1992.
7. 藤田保幸. 従属句「～カ(ドウカ)」の述部に対する関係構成[J]. 日本語学(3), 1983.
8. 藤田保幸. 従属句「～カ(ドウカ)」再考[J]. 滋賀大学教育学部紀要(47), 1997.
9. 益岡隆志. 基礎日本語文法[M]. 東京:くろしお出版, 1992.
10. 益岡隆志. 複文[M]. 東京:くろしお出版, 1997.
11. 森田富美子. 名詞相当の「かどうか」・「～か」に関する問題点[J]. 東海大学紀要(17), 1997.
12. 森田富美子. 間接疑問節(名詞相当)に関する一考察——「かどうか」と「～か～ないか」を中心に[J]. 東海大学紀要(20), 2000.
13. NHK放送文化研究所. 「あるかどうか」?「ないかどうか」?[OL]. https://www.nhk.or.jp/bunken/summary/kotoba/term/088.html, 2005-03-01.

14. 徐一平. 日本语句型辞典[M]. 北京:外语教学与研究出版社, 2002.
15. 朱鹏霄. 对「かどうか」句式的考察——基于语料库的实证研究[J]. 日语学习与研究(6), 2012.

第12章　日语「ながら」句式的考察

1. 庵功雄. 新しい日本語学入門[M]. 東京:スリーエーネットワーク, 2001.
2. 尾上圭介・木村英樹・西村義樹. 二重主語とその周辺——日中英対照[J]. 言語(27-11), 1998.
3. 尾上圭介. 文法と意味 I [M]. 東京:くろしお出版, 2001.
4. 角田大作. 所有者敬語と所有傾斜[A]. 国広哲弥教授還暦退官記念論文集編集委員会. 文法と意味の間——国広哲弥教授還暦退官記念論文集[C]. 東京:くろしお出版, 1990.
5. 角田大作. 世界の言語と日本語[M]. 東京:くろしお出版, 1991.
6. 柴谷方良. 日本語の分析[M]. 東京:大修館書店, 1978.
7. 須永哲矢. 動詞・存在詞を述語とする二重主語文[R]. 日本語文法学会第5回大会発表資料, 2004.
8. 西山祐司. 日本語名詞句の意味論と語用論[M]. 東京:ひつじ書房, 2003.
9. 益岡隆志. 命題の文法——日本語文法序説[M]. 東京:くろしお出版, 1987.
10. 南不二男. 現代日本語の従属句についての小調査[J]. 日本語学(12), 1991.
11. 南不二男. 現代日本語文法の輪郭[M]. 東京:大修館書店, 1993.
12. 森田良行. 基礎日本語辞典[M]. 東京:角川書店, 1992
13. 森山卓郎. ここからはじまる日本語文法[M]. 東京:ひつじ書房, 2000.
14. 朱鹏霄. 对「ながら」主从句主语间的语义关系及从句谓语动词类别的考察——基于语料库的实证研究[J]. 日语研究(6), 2007.
15. 朱鹏霄. コーパスに基づく「ながら」節の主語と述語に関する一考察[A]. 修刚编. 跨文化交际中的日语教育研究1[C]. 北京:高等教育出版社, 2011.

第13章　日语「たり」句式的考察

1. 国立国語研究所. 分類語彙表——増補改訂版[R]. 東京:大日本図書株式会社, 2004.
2. 寺村秀夫. 日本語のシンタクスと意味Ⅲ[M]. 東京:くろしお出版, 1991.

3. 中俣尚己. 日本語並列表現の体系[M]. 東京:ひつじ書房, 2015.
4. 日本語記述文法研究会編. 現代日本語6第11部[M]. 東京:くろしお出版, 2008.
5. 森田良行. 基礎日本語辞典[M]. 東京:角川書店, 1989.
6. 森山卓郎. 並列述語構文考——「たり」「か」「なり」の意味·用法をめぐって[A]. 仁田義雄編. 複文の研究(上)[C]. 東京:くろしお出版, 1995.
7. 森山卓郎.「や」と「と」のちがいをどう説明するか[J]. 京都教育大学国文学会誌(32), 2005.
8. 吉永尚. 接続助詞「たり」の用法と習得について[J]. そうだ語文(6), 2007.
9. 黄伯荣、廖序东. 现代汉语[M]. 北京:高等教育出版社, 1991.
10. 黎锦熙. 新著国语文法[M]. 湖南:湖南教育出版社, 2007.
11. 刘月华、潘文娱. 实用现代汉语语法(增订版)[M]. 北京:商务印书馆, 2004.
12. 陆丙甫. 从语义、语用看语法形式的实质[J]. 中国语文(5), 1998.
13. 马清华. 并列结构的自组织研究[M]. 上海:复旦大学出版社, 2005.
14. 马清华. 并列连词的语法化轨迹及其普遍性[J]. 民族语文(1), 2003.
15. 苏鹰. 关于「たり」的并列项间的意义关系的探讨——兼与汉语并列表现对比[A]. 日语语言学研究编委会. 日语语言学研究[C]. 杭州:浙江工商大学出版社, 2016.
16. 王维贤. 现代汉语复句新解[M]. 上海:华东师范大学出版社, 1994.
17. 邢福义. 汉语复句研究[M]. 北京:商务印书馆, 2003.
18. 张斌. 现代汉语描写语法[M]. 北京:商务印书馆, 2010.
19. 张志公. 汉语知识[M]. 北京:人民教育出版社, 1962.
20. Kehler. Coherence, Reference, and the Theory of Crammar.[m], 2002.

第14章　终章

1. 影山太郎. 語彙の構造——日英比較[M]. 東京:松柏社, 1980.
2. 後藤斉. 言語理論と言語資料——コーパスとコーパス以外のデータ[J]. 日本語学(22-5), 2003.
3. 田野村忠温. 日本語研究の限界[J]. 日本語学(14-4), 1995.
4. 玉村文郎. 語彙の研究と教育[M]. 東京:大蔵省印刷局, 1985.
5. 角田太作. 世界の言語と日本語[M]. 東京:くろしお出版, 1991.

6. 仁田義雄. 日本語文法研究序説——日本語の記述文法を目指して[M]. 東京:くろしお出版, 1997.
7. 西山祐司. 日本語名詞句の意味論と語用論[M]. 東京:ひつじ書房, 2003.
8. 野田尚史. 2002・2003年における日本語学界の展望 文法(理論・現代)[J]. 国語学(55-3), 2004.
9. 野田尚史. これからの文法論の焦点[J]. 日本語学(24-4), 2005.
10. 前川喜久雄. コーパス日本語学の可能性[J]. 日本語科学(22), 2007.
11. 丸山岳彦・田野村忠温. コーパス日本語学の射程[J]. 日本語科学(22), 2007.
12. 李美霞、焦瑗珲. 语料库数据驱动下的中国外语界英语语言学发展现状及趋势研究[J]. 北京第二外国语学院学报(12), 2011.
13. 梁茂成. 理性主义、经验主义与语料库语言学[J]. 中国外语(7-4), 2010.
14. 刘国辉、陈香兰. "事实"如何胜于"雄辩"——基于语料库量化之"功、过"考察[J]. 外语电化教学(129), 2009.
15. 马博森. 语料库与基于语料库的话语研究[J]. 外国语(32-3), 2009.
16. 毛文伟. 日语语料库研究的理论与实践[M]. 上海:上海外语教育出版社, 2009.
17. 杨海明. 汉语语法的动态研究[M]. 北京:北京大学出版社, 2006.

后记

本书润改自我主持的国家社科基金项目（编号：12CYY070）和教育部人文社科项目（编号：12YJC740157）的结题书稿，出版获天津外国语大学科技成果转化项目资助。全书以周边性为潜在关键词和关注点，分动词篇、形容词篇、名词篇及功能词引领的复句篇四个篇章，对现代日语中的十二个周边性现象和用法进行了考察。

本书是课题组成员通力合作的结果。在十四个篇章中，序章、第2章、第3章、第4章、第5章、第8章、第11章、第12章、终章为朱鹏霄所撰；第6章为杨久成所撰；第7章为仇虹所撰；第9章为沈晨所撰；第10章为刘泽军所撰；第13章为苏鹰所撰；朱鹏霄对课题成员所撰文章进行了大幅润色并负责了整体定稿工作。另外，书中各篇章迄今虽多有发表，但难免纰误，也借此机会一并进行了修正。

饮其流者怀其源,吾家未忘校园艰。天资愚钝的我在求学道路上一直得到了众多师长和学友的鞭策和赐宜，才不至于因杂务缠身而在学业荒废的歧途上陷得太深。课题完工，既非“落其实”，亦非“学其成”，只能怀惴惴之心向恩师和学友们献上诚挚的谢意。

人生虽似飞鸿踏雪,依旧青山绿树多。家中有椿庭萱堂，梁上有翩翩双燕，膝下有儿女嬉绕。感谢家人，尤其是感谢太太陪我静听花开花落，坐看云卷云舒，也感谢太太陪我在忙碌的不惑之年充实地感悟这“儿童眠落叶，鸟雀噪斜阳”的人生美景。

在本书出版过程中，外语教学与研究出版社的杜红坡主任、戚新女士倾注了很多辛劳，在此也一并致以诚挚的谢意。

朱鹏霄

2019年1月于津门